KB024648

이방인

IHOJIN Sekai no henkyo wo tabisuru by UEHARA Yoshihiro
Copyright © 2012 by UEHARA Yoshihiro
All rights reserved.
Original Japanese edition titled "IBOU NO HITOBITO Nichijo ni kakusareta
hisabetsu wo meguru" published by KAWADE SHOBO SHINSHA, Publishers., 2012
Republished as paperback edition with the title "IHOJIN Sekai no henkyo wo tabisuru"
by Bungeishunju Ltd., 2014
Korean translation rights in Korea reserved by Press of Sharing House, under the license granted by
UEHARA Yoshihiro, Japan arranged with Bungeishunju Ltd.,
Japan through Eric Yang Agency, Inc., Korea.

이 책의 한국어판 저작권은 에릭양 에이전시를 통해 저작권자와 독점 계약한
나눔의집이 소유합니다. 신 저작권법에 의하여 한국 내에서 보호를 받는 저작물이므로
무단 전재와 무단 복제, 전자출판 등을 금합니다.

이방인

우에하라 요시히로 지음 김지윤 옮김

세계의 차별을 여행하다

나눔의집

차례

오후 다섯 시.
오후 다섯 시.
정각 오후 다섯 시.
침대는 바퀴 달린 관.
오후 다섯 시.
뼈와 플루트가 밤중 귓가에 울리네.
오후 다섯 시.
황소는 이미 그의 머리맡에서 울고 있었네.
오후 다섯 시.
방에는 마지막 고뇌가 무지개 색으로 빛나고 있었네.
오후 다섯 시.
멀리서 이미 죽음이 와 있었네.
오후 다섯 시.
푸르스름한 넓적다리에는 백합 나팔이.
오후 다섯 시.
상처가 태양처럼 불타고 있었네.
오후 다섯 시.
군중이 모든 창문을 부수고 있었네.

오후 다섯 시.

오후 다섯 시.

아, 얼마나 무참한 오후 다섯 시인가!

모든 시계가 오후 다섯 시였다네!

오후의 그림자도 다섯 시였다네!

〈이그나시오 산체스 메히아스에게 보내는 애가〉, 가르시아 로르카*

---

* 가르시아 로르카는 1934년 친구였던 한 투우사가 쇠뿔에 받혀 죽은 사건을 바탕으로 이 시 〈이그나시오 산체스 메히아스에게 보내는 애가*Llanto por Ignacio Sánchez Mejías*〉(1935)를 썼다. 이 시는 그의 가장 뛰어난 작품으로 알려져 있으며, 현대 스페인 문학뿐만 아니라 세계문학에서도 가장 뛰어난 애가로 손꼽힌다. 반복되는"오후 다섯 시"라는 후렴구가 공허하고 슬픈 느낌을 준다. 우연인지 1936년 스페인 내전이 오후 다섯 시에 시작되었는데, 이 시는 스페인 내전을 연상시키기도 한다.

일러두기

1. 내용상 추가 설명이 필요하다고 판단된 부분은 옮긴이 주 *로 표시하였습니다.
2. 지명 및 외래어는 관례로 굳어진 것을 빼고, 국립국어원의 외래어 표기법과 용례를 따랐습니다.

1

푸른 흙먼지

과격파 하마스의 집회 모습

팔레스타인 가자 지구의 전쟁기록

텔아비브
서안지구
가자시
가자지구
한유니스
라파
이스라엘

젊은 남녀를 태운 슈퍼커브 오토바이가 호안끼엠 호수 주위를 몇 바퀴째 맴돌고 있다. 선선해진 밤, 호숫가 벤치에 앉아 있어도 소음에서 벗어나기 어렵다.

단골 식당도, 달달한 커피도 질리기 시작했다. 나는 지금 목표를 잃어버렸다. 작년에 엄마가 돌아가신 후 다시 베트남 하노이로 돌아왔지만 아무것도 하지 못한 채 그저 하루하루 지나가기만을 기다리고 있다.

싸구려 여인숙 4층 옥상에 설치된 허름한 조립식 주택이 내가 머물고 있는 곳이다. 조립식 주택이다 보니 해가 뜨면 실내에 있기가 힘들어진다. 햇빛을 받으며 상의를 벗고 팔굽혀펴기와 스쿼트를 하고 나서, 하루 세끼를 단골 식당과 비아호이라는 싸구려 술집에서 해결할 때를 빼고는 그저 호숫가 벤치에 앉아 있다. 그나마 몸을 움직이는 이유는 그렇게라도 하지 않으면 밤에 잠을 이룰 수가 없기 때문이다.

하릴없이 앉아만 있기도 그래서 별생각 없이 오토바이를

빌려 중국 국경까지 달린 적도 있다. 그런데 돌아오는 길에 들판 한가운데 우뚝 솟은 철탑에 목을 매단 젊은 농부를 보았다. 모처럼 바람을 쐬러 나갔다가 저녁노을이 물든 하늘을 배경으로 그런 광경을 보게 되어 기분이 영 꺼림칙했다.

나는 쨍쨍 내리쬐는 태양 아래 그저 말라 죽길 기다리는 개구리 같았다. 비아호이의 싱거운 맥주를 마셔도 보고, 될 대로 되라는 식으로 낯선 여행자와 섹스도 해보고, 마리화나로 정신을 마비시켜 보려고 해도 소용없었다.

지금은 둘째 형의 기분을 이해할 수 있다. 우리 같은 부류의 사람들은 완전히 망가져 버리고 싶다는 생각을 떨쳐버리기 힘들다. 문득 어디서부터 잘못되어 버린 걸까 하는 생각이 들었다.

공터 골목의 단지(동화지구*)를 벗어나 단독주택에 살던 우리 형제들은 부모님이 싸울 때마다 이층으로 피신했다. 싸움을 말리던 누나와 큰형은 중학교를 졸업하자마자 집을 떠났다. 그 후에는 아무도 싸움을 말려 줄 사람이 없어서 중학생이 된 나와 둘째 형은 숨을 죽인 채 아래층에서 펼쳐지는 아비규환에 귀를 기울이곤 했다.

---

* 패전 이후 일본 정부는 주거 환경 개선과 인프라 구축 등을 골자로 하는 동화 대책 사업을 추진하였는데, 이 사업의 대상이 된 지역을 '동화지구同化地區'라고 한다. 이곳에 살고 있는 사람들은 중세시대부터 신분 차별을 받고 있는 이른바 '피차별 부락민'들이다.

그러던 어느 날 나를 찾는 아버지의 다급한 목소리가 들려왔다. 겁 많은 둘째 형은 방에 틀어박혀 내다보지도 않았다. 그런데 처음에는 날카로웠던 목소리가 약간 허둥대는 목소리로 바뀌었고 나는 비로소 안도감을 느끼며 아래층으로 내려갔다. 내려가 보니 아버지는 혈관이 보일 정도로 얼굴이 붉어져 있었다.

"어이, 막내야. 네 엄마 좀 병원에 데려다 줘라."

방으로 들어가 보니 엄마는 피투성이가 된 손을 수건으로 감싸 누르고 있었다.

"이 바보 같은 여편네가! 이 따위 식칼로 나를 찌르네 마네 하고 있어. 다 네 잘못이야. 그런 멍청한 짓을 하니까 이 꼴을 당하지."

엄마는 흐느껴 울면서 "으윽, 으으윽." 신음소리를 내고 있었다.

구급차를 부르려 하자 엄마가 다급한 목소리로 말했다. "저 앞 큰길에 세우라고 해." 내가 이해할 수 없다는 표정을 짓자 엄마는 말했다. "이웃 사람들이 수군거릴 거 아니니." 이 상황에서도 자기 체면에 신경 쓰는 모습을 보니 기분이 이상했다.

엄마는 수건으로 묶은 손을 숨기듯 감싸고, 나는 엄마를 감싸며 큰길로 나왔다. 구급차는 아직 도착하지 않았다. 그리 늦은 시간이 아니었기에 지나다니는 사람이 많았다. 그제야 피투성이가 된 엄마가 부끄럽다는 생각이 들었다. 그때 나는 고작해야 중학생이었다.

조금 기다리자 멀리서 구급차의 사이렌 소리가 들리기 시작했고, 나는 한숨 돌리며 엄마에게 말했다. "이제 온다." 엄마는 그저 "으윽, 으으윽." 소리만 내고 있었다.

구급차가 도착하고 구급대원이 내려서 엄마 손을 보더니 물었다. "심하게 다치셨네. 어쩌다 이렇게 됐어요?" 엄마 손은 검지와 중지 사이, 그리고 손목에 깊은 상처가 나 뼈가 드러나고 피가 솟아 나오고 있었다.

"제 실수로 벴어요."

"아니, 자기가 자기 손을 어떻게 이렇게 베요? 아무튼 타세요. 넌 아들이니? 같이 타라."

나도 타야 하나 하고 놀랐지만 구급차를 타 본 적이 없어서 조금 기쁘기도 했다.

그때 길 건너편에서 왁자지껄한 소리가 들렸다. 동네에서 꽤 유명한 입시학원 이층 창문으로 또래 아이들이 몸을 내밀고는 이쪽을 쳐다보는 것이 보였다.

"저기 좀 봐." "피 난다." "진짜네?"

나는 너무 창피해서 고개를 숙인 채 엄마 옆에 붙어 구급차에 올라탔다.

나는 어린 시절부터 단 한 번도 뭔가를 배우러 다닌 적이 없었다. 다닐 만한 형편이 아니었기 때문이다. 학원에 다니는 아이들도 나름의 고충이 있겠지만, 그 아이들은 내 고충을 이해하지 못할 거라는 생각이 들었다.

병원에 도착하자 의사가 재빨리 수건을 풀면서 엄마에게 물었다.

"어쩌다 이렇게 됐어요?"

"요리하다가 베어서……." 엄마는 얼버무리며 말했다.

의사는 구급대원에게 무슨 이야기를 들었는지 그 이상 아무것도 묻지 않고 응급처치를 시작했다. 맥박이 뛸 때마다 검붉은 피가 꿀렁꿀렁 솟아나는 것을 보니 속이 메스꺼워졌다. 옆에 있던 간호사가 눈치를 챘는지 나를 복도로 내보냈다.

"밖에서 기다려 주세요."

나는 어두워진 로비 의자에 혼자 앉아 엄마를 기다렸다.

누나가 있었을 때는 싸움이 시작되면 경찰도 몇 번인가 불렀지만 그때마다 경찰은 "가정사 불개입의 원칙이 있어서…." 라며 돌아갔다. 앞으로도 무슨 일이 생길 때마다 이렇게 볼거리가 되면서 병원에 오게 되는 것일까. 나는 말없이 몇 번이나 티셔츠 밑자락으로 얼굴을 닦았다.

아버지가 바람을 피우고 집을 나간 뒤 엄마도 남자를 만나기 시작했는데, 두 사람은 그 때문에 싸움을 반복했다. 부모님이 처음으로 싸운 것은 골목 단지를 떠나 얼마 안 되었을 무렵이니까 내가 초등학교 2학년 때인 것 같다. 학교에서 돌아와 보니 현관 벽에 구멍이 나 있었다. 서랍장과 텔레비전도 쓰러져 있고, 엄마가 혼자서 울고 있기에 무슨 일이냐고 물어보니 "아이자와 씨와 만나고 있는 걸 아버지가 봐 버렸어." 하고는 또 울기 시작했다. 나는 강도가 든 게 아니었다는 사실에 안도하면서 다시 한 번 벽에 뚫린 구멍들을 바라보았다. 아직 어린 아이였던 나는 그 압도적이고 무서운 힘에 맞서는 일 따위는 상상도 하지 못했다.

얼마나 시간이 지났을까. 적막한 병원 천장에 매달려 있는 둥글고 큰 시계는 오후 8시 40분을 가리키고 있었다.

'이런 풍경은 나중에도 기억나겠지.'

불현듯 그런 생각이 들었다. 그러고 보니 그때 겁 많은 둘째 형은 어디에 있었을까. 그리고 아버지는 왜 나만 불렀을까.

삭막한 병원 로비 의자에 앉아 있던 내 모습을 시끌벅적한 이곳 하노이에서 스물아홉 살이 된 지금도 떠올릴 수 있다. 아직도 내가 병원 의자에 앉아 있던 그 광경이 선명하게 기억난다.

하지만 그것은 내 눈으로 직접 본 그대로의 광경은 아니다. 아마도 병원의 하얀 벽, 밤색 쿠션이 있던 소파, 8시 40분을 가리키던 벽시계 등의 단편적인 기억이 콜라주처럼 떠오르는 것이리라. 하지만 이상하게도 내가 의자에 앉아 있던 모습만은 또렷하게 떠오른다.

어쩌면 나는 스스로 보고 있던 광경을 상세하게 기억하지 못하는지도 모른다. 다만 그때의 기분을 생생하게 기억하고 있는 것이리라.

옛 공산주의를 상기시키는 호안끼엠 호수의 콘크리트 벤치에 앉아서 나는 소년 시절의 기억을 하나하나 떠올리고 있다. 그때 아버지에게 칼부림을 당했던 엄마는 얼마 전에 돌아가셨다. 그 후로 나는 아직까지도 병원 의자에 앉아 있는 것 같은 느낌이 든다. 마치 시간이 멈춰 버린 것만 같다.

이 세상에서 부모님의 싸움만큼 추악한 것은 없다. 어렸던 나에게 부모님이 싸우는 광경은 지옥 그 자체였다. 하지만 사람 간의 싸움은 꼭 부모님의 싸움이 아니어도 추악하다.

서로 간의 살생은 더욱 그러한데, 한두 번의 살생이 몇 번이고 반복되는 것이 전쟁이다. 아무런 처벌도 받지 않고 당당하게 살생을 저지르는 것이다.

경찰의 가정사 불개입의 원칙에 따라 당시 아무런 죗값도 치르지 않았던 친아버지가 만든 지옥은 어린아이였던 내게 '작은 전쟁'이었다. 마치 아무것도 못하고 방황하는 무지하고 무력한 민중과도 같았다.

하지만 나는 아직 진짜 전쟁은 본 적이 없다. 내가 일시적으로 경험했던 작은 아수라장을 이 세상의 아수라장과 동일시할 수 있을까. 나에게 새겨진 아수라장의 흔적을 세계의 아수라장을 통해 지울 수 있을까. 어린 나에게 압도적인 파괴력을 과시한 아버지. 그런 아버지조차 겪은 적이 없는 전쟁을 통해 무언가를 뛰어넘을 수 있지 않을까.

그렇게 생각하니 도저히 가만히 있을 수 없었다. 지금도 계속되고 있는 전쟁이라고 하면 '100년 전쟁'이라고 불리는 팔레스타인 전쟁밖에 없다. 게다가 대학교 시절 가톨릭 세례를 받은 후 언젠가 예루살렘에 가보고 싶었다. 세 종교의 성지인 예루살렘을 차지하기 위한 중동전쟁은 세계의 아수라장 그 자체다.

나는 허름한 4층 조립식 주택으로 돌아와 짐을 정리하고 항공권을 예약한 뒤, 다음날 바로 태국 방콕으로 날아갔다.

카오산 로드에 있는 여행사 사무실에서 이스라엘행 항공권을 예약하자 몇 번 본 사이였던 일본인 사장님이 즐거운 듯 물었다. "우에하라 씨, 이번엔 전쟁 때문에 가는 건가요?" 내가 농담조로 "아니요, 순례 가요."라고 대답하자 사장님은 뜻밖이라는 표정을 지었다.

이미 오래전에 버린 신앙이지만 만약 나에게 신앙심이 조금이라도 남아 있다면 그것은 스스로의 가능성에 대한 신앙심뿐이라고 생각했다.

2002년 10월 5일 오전 11시, 카이로를 경유해서 이스라엘 텔아비브 공항에 도착했다. 방콕에서 이집트 카이로까지는 거의 잠을 자지 못했고, 카이로에서는 외화벌이를 하러 온 필리핀 여성들 옆에서 다섯 시간이나 환승 비행기를 기다렸다. 마침내 텔아비브 공항에 도착하자 입국심사관이 집요하게 방문 목적을 물었다.

1972년 일본 적군*이 텔아비브 공항에서 총기 난사 사건을 일으켰기 때문에 일본인이 이스라엘에 들어가려면 아직도 비자가 필요하고, 끈덕진 면접관의 질문에 영어로 대답해야만 한다. 1972년은 내가 태어나기 한 해 전이다.

터미널을 빠져나올 즈음에는 몽롱한 상태였지만 어찌어찌하여 가이드북에 실려 있는 유스호스텔에 도착해 2층 침대 옆에 짐을 내려놓았다. 침대 아래 칸에는 백인청년이 먼저 자리를 잡고 있었기 때문에 위 칸으로 올라갔더니 아래로 내려가는 것이 영 귀찮아져서 화장실도 안 가고 그대로 잠이 들어버렸다.

이스라엘 하면 테러와 보복이 반복되는 나라라는 인상이 제일 강하지만, 유럽과 중동 그리고 아프리카와도 접해 있는 환경 때문에 고대부터 분쟁이 끊이지 않는 곳이기도 하다.

원래 이 분쟁의 발단은 고대부터 이곳에 거점을 두고 있던 유대인이 서기 66년 무렵부터 로마제국에 반란을 일으켰다가 제압당한 일이었다. 그 후에 '팔레스타인'으로 이름이 바뀐 이곳에서 계속 살기로 한 사람을 제외하고 나머지 유대인들은 난민 상태로 유럽 등지로 흩어졌는데, 팔레스타인에는 이슬

---

* 日本赤軍. 일본의 제국주의에 반대하여 1969년에 조직된 공산주의 무장단체. 팔레스타인 인민해방전선과의 연락을 위해 1971년 팔레스타인으로 건너가 1972년 텔아비브 공항 습격사건 등 각종 테러사건을 일으켰다.

람교도들이 많이 남게 되었다. 유대인이라는 개념은 '유대교를 믿는 사람'이라는 해석이 일반적이지만, 같은 유대인이라고 해도 다양한 민족이 섞여 있다고 한다.

기독교가 지배하던 유럽에서 유대인은 이교도라는 이유 등으로 박해당하며 직업에도 제한을 받았다. 교회는 신자들의 대부업을 금지하고 있었기 때문에 유대인 중에서 대부업을 하는 사람은 특히 미움의 대상이 되었다. 일본에서는 독일 나치의 유대인 박해에 대해 히틀러의 광기어린 정책에 의한 것이라고 말하는 경우가 많지만, 실제로 유대인 박해는 그 뿌리가 깊으며 종교적·민족적인 배경을 바탕으로 대중의 지지를 얻었다.

제2차 세계대전이 끝나자 각지에서 박해받던 유대인들의 귀환운동이 일어나 1948년 5월, 유대인은 이스라엘 국가의 건국을 선언했다.

이에 반발한 중동 여러 나라가 참전한 제1차 중동전쟁이 벌어졌는데 1973년 제4차 중동전쟁에 이르기까지 대규모 전투가 진행되었고 현재도 보복전투가 계속되고 있다. 그리고 현재 팔레스타인은 최신식 전투무기를 갖춘 이스라엘군의 압도적인 무력공세에 의해 가자 지구와 요르단 강 서안 지구로 나뉘게 되었다.

이스라엘에는 500만 명 정도의 유대인이 있는데, 미국에도 이 정도 숫자의 유대인이 살고 있기 때문에 경제계에도 막

강한 영향력을 행사하고 있다. 그 때문에 국제연합에서 팔레스타인에 대해 어떤 결의안을 통과시키려 하면 반드시 미국이 반대하는 악순환이 이어지고 있다. 일찍이 이천 년이라는 긴 세월 동안 박해를 받아 온 유대인이 강대국인 미국을 등에 업고 반세기에 걸쳐서 팔레스타인을 박해하고 있는 것이다.

이러한 이스라엘 분쟁에 관해서는 다양한 해결책이 검토 · 실행되고 있지만, 그럴 때마다 일을 주도하던 이들이 이스라엘과 팔레스타인 양국 과격파에 의해 암살당해 이제는 '백 년 전쟁' 양상을 보이고 있다.

백 년 동안이나 풀리지 않아서 수학의 난제로 여겨졌던 '푸엥카레 추측'도 2003년에 러시아 수학자 그레고리 펠레만에 의해 풀렸다. 하지만 팔레스타인 문제는 아직까지도 해결의 실마리가 전혀 보이지 않는다.

나는 그 복잡하게 얽혀서 풀리지 않는 실타래 속으로 들어가려 하고 있었다.

눈을 뜨니 아침 일곱 시였다.

마침 서머타임*이 끝났기 때문에 이제부터는 일곱 시가 아니라 여섯 시라고 하는 게 맞을 것이다.

---

* Summer time. 여름철 낮 시간이 긴 것을 이용해 표준시를 한 시간 앞당긴 시각을 사용하는 제도다.

아침을 먹으려고 밖으로 나와 거리에 있는 식당에 들어가니 서양요리 같기도 하고 중동요리 같기도 한 애매한 요리들이 줄지어 놓여 있었는데 그것을 뷔페식으로 접시에 담아서 먹으면 됐다. 나중에 안 사실이지만 그것은 '코셔'라고 부르는 유대교 정결예법에 따라서 먹는 요리였다. 미트볼과 양배추 롤 등 대충 봐서 어떤 맛인지 짐작이 가는 음식만 골라서 먹었다. 그나저나 이걸로 1,000엔이나 받는다. 물가를 알아보기 위해 작은 상점에 들어가 보니 공장에서 만든 포장된 샌드위치가 600엔이나 했다. 이스라엘 물가가 비싸다는 말은 들었지만 이 정도라면 빨리 아랍 쪽으로 넘어가는 편이 좋을 것 같았다.

돌아가는 길에 카페에 들러 커피를 마시며 뉴스를 보니 〈오늘 이른 새벽, 이스라엘군 한유니스 침공〉이라는 소식이 흘러나오고 있었다. 한유니스는 팔레스타인 가자 지구 남부에 있는 마을이다.

이 뉴스를 보자마자 '벌써 시작되었구나' 싶어 마음이 싱숭생숭해졌다.

바로 유스호스텔로 돌아와 계약을 일주일로 연장해서 잠자리만 확보한 뒤, 그대로 카메라 가방만 어깨에 둘러메고 뛰쳐나오듯 길을 나섰다. 가자 지구만 취재할 것인지 서안지구에도 갈 것인지를 정하지 못했기 때문에 중간 지점인 텔아비브에 중요한 짐을 두고, 일단은 가자 지구에 가보기로 했다.

버스터미널은 엄격한 보안검사로 인해 붐비고 있었다. 팔레스타인 사람에 의한 자폭테러가 끊이지 않기 때문이다. 간신히 도착한 고속버스 티켓 창구에서 몇 번이나 "가자 지구, 가자 지구에 가고 싶어요."라고 말했지만 매표원은 못 알아듣겠다는 표정을 지었다.

이 당시에는 몰랐는데 이스라엘에는 가자검문소까지 가는 대중교통이 없다. 일반적으로는 가자 근처에 있는 아슈켈론이라는 마을에 일단 내린 다음, 거기서부터 전세 택시로 이동한다. 하지만 내가 이 사실을 알게 된 것은 한참 후의 일이다.

도무지 이해할 수 없다는 표정을 짓는 매표원을 보고 나는 그럼 일단 가자 지구 근처로 가고 싶다고 말했다. 매표원이 "그럼 ××로 가면 되겠어요?" 하고 물었다. 지도를 확인해 보니 가자 지구에서 가장 가까운 버스정류장인 것 같아서 일단 거기까지 가는 표를 사기로 했다. 또 다시 엄격한 수하물 검사를 거쳐 대형버스에 올라탔다. 버스기사에게 지도를 보여 주며 "여기서 내려 주세요."라고 말하자 가볍게 고개를 끄덕였다.

상세한 지도를 다시 한 번 확인해보니 그 버스정류장은 가자검문소에서 4킬로미터 정도 떨어져 있었다. 천천히 걸어도 한 시간 정도면 된다. 히치하이킹을 하면서 걸으면 되고, 태워주는 차가 없어도 한 시간이면 도착할 수 있다고 생각하니 안심이 되었다.

차창 밖으로 올리브 밭이 조금 보이더니 그 뒤로는 사막이 계속 이어졌다. 여기는 아랍일까, 서양일까, 그것도 아니면 아프리카일까. 어느 곳이라고도 말할 수 없는 이상한 느낌을 주는 나라다. 이스라엘이라고 하는 '신기루 같은 나라'는 민족과 인종의 경계 그 자체 같다.

버스에서 내리니 정말로 아무 것도 없고, 콘크리트에 박힌 버스정류장 표지판 하나만 덩그러니 서 있었다. 주위에는 먼지 날리는 들판만이 펼쳐져 있었다.

길이 하나뿐이라 헷갈릴 염려는 없었다. 나는 터벅터벅 걷기 시작했다. 걷다가 지나가는 차에 손을 흔들어 보았지만 멈추는 차는 없었다. 가자 지구를 향해 걸어가는 수상한 사람을 태워줄 차가 없는 것도 당연한 일인가 싶었지만 혹시나 하는 마음도 있었다. 하지만 결국 한 대도 세워주지 않았고 나는 내가 계산한 대로 정확히 한 시간 만에 가자로 들어가는 입구인 엘레츠에 도착했다.

초라한 출입국관리사무소에서 익숙한 손놀림의 담당자가 간단한 사무절차만으로 입국심사를 통과시켜 주었다. 전투가 시작되어서인지 유럽 방송국 스태프들도 입국 수속을 밟고 있었다.

게이트를 통과하자 택시가 기다리고 있었다. 엘레츠 게이트에서 가자 중심부까지는 8킬로미터 정도 떨어져 있기 때문에 더 이상 걷는 것은 시간 낭비라는 생각이 들었다. 택시기사에게 오늘 아침 전투가 벌어진 한유니스까지의 요금을 물으니 30달러라고 높여 부른다. 아랍 쪽 물가가 싼 것을 알고 있었기 때문에 안 되면 또 걷겠다는 생각으로 흥정을 하지 않고 걸어가기 시작하자 뒤따라와서는 10달러로 해줄 테니 타라고 했다. 그래도 비싼 편이었지만 가자 지구는 처음이었기 때문에 조수석에 슬쩍 올라탔다.

게이트가 있다고 해서 이스라엘과 많이 다른 것은 아니다. 올리브 밭이 있고, 이스라엘 쪽보다 쓰레기가 조금 많은 정도다. 한동안 달리니 가자 중심부에 다다랐다.

가자 지구의 중심은 가자시다. 가자 전체 인구의 대부분이 가자시 주변에 모여 산다. 가자 지구는 세로로는 46킬로미터 정도인데 가로 폭은 6~10킬로미터 정도밖에 안 된다. 면적은 다네가시마* 정도인데, 여기에 150만 명이나 되는 팔레스타인 사람이 살고 있어서 국가 인구밀도로 따지면 세계 최고라고 한다. 다네가시마의 인구가 3만 3천 명 정도인 것과 비교하면 여기는 빈민가 수준으로 혼잡한 상태라고 할 수 있다. 그리고 가자 지구의 특징으로 들 수 있는 또 한 가지는 인구의 대부분이 난민이라는 것이다.

뒷좌석 창문을 완전히 내리고 기분 좋게 가자거리를 통과

---

* 種子島. 일본 규슈 가고시마에 있는 섬

하다보니 '탕, 탕!'하는 소리가 울려 왔다. "창문 닫아요. 머리를 낮춰요!" 택시기사가 소리쳤다. 나는 아랍어를 모르고 운전수는 몇 마디 영어밖에 할 줄 몰라서 몸짓으로 대화했지만, 바로 알아듣고 엉덩이를 옆으로 빼 머리를 낮췄다. 얼굴을 반만 들고 내다보니 완전무장한 남자 몇 명이 택시 앞을 지나가고 있었다. 아무래도 시가지에 총격전이 육박한 모양이었다.

비포장도로에 흙먼지가 날리고 한발 늦게 슝슝하고 탄환이 하늘을 가르는 소리가 들린다. 털끝이 일제히 거꾸로 서고 등이 서늘해졌다.

오늘 아침 한유니스에서 전투가 벌어진 지 얼마 안 되었는데 벌써 가자 시내까지 전투가 시작되었나 하는 생각에 "이스라엘군입니까?" 물으니 택시기사가 "노. 폴리스."라고 대답했다. 머리를 옆으로 하고 밖을 내다보니 얼굴이 거무스름한 팔레스타인 사람끼리 총격전을 벌이고 있었다. 제복을 입은 사람들과 평상복을 입은 사람들이 서로 총을 쏘고 있었던 것이다.

제복을 입은 사람들은 팔레스타인 자치정부 측 경찰로 하마스 무장단체를 단속하다가 총격전이 벌어졌는데, 그곳을 어쩌다가 택시로 지나가게 된 것 같다.

하마스란 가자 지구에 본거지를 두고 있는 무력투쟁파로 온건정책을 펼치는 팔레스타인 자치정부와 대립하고 있었다. 나중에 이스라엘 측에서 몇 번 취재한 경험이 있는 일본인 기자에게 나도 가자 지구를 취재한 적이 있다고 했더니 무심결에 "아, 하마스 소굴이요?"라고 했는데, 당시에 나는 이런 상황을 모르고 있었다.

같은 팔레스타인 사람이라도 서안 지구와는 달리 가자 지구는 '거대한 감옥' 같은 곳이기 때문에 이스라엘에 끝까지 저항할 것을 주장하는 무력투쟁파 하마스 지지자가 많다. 따라서 국제사회의 이해를 구하고자 하는 자치정부가 가자 지구를 특별히 더 철저하게 단속하고 있는 것이다.

그렇다 하더라도 이스라엘의 횡포를 취재할 목적으로 왔는데 태어나서 처음으로 만난 전투가 팔레스타인 사람들끼리 하는 총격전이라니. 나는 다시 한 번 내가 엄청난 곳에 들어와 버렸구나 싶었다.

가자 시가지를 빠져나오니 바다가 보였다. 짙푸른 지중해가 눈앞에 펼쳐져 있었다. 바다에서 부는 바람을 맞으며 아름다운 풍경에 정신이 팔려 있는 사이에 어느덧 차가 내륙에 들어와 바라하라고 불리는 곳까지 이르렀다.

작은 언덕을 넘어가자 차가 막히기 시작하더니 어느새 완전히 멈춰 서서 꼼짝도 못하게 되었다. 한동안 느긋하게 기다리자니 차에 아이스크림 장수까지 와서 난감해졌다.

오늘 안으로 한유니스에 들어가고 싶었기 때문에 택시기사에게 "도대체 왜 막히는 겁니까?" 하고 묻자 아랍어로 대답해서 도무지 무슨 말인지 알아들을 수가 없었다. 빨리 가고 싶다고 몸짓으로 설명하자 그는 두 손을 들고 "이스라에리."라고 외쳤다.

"뭐라고요? 이스라엘 군이 있는 겁니까?"

"예스, 예스. 이스라에리."

그 말을 듣고는 택시에서 내려 정체구간의 앞쪽을 보러갔다. 그러자 저 멀리에 사막모래 색으로 채색한 최신 전차가 가로로 서서 도로를 봉쇄하고 있는 모습이 보였다. 초등학생 시절 타미야*의 프라모델로 본 적이 있는 납작한 육각형 모양의 전차였는데, 공격을 받았을 때 영향을 적게 받기 위해서 납작한 형태를 하고 있다고 프라모델 설명서에 나와 있었다. 프라모델을 만들었을 때는 파충류 같은 디자인을 보고 '요즘 나오는 전차는 멋이 없네.' 했었는데 실제로 눈앞에 있는 것을 보니 거대한 투구벌레 같았다.

더 가까이 걸어가니 정체구간 시작지점이 나왔다. 그곳에서부터 200미터 정도 앞에 전차가 멈춰 서 있었다. 전차가 도로에 측면으로 서서 차들이 못 지나가게 위협적으로 막고 있는 것이었다.

차 안에서 기다리고 있던 팔레스타인 사람들이 다들 걱정스러운 표정으로 쳐다봐서 나는 일부러 대담한 척 전차를 향해 걷기 시작했다. 얼굴 생김새부터 동양인이라는 사실을 알

---

* 일본 최대의 모형 · 프라모델 회사

수 있을 터였다.

30미터쯤 접근하자 전차 위로 얼굴을 내민 이스라엘 병사가 소리쳤다.

"헤이, 스톱. 스톱."

"여기서부터는 갈 수 없는 겁니까?"

"못 갑니다."

"걸어서 지나가는 것도 안 됩니까?"

"안 됩니다."

"하지만 오늘 안으로 한유니스에 가고 싶습니다."

"30분 후에 봉쇄를 해제할 예정이니 조금만 더 기다리십시오."

"알겠습니다. 고맙습니다."

내가 손을 드니 이스라엘 병사도 손을 흔들며 고개를 끄덕였다.

가자 지구에는 이스라엘 정착민들이 사는 콜로니(집단 거주촌)가 있는데, 그들의 콜로니가 바둑판 모양으로 가자 지구를 잠식하고 있다. 대부분 해안선을 따라 형성되어 있는데, 이스라엘 사람이 콜로니와 이스라엘 본토 사이를 드나들 때는 전용 횡단도로를 이용한다고 한다.

그래서 이스라엘 사람들이 가자 내 콜로니와 이스라엘을 오갈 때마다 세로로 길게 뻗어 있는 가자의 기간도로를 봉쇄하기 때문에 가자 지구는 이렇게 자주 정체에 시달린다.

내가 걸어서 돌아오니 차에서 내려 걱정스러운 표정으로 지켜보던 팔레스타인 사람들이 환한 얼굴로 맞이해 주었다. 박수치며 휘파람을 부는 사람도 있었다. 다들 나를 쳐다봐서 왠지 멋쩍었다.

"괜찮아요?"하며 사람들이 모여들기에 "앞으로 30분 후에 봉쇄를 해제한다고 합니다."라고 알려 주니 개중에 영어를 할 줄 아는 사람이 통역을 해주었다. 다들 '와' 하며 박수갈채를 보냈다. 이슬람교도인 듯 베일을 쓴 노파가 정체를 틈타 장사하러 온 아이스크림 장수한테서 아이스크림을 사와서 먹으라고 들이밀었다. 어쩐지 아이 취급을 당하는 기분이었다.

제일 앞줄에서 기다리던 합승 택시와 흥정을 하려 했는데, 나를 지켜보고 있었는지 공짜로 태워 주겠다고 했다.

그 후 정확히 30분 뒤에 봉쇄는 풀렸지만, 정체 때문에 저녁때가 다 되어서야 한유니스에 들어갈 수 있었다. 가자 지구 제2의 도시인 한유니스는 가자시에 비해 차분한 시골 마을 같은 분위기였다.

전투로 인한 부상자가 있으리라는 생각에 병원에 가보았는데, 스무 명 정도의 부상자와 소년들의 유해 몇 구가 있었다. 미사일이나 탄환을 이용한 전투가 아닌 총격전이었기 때문일까. 시체가 모두 깨끗해서 오히려 더 가여웠다. 이미 해가 완전히 저물었기 때문에 일단 마을에 하나밖에 없는 호텔로 갔다. 1박에 20달러는 큰 지출이었지만 그래도 이스라엘 쪽과 비교하면 싼 편이었고, 잘 데가 없는 것보다는 나으니까 참기로 했다. 하지만 뜨거운 물이 안 나오는 것은 난처한 일이었다. 일단 프런트에 문의했지만 해결될 기미가 보이지 않는 데다가 귀찮기도 해서 그냥 자기로 했다. 기후가 매우 건조해서 하루 정도 샤워를 하지 않아도 냄새가 나지는 않는다.

상세한 지도가 없었기 때문에 다음날 한유니스 마을을 파악하기 위해 여기저기 돌아다녔는데, 힘만 들고 어디가 어딘지 도무지 알 수가 없었다. 생각보다 큰 마을이었다. 어제 전투가 있었다고는 하지만 파괴된 가옥은 없었다. 그렇게 격렬한 전투는 아니었는지도 모른다.

한동안 체재할 계획이었기 때문에 급할 것도 없다는 생각에 일단 이스라엘군이 있는 장소에 가보기로 했다. 그들은 정착민 콜로니를 지키고 있어서 해안가에 주둔하고 있다는 사실을 이미 알았기 때문에 쉽게 찾아갈 수 있었다.

콜로니 출입구를 지키고 있는 병사와 잠깐 이야기를 나누었는데, 취재는 안 된다고 거절당했다. 아쉬운 마음에 출입구 부근에 모여서 쭈그리고 앉아 있는 팔레스타인 사람들에게 말을 걸었는데 돈을 달라고 해서 조금 놀랐다.

"여기서 뭘 하고 있나요?"라고 묻자 영어를 할 줄 아는 남자가 "여기서 기다리면 일거리를 줘요."라고 대답했다. 팔레스타인 사람은 다들 콧대가 높다고 생각했는데, 일이 없으면 먹고살 수 없으니 이렇게라도 하지 않으면 안 되겠구나 싶었다.

거기서 택시를 잡아타고 다른 출입구로 향했다. 택시기사가 영어를 조금 할 줄 알기에 이것저것 물어보니, 간밤에 콜로니 출입구 부근에 있는 크레인으로 끌어 올린 저격 컨테이너와 무장 헬기에서 저격을 해왔다고 한다. 주변의 집들은 모두 파괴되어 잔해만 남았다. 마치 놀이동산에 있는 귀신의 집을 더 무너뜨려 놓은 듯했다.

이스라엘 측 콜로니 주위는 높은 콘크리트 벽과 철망으로 둘러싸여 있었다. 들어갈 구멍이 없나 하고 철망 주위를 걸어보았다. 벽이 있는 부근은 조금 지대가 높아서 왼편으로 집들이 늘어서 있는 한유니스의 모습이 보였다. 철망 건너편에는 콘크리트 벽이 있기 때문에 콜로니 내부의 모습은 알 수 없었다. 철망 밑은 모래밭이라 발이 빠져서 걷기가 힘들었다.

그때 웅웅 하는 소리가 들려왔다. 크레인으로 끌어 올린 저격 컨테이너에서 나는 소리인지 벽 안쪽에서 나는 소리인지는 모르겠지만 무언가 부르는 듯 했다. 하지만 소리가 울려서 무슨 말인지 알 수가 없었다.

그때 반대편에 있는 팔레스타인 집에서 대여섯 명의 남자가 나오더니 사력을 다해 손짓으로 나를 불렀다. '이쪽으로 와!' 대충 "오케이, 오케이."라고 큰 소리로 대답하며 걷는데 갑자기 탕! 탕! 하는 엄청나게 큰 총성이 들리더니 주위에 있는 모래가 팍! 팍! 소리를 내며 튕겨 나갔다.

이스라엘 쪽에서 위협사격을 가해 온 것이다. 놀라서 머리를 숙이자 팔레스타인 사람들이 큰 소리로 불렀다. 머리를 낮추고 높은 지대에 있는 모래밭에서 구르듯 달려 내려왔다.

집 밖으로 나와 있던 팔레스타인 사람들이 비호하듯이 나를 집 안으로 데리고 들어갔다. 수염 난 뚱뚱한 남자가 영어로 소리쳤다.

"당신 어느 나라 사람이요? 지금 당신이 한 행동은 자살행위였소."

"일본인입니다. 방금 무슨 일이 일어난 건가요?"

"어리석게 콜로니 가까이 가다니, 쏴 달라고 간 거나 마찬가지요. 살아 있다는 것만으로도 다행이라고 여기시요."

"항상 이런 상황인가요?"

"그렇소. 우리는 매일같이 표적이 되고 죽임을 당하오."

"그나저나 당신들은 용케도 이런 곳에서 살고 있군요."

"여기는 우리 땅, 우리 집이니까 당연한 일이요. 이스라엘 사람들이 나가야 하오."

드디어 이곳에 오기 전에 막연히 예상했던 전쟁의 이유를 들을 수 있었다. 나와 그들 모두 흥분해서 그 자리에 우두커니 선 채로 이야기를 하다가 조금 진정이 되고 나서야 그들이 내어준 작은 플라스틱 의자에 앉았다.

자리에 앉자 비로소 무릎이 떨리고 있다는 사실을 깨달았다. 위협사격이라고는 하지만 저격당한 것은 태어나서 처음이었다. 그들은 재빨리 민트 잎이 들어간 달달한 샤이차를 내왔다. 아침식사를 걸러서인지 무척 달고 맛있었다.

"아무튼 콜로니 근처에 가는 건 위험하니 가까이 가지 마시오." 충고를 듣고 감사 인사를 한 뒤, 그 집에서 나왔다. 그리고 습관적으로 콜로니를 향해 카메라 셔터를 눌렀는데 곧바로 탕! 탕! 하고 또 위협사격이 가해졌다. 300미터 이상 떨어져 있었지만 저격 컨테이너에서 망원렌즈로 보고 있는 것 같았다. 주위에 있던 남자들이 서둘러 벽을 방패 삼아 숨기에 나도 재빨리 그들을 따라 숨었다. 그들은 어려서부터 이런 상황에 익숙해서인지 도망치는 것도 날쌔다. '뭐 이런 곳에 살고 있는 거야.' 그들의 꽁무니를 뒤쫓으며 생각했다.

택시도 잡지 못하고 어쩔 수 없이 한유니스의 중심지를 향해 걷다 보니 저격당해서 죽은 소년들의 장례식 모습이 보였다.

친구나 형제쯤으로 보이는 또래 소년 한 명이 목 놓아 울고 있었다.

그 후 이틀 정도 더 가자 지구에 체재하는 동안 이곳 상황을 어렴풋이나마 파악하게 되었다. 전투는 산발적이긴 해도 매일 어디에선가 벌어지고 있고 현재 최전선은 한유니스가 아닌 가자 남단, 이집트 국경과 접해 있는 '라파'라는 작은 마을인 것 같다. 이집트 국경은 봉쇄되어 있지만 하마스가 지하

비밀 터널을 통해서 무기와 탄약을 나르고 있기 때문에 이스라엘이 이를 적발해서 파괴하려고 기를 쓰고 있는 듯하다.

그래서 라파를 미리 봐두고 일단 텔아비브로 돌아가기로 했다. 라파가 최전선이니까 거기서 호텔을 잡고 느긋한 마음으로 기다리면 언젠가 전투 취재도 가능할 것이고, 한 번 돌아감으로써 서안 지구도 미리 둘러볼 수 있을 것 같았다. 일단 합승 택시를 갈아타가며 라파를 향해서 갔다.

중간에 마침 아랍의 위성 텔레비전 방송국인 알자지라 취재반을 만났는데, 전투현장을 취재하러 간다고 해서 따라가기로 했다. 운이 좋았다. 나는 때는 이때라는 듯이 영어로 상황 설명을 들었다.

"알자지라는 항상 가자에 있나요?"

"주재원이 있어요. 하지만 실제 전투나 위험한 취재는 피하고 있습니다. 그렇게 하지 않으면 여기에는 몇 명이 있어도 모자라니까요."

"이스라엘이 어제 습격해 왔다고 들었는데, 어떤 상황이었는지 알고 있나요?"

"전투는 어젯밤 열 한 시쯤부터 아침 여섯 시 쯤까지 계속되었다고 하더군요. 전차 몇 대와 무장 헬기로 하마스를 소탕하고 이집트까지 이어져 있는 지하 터널을 파괴하기 위한 작전이었는데, 이스라엘 측은 탱크 한 대가 부서졌대요. 한유니스의 상황은 당신이 본 그대로입니다."

라파 현장에 도착하니 콘크리트로 만든 상점과 집들이 심하게 파괴되어 있었다.

콘크리트 벽 안에 들어 있던 철심이 무슨 예술적인 조형물처럼 흐물흐물 구부러져 튀어나와 있었다. 알자지라 특파원이 말한 대로 이스라엘의 소형 탱크 한 대가 상점에 처박혀 부서져 있었다. 움직이지 못하게 되는 바람에 하마스 전투대원들에게 당했을 것이다.

가자에서는 항상 아이들이 따라온다. 따라다니던 소년 중 한 명이 영어를 할 줄 알기에 별 생각 없이 말을 걸었는데 아버지가 유엔 관련 일을 한다고 했다.

"집이 이 근처니?"

"우리 집은 저쪽에 있어서 아직 안 당했어요."

"지하 터널을 공격했다는데 어디에 있는지 알아?"

"알아요, 이쪽이에요."

좁은 골목을 지나서 한동안 걸어가자 잘 정비된 지대가 나왔다. 이곳은 특별히 전망이 좋았다. 낮은 제방처럼 쌓아 놓은 흙 위에 올라서서 보니 정비된 구역이 옆으로 길게 늘어서 있었다. 폭은 300미터 정도 돼보였는데 길이는 알 수 없었다.

오른편을 보니 이스라엘 측 콜로니까지 이어져 있었다. 아무래도 소년이 이집트 국경까지 안내한 듯했다.

"여기는 이집트 국경인 것 같은데?"

"맞아요. 이 아래로 터널이 지나가요."

"그렇구나. 입구는 집 안쪽에 있니?"

"네, 하지만 비밀 터널이니까 보여주면 안 돼요."

건너편은 이집트, 아프리카 대륙이다.

나는 다섯 명 정도의 소년들에게 둘러싸인 채 웅장한 자연 광경에 압도되어 그대로 서 있었다. 소년들은 서로 흙을 던지며 놀고 있었다.

그런데 불시에 탕! 탕! 하는 파열음이 들리더니 푸슝푸슝 하고 작은 흙먼지가 이러저리 튀었다. 아이들이 도망가기에 나도 머리를 숙이고 도망쳤다. 또 이스라엘 측에 저격당한 것이다.

나는 아이들이 웃으면서 도망치는 모습을 보고 놀랐다. 굉장히 위험한 곳에 서 있었던 것이다. "왜 이렇게 위험한 곳에 데리고 온 거야?" 내가 호통을 치자 소년은 대답했다. "아저씨가 터널을 보고 싶다고 했잖아요."

그때부터 소년들의 흥분은 가라앉지 않았는데 어떤 녀석은 나한테 돌을 던지고 잽싸게 도망가기도 했다. "이제 그만해. 너희들은 저리 가서 놀아." 하지만 아이들은 아랑곳하지 않고 계속 쫓아왔다.

나는 길가에 있는 바위에 앉아 한숨을 내쉬었다. 총알이 박힌 곳은 내가 있던 곳에서 1미터 정도 떨어져 있었지만 완전히 표적이 되었다는 사실에 충격을 받을 수밖에 없었다. 지난번에는 위협사격이었지만 이번에는 바로 코앞에 총알이 뚫고 간 흔적이 보였다. 참을 수 없을 만큼 목이 말랐다. 물을 마시고 싶다고 하자 아이들이 근처에 있는 집에서 얻어다 주었다. 아이들의 흥분이 최고조에 달한 것을 보면서 혹시 머리가 어떻게 된 게 아닌가 싶은 생각까지 들었다. 하지만 물이 든 컵을 건네받을 때 소년의 손이 작게 떨리는 것을 보고 나는 간신히 냉정을 되찾았다.

이곳 가자에서 겁쟁이는 바보 취급을 당한다. 그래서 저격을 당해도 강한 척하려고 일부러 웃으면서 도망가는 것이다. 이 사실을 알게 되자 왠지 모르게 그들이 가엾게 느껴졌다.

영어를 할 줄 아는 소년이 뜻밖에 "우리 집에 놀러 오세요." 라고 했다. 가자 지구의 일반가정을 보고 싶은 마음에 따라갔는데 주택가 안에 있는 꽤 괜찮은 집이었다. 100평 가까이 되는 콘크리트로 만든 3층 건물이었다.

아버지가 계시기에 인사를 했다. 아버지 이름은 아하마드 아슈이고 유엔에서 일해서 영어를 잘했다. 마흔 여섯이라고 했는데 고생을 해서 그런지 나이가 더 들어 보였다.

소년의 이름은 알마드다. 굉장히 아름다운 소년의 누나와도 영어로 인사를 나누었다. 이슬람교의 관습 때문에 여성들은 2층과 3층에 살고 있었고, 내가 있는 동안 계단 밑으로는 내려오지 않았다. 집에는 입구가 두 군데 있었는데 하나는 여성용으로 곧바로 이층으로 올라갈 수 있게 되어 있었다. 소년의 누나는 인사를 하고는 풍채 좋은 어머니와 함께 이층으로 올라갔는데, 그날 이후로 그녀의 아름다운 얼굴을 볼 수 없었다.

점심식사를 하면서 아하마드와 잡담을 나눴다.

"아하마드 말고 편하게 할리드라고 불러 주게. 언제까지 가자에서 취재할 생각인가?"

"서안 지구도 보고 싶어서 여기서 느긋하게 취재하려고 합니다. 하지만 아직 정확히 정해진 것은 없어요."

"그렇군. 괜찮으면 오늘은 여기서 자고 가게나."

"고맙습니다. 할리드 씨는 영어를 어디서 배우셨나요?"

"카이로 대학에서 배웠지. 그리고 쿠웨이트에서 한동안 영어교사를 했다네."

할리드 씨가 살짝 구운 피타라고 하는 빵을 입에 한가득 넣고는 "자네는 영어 공부를 좀 더 하지 그러나." 하기에 "그러게 말입니다." 하고 맞장구를 치며 웃었다.

나는 정말 영어 초보자라서 문법이고 뭐고 엉망진창이다. 어찌되었든 상대방이 알아듣게만 하면 된다는 식의 다듬어지지 않은 영어를 쓴다. 우리말로 예를 들자면, '나, 원한다, 이것.' 이런 식이다. 하지만 뜻만 통하면 된다고 생각하기 때문에 본격적으로 공부하려고 마음먹은 적은 한 번도 없다.

"여기서 뭘 취재하려고 하는 겐가?"

"이스라엘의 횡포에 대해서 취재하려고 합니다."

"흐음. 그런 거라면 여기에 있어도 되지 않겠나. 라파는 가자 지구에서도 가장 위험한 곳이라네."

"하지만 여기에는 호텔이 없잖아요. 이렇게 된 김에 할리드 씨 집에 계속 묵게 해주실 수 없나요?"

"미안하지만 우리 집에는 혼기가 찬 딸도 있고 자네가 이교도라서 그건 힘들다네. 하지만 마을과 떨어져 있는 내 소유의 밭이 하나 있는데, 거기에 창고 같은 가건물이 있어. 거기라면 무료로 빌려줄 수 있네만."

"정말이요? 그렇게 해주시면 감사하죠."

"그렇지만 물도 안 나오고, 전기도 안 들어온다네. 게다가 화장실도 없고. 그래도 괜찮겠나?"

"네, 물론이죠."

이야기가 잘 마무리되어서 나는 아슈가에 하루만 묵고 다음날 일단 짐을 가지러 텔아비브에 돌아가기로 했다.

잘 시간이 되어 침실로 안내를 받았는데 유리창이 부서져 가루가 되어 있었다.

"지난번 전투 때 폭발음 때문에 이렇게 깨졌다네." 할리드 씨가 설명해 주었다.

한밤중에 '붕, 붕' 하고 거대한 모기가 나는 듯한 소리가 들려서 잠에서 깼다. 하지만 자주 정전이 되기 때문에 자가발전용 배터리가 돌아가는 소리라고 짐작하고 곧바로 다시 잠을 청했다.

하지만 잘 생각해 보니 심야에는 배터리를 쓸 일이 없다.

신경이 쓰여서 아침에 일어나 할리드 씨에게 물어보았다.

"어젯밤에 붕붕 소리가 나던데 무슨 소리인가요?"

"이스라엘의 무인감시비행기 소리지. 금세 익숙해질걸세."

텔아비브로 돌아온 나는 짐을 다시 유스호스텔에 두고 예루살렘으로 향했다.

고속버스 창문을 통해 보이는 예루살렘의 건물들은 옅은 핑크색을 띠고 있었는데 그 모습은 절벽 위에 만들어진 성지 그 자체였다. 이천 년 동안 다양한 종교, 인종, 민족이 이곳을 서로 뺏고 빼앗겨 왔다고 생각하니 그야말로 구름 위에 떠 있는 성처럼 보였다.

이스라엘은 예루살렘이 수도라고 주장하고 있는데 실제로 예루살렘에 서 보니 역시 권력자들이 매료될 만한 고대도시라는 생각이 들었다. 수염을 길게 기른 유대교 랍비가 검은 연미복을 입고 걸어갔다. 나는 백인, 중동인, 흑인, 동양인들과 뒤섞인 채 예루살렘 성전으로 통하는 다마스쿠스문으로 향했다. 이 정도로 다양한 인종과 민족이 모여 있는 곳은 여기를 제외하고는 미국 정도밖에 없을 것이다.

예루살렘은 성전을 중심으로 번영하였고, 세계 3대 종교의 성지이기도 하다. 유대교인들에게는 기원전 10세기경에 존재했던 유대왕국의 수도이자 성전이 위치한 장소다. 또 기독교인들에게는 예수가 포교활동을 하다가 처형당한 뒤 부활

한 장소다. 그리고 이슬람교도들에게는 무함마드가 하룻밤 사이에 메카인 카바 신전에서 예루살렘 신전까지 여행한 뒤, 예루살렘 신전에서 승천하여 신과 만난 장소라고 일컬어진다.

오래된 듯 새롭고, 검소한 듯 번잡하며, 신비로우면서도 현세적이다. 성스러움과 속됨이 하나가 된 압도적인 매력이 이곳 예루살렘에 있다. 역시 유대교, 기독교, 이슬람교가 성지로 삼을 만하다. 서로 빼앗기 위해 전쟁을 할 만한 가치가 있다. 나는 이만큼 신비로우면서도 인간미 넘치는 마을을 다른 어디에서도 본 적이 없었다.

서안 지구까지 가볼지 말지를 놓고 고민했다. 일본 방송국과 신문사 주재원들을 만나면 먼저 적극적으로 말을 걸어서 정보를 얻었다.

현시점에서 알게 된 것은 전투가 가장 격렬한 곳은 역시 가자 지구의 한유니스와 라파라는 사실이었다. 내가 예루살렘에 체재하고 있던 이틀 동안 라파에서는 대규모 소탕작전이 벌어지고 있었다. 지금 당장이라도 라파로 돌아가고 싶었다. 서안 지구도 한 번은 보고 싶었지만 다음을 위해서 아껴두어도 괜찮겠다고 판단했다.

이것은 나만의 습관 같은 것인데 해외에 나갈 때마다 일부러 한가지쯤 아쉬움을 남겨 둔다. 그렇게 해야 다음에 또 올 수 있다고 생각하기 때문이다.

이렇게 결정하고 나서 다시 텔아비브로 돌아왔다. 이번에는 모든 짐을 짊어지고 본격적으로 가자를 향해 출발하기로 했다.

이집트 국경 근처 '살라딘 게이트'라고 불리는 곳에 당도하자 사람들이 여기저기 흩어져 숨어 있었다.

강렬한 총성이 울려 퍼지기에 건물을 방패 삼아 숨어서 슬쩍 보니 이집트 국경 300미터 정도 앞에 있는 공터에서 소형 전차 두 대가 이쪽을 향해 서 있었다. 포탑이 작아서 장갑차로 보였지만, 캐터필러*가 달려 있는 것을 보고 전차라는 사실을 깨달았다.

이 정도 상황 파악이 끝났을 때 내가 보고 있던 전차에서 엄청난 총격을 가해 왔다.

놀라서 몸을 획 젖히자 아이들이 '와' 하고 손뼉을 치며 겁먹은 내 모습을 노골적으로 비웃었다. 격렬한 총격 소리에 어안이 벙벙해져 멍하니 있었더니 카메라 가방에서 펜과 여권 복사본을 훔쳐서 달아나는 녀석도 있었다.

가자 지구의 아이들은 못됐다는 소리가 절로 나올 만큼 감당이 안 된다. 어려서부터 죽음과 접해 있기 때문인지 지켜야

---

* 탱크 바퀴처럼 여러 개의 강판 조각을 연결하여 차바퀴로 사용하는 것을 말한다.

할 선을 모르는 것 같다. 옛날 동화지구 아이들도 이랬을까 하는 생각도 들고 우습게 보이기 싫어서 훈육을 하려고 정색하며 뒤쫓아갔는데, 이스라엘군의 눈에 띄었는지 전차에서 또 격렬한 총격을 가해 왔다.

당황한 나머지 그 자리에서 엎드려 기어갔더니 깨져서 떨어져나간 콘크리트 파편 먼지로 시야가 뿌예졌다. 전차뿐 아니라 저격 탑에서 노리고 있는 저격수도 조심해야 하기 때문에 신경이 날카로워졌다. 한유니스에서는 급조한 저격 컨테이너를 크레인으로 끌어올려서 그 위에서 저격을 했었는데 이곳 라파에는 콘크리트로 된 저격 탑까지 있다.

내가 엎드린 채로 움직이지 않자 팔레스타인 청년이 달려와 나를 안아 일으키더니 건물 뒤로 데려다 주었다. "왜 아이들을 뒤쫓고 있었습니까?" 하고 묻기에 "내 펜을 훔쳐갔거든요" 하고 대답하자 자기 펜을 내밀며 나에게 주려고 했다. 나는 고마웠지만 정중하게 거절했다.

조금이라도 더 전망이 좋은 곳으로 나오려고 걸어서 이동하던 중에 AP통신의 카메라맨을 만났다. 그가 영어를 사용해서 반가웠다. 하지만 상황을 물어보니 몇 번을 물어도 "아이 돈 노."라는 말만 반복했다.

"이건 무슨 공격인가요. 하마스 소탕작전인가요, 아니면 지하 터널 파괴 작전인가요?"

"아이 돈 노. 이번 주 내내 이런 상황이에요."

"정말로 아무 것도 모르나요?"

"오늘 전투에 대해서는 들은 바가 없어요. 내일쯤에는 이스라엘 측에서 발표가 있을 겁니다."

'전쟁터의 전선에서는 무슨 일이 일어나고 있는지 정확하게 모른다'는 사실을 이때 뼈저리게 느꼈다. 그 후로 나는 항상 전투가 있으면 다음날 인터넷 뉴스를 보고 무슨 일이 일어났었는지 자세히 알게 되었다. 전쟁의 본질은 전투 현장과는 다른 곳에서 움직이고 있으며 현장에서는 무슨 일이 일어나고 있는지 전혀 모르는 경우가 많다.

일단 뒤로 물러나 집들이 있는 골목을 이용해서 최전선에 더 가까이 가려고 하자 AP통신 카메라맨이 말렸다.

"왜 말리는 겁니까?"

"당신은 일본인이지 않습니까. 이 이상 가까이 가면 위험합니다. 총에 맞으면 국제문제가 될 거예요."

"프리랜서니까 괜찮아요."

"나는 여기서 물러날 겁니다. 그리고 프레스(보도)라고 크게 쓴 야광 조끼를 입는 편이 좋을 거예요."

"알겠습니다. 고마워요."

큰소리를 쳤지만 진짜로 혼자가 되고 나니 긴장감이 밀려왔다.

'뭐, 괜찮겠지' 하고 골목을 누비듯이 종종걸음으로 걸어서 최전선인 이집트 국경지대로 향했다.

최전선이라고는 해도 주택가에서 갑자기 사막 공터가 나오는 지대일 뿐이다.

이스라엘의 공격을 막는 것은 최전방에 있는 콘크리트로 만든 집들과 탄환을 피하기 위해 세워 놓은 콘크리트 토관이었다. 그곳에서는 하마스 조직원인 듯한 청년들이 열 명 넘게 모여서 무언가 의논을 하고 있었고, 소년들이 투석기를 이용해 요령 좋게 돌을 던지고 있었다. 돌이 전차에 명중하면 날카로운 소리가 났다. 그때마다 소형 전차에서 맹렬한 총격을 가해 왔다. 나는 웅크리고 있었지만 튀어 날아온 콘크리트 파편에 얼굴을 맞는 바람에 참을 수 없을 정도로 따가웠다.

토관에 등을 기대고 몸을 숙이고 앉아서 문득 휴대전화를 봤는데 일본에서 부재중 전화가 와 있었다. 무슨 일이 있을 때를 대비해 가자시에서 휴대전화를 구입했었다. 무슨 일인가 하고 전화를 걸어보니 여자 친구인 아베 마리코가 받았다.

"어, 무슨 일이야?"

"미안하지만 당신과 헤어지고 싶어."

"무슨 소리야. 갑자기 왜 그러는데?"

"나 더 이상은 못 참겠어."

마리코는 내가 장기간 해외에 나가면 외로운지 뜬금없이 헤어지자는 말을 꺼내는 경우가 있었다. 나는 맹렬한 총격에 머리를 낮추며 말했다. "바보 같은 소리 하지 마." 하지만 마리코는 헤어지고 싶다는 말만 반복할 뿐이었다.

그때 엄청난 총소리가 들렸다. 깜짝 놀라서 토관 아래로 머리를 더 낮췄다. 총격이 멈춘 틈을 타서 살짝 보니 이집트 국경에 있던 나머지 전차 한 대가 하마스 청년들이 모여 있는 곳에 총격을 가하고 있었다. 저격수가 소총을 쏘는 것이 아니라 전차 두 대에서 기관총을 쏴서 소리가 무시무시했다. 마치 펑크음악을 하는 라이브 하우스에 실수로 들어간 것 같은 느낌이었다. 나는 화가 머리끝까지 나서 소리쳤다.

"이 바보야. 지금 그럴 때가 아니야. 난 총격을 받고 있다고! 이 총성 안 들려?"

하지만 어느새 전화는 끊겨 있었다. 이집트 국경 부근이라서 전파가 안 좋은 것이다. "젠장!" 욕을 하면서 건물 아래로 뛰어갔다.

무슨 사람 그림자 같은 것이 보였는지 다행히도 전차의 총격은 건물 2층에 집중되었다. 격렬한 총격 소리가 들리나 싶더니 이어서 피융피융 하고 바람을 가르는 소리가 들렸다. 총알의 궤적을 확인하기 위해 핑크색 연기가 나는 탄환을 차례차례 건물을 향해 쏘고 있는 것이었다. 건물 옥상에 놓인 저수탱크도 몇 발인가 맞아서 푸슈 소리를 내며 물이 뿜어져 나오고 있었다. 가구에도 맞았는지 붉게 타오르는 집도 있었다.

그나저나 탄환이 불타올라서 핑크색으로 보이리라고는 상상도 못했다. 게다가 생각보다 속도가 느렸다. 눈으로 쫓을 수 있을 정도였다. 밑에서 보고 있으니 총격을 받아도 피할 수 있을 것 같은 생각마저 들었다. 총격을 받은 사람 중에 '탄환이 보였다'고 말하는 사람도 있었는데 그 말이 사실일 거라는 생각이 들었다.

사카구치 안고*는 공습을 피해 우왕좌왕하면서도 '공습은 아름답다.'고 썼는데, 정말로 불타면서 날아가는 탄환은 아주 아름다웠다. 저런 것이 나를 뚫고 지나가는 건가 하고 상상하면 할수록 소름이 끼치면서도 아름답게 보였다.

전파가 다시 들어와서 통화가 연결되었기에 나는 또 소리를 질렀다.

"알았으니까 나중에 만나서 얘기하자. 지금은 그럴 상황이 아니야."

"하지만 난 이미 마음을 정했어, 미안."

"그게 아니라 지금 얘기를 할 상황이 아니라니까!"

"더 이상 아무 말 안 해도 돼."

"진짜로 그게 아니라니까."

그 순간 전파가 끊겼다.

"이런 멍청이!" 소리를 지르며 푸슬푸슬 떨어지는 콘크리트 파편을 피해 30미터 정도 물러나기로 했다. 최전선에서 이런 짓을 하고 있으면 정말로 총에 맞아 죽을 수도 있다. 총을

---

* 坂口安吾(1906~1955년)는 일본의 소설가이자 평론가로 제2차 세계대전 전후로 활동한 일본문학을 대표하는 작가다.

맞아도 어쩔 수 없다고 생각하기는 했지만 이렇게 바보 같이 죽을 수는 없었다.

주택지에 들어서니 어떤 집 창가에 소녀와 엄마가 얼굴을 내밀고 있었다. 이스라엘에 영토를 빼앗길 수 없다고 이런 위험한 곳에서 계속 살고 있는 것이다.

여자 친구 마리코에게는 미안하지만 나한테는 전화보다 이 가족이 처한 상황을 보고하는 일이 더 중요했다. 그들의 비극을 눈앞에 두고서 나는 나에게 덮쳐 온 또 하나의 비극과의 수준 차이에 놀라지 않을 수 없었다.

뒤편으로 나오니 남자들이 삼삼오오 모여 느긋하게 물담배를 피우고 있었다. 전투 중이라고는 해도 그들에게는 익숙한 일인 듯 했다. 태어났을 때부터 전쟁을 하고 있었으니 당연한 이치일지도 모른다.

나도 일단은 기분 전환을 하려고 문을 연 가게로 들어가서 샤이를 한 잔 마셨다.

카메라 가방은 길거리에 팽개쳐 놓고 한 손에 컵받침을 들고 샤이를 저어서 입에 조금 머금었다. 진한 스트레이트 티에 설탕이 바닥 가득 가라앉아 있었다. 가자의 샤이에는 신선한 민트 잎이 들어가 있어서 민트를 좋아하는 나는 샤이를 하루에 몇 잔씩 마셨다.

라파에 돌아와서 벌써 사흘이나 되었기 때문인지 이제 더 이상 다리가 후들거리는 일은 없어졌다. 하지만 조금 전에 걸려온 전화 때문에 기가 막혀서 말도 안 나왔다.

"당신 요즘 자주 보이는군. 어디에 머물고 있나?"

물담배를 피우던 남자가 어설픈 영어로 나에게 말을 걸었다.

"할리드 아하마드 아슈의 창고에 있어요."

내가 손짓 발짓을 해가며 그렇게 말하자 남자는 알았다면서 한 손으로 양 볼을 움푹 파이게 하는 동작을 했다. 할리드는 무척 말랐는데 그 모습을 흉내 낸 것이다. 내가 웃자 남자는 고개를 끄덕였다.

아슈가의 밭은 라파와 떨어진 하이타놀 지구에 있어서 택시 잡기는 불편했지만, 그 대신 밤에는 조용히 쉴 수 있었다. 100평가량 되는 데다가 사방이 콘크리트 담장으로 둘러싸여 있어서 밖에서는 보이지 않았다.

나는 항상 '아슈가'와 '하이타놀', 그리고 최전선인 '살라딘 게이트'를 아랍어로 쓴 종이를 가지고 다니다가 택시를 잡으면 보여주고 이동했다. 택시비는 마을 안이라면 몇 10엔에서 100엔 정도였다. 하지만 외국인은 흥정을 해야 되기 때문에 귀찮다. 택시기사는 바가지를 씌우려는 사람과 저널리스트라는 사실을 알면 돈을 전혀 받지 않는 사람, 두 종류로 극단적으로 나뉘었다. 이것도 가자 지구 나름의 특징일 것이다.

할리드는 이곳에서 채소밭을 가꾸는데 가끔씩 밭을 보러

왔다. 사막지대이기 때문에 채소밭을 유지하기가 여간 어려운 일이 아니다. 그래서 나도 일을 도와서 자주 물을 주곤 했다. 세탁을 해도 짤 필요가 없다. 그대로 널어 두면 강렬한 햇볕 때문에 세 시간 정도면 마르기 때문이다.

함석지붕의 가건물은 여섯 평 정도였는데, 나는 여기 설치된 널빤지 사이에 침낭을 펴고 잤다. 가을이라 선선해서 다행이었다.

이곳에는 전기도 가스도 없었다. 물은 미네랄워터를 마을에서 미리 사다가 쟁여 놓았다. 볼일을 볼 때는 밭을 이용한 뒤에 묻어 버리기 때문에 아무 문제도 없었다. 중동에서는 용변을 본 다음 물로 닦아 내기 때문에 우리나라보다 오히려 청결하다. 쓰레기도 나오지 않는다. 그 대신 왼손은 불결하게 여겨서 식사를 하거나 다른 사람 어깨에 손을 대거나 할 때에는 주의해야 한다.

날 힘들게 했던 것은 무인감시비행기 소리보다도 새벽 네 시 쯤에 큰 소리로 들려오는 코란 읽는 소리였다. 하루에 다섯 번 정도 기도 시간이 있는데, 그때마다 그들은 바닥에 매트를 깔고 메카를 향해 무릎을 꿇고 기도를 한다. 매일 이른 아침에 들리는 기도 소리가 녹음된 소리인지 진짜로 읽는 소리인지 궁금해서 귀를 기울여 봤는데 아무래도 진짜로 읽는 것 같았다.

밤이 되면 전기가 안 들어와서 깜깜해진다. 빨리 잠자리에 들려고 했지만 변함없이 '붕붕' 하는 무인감시비행기 소리가 기분 나쁘게 들려 왔다. 소리가 너무 크게 들렸기 때문에 분명히 저공비행을 하리라는 생각에 눈으로 직접 확인하려고 몇 번인가 밤하늘을 올려다 보았지만 전혀 보이지 않았다.

어느 날 할리드가 장례식에 같이 가자고 했다. 따라가 보니 천막 아래 열 두 사람이 모여 있었다. 여자들은 검은 천으로 얼굴까지 가렸다. 지상으로 이집트 국경을 넘으려다가 저격수에게 저격당한 청년 두 명의 장례식이었다. 그들이 사망한 것은 어제 한밤중이었다고 한다.

두 청년의 친척들과 악수를 나눈 뒤 자리에 앉아 설탕을 넣지 않은 커피와 단 넛맥*을 받았다. 커피는 터키식으로 커피가루가 그대로 들어가 있고 윗부분의 맑은 물만 마시는 것이었다. 설탕을 넣지 않으면 상당히 쓰지만 넛맥이 아주 달기 때문에 마시기에 딱 알맞았다. 간소하기 이를 데 없는 장례식이었지만 다들 이런 식으로 인사를 하러 왔다. 장례식보다 관을 옮길 때가 더 떠들썩했다. 소총을 쏘면서 다 같이 행진하기 때문이다. 이곳에서는 매장을 한다.

마을 이곳저곳에는 자폭테러 등으로 순교한 청년들의 모

---

* 사향 향기가 나는 호두라는 뜻으로, 육두구라고도 불린다. 매콤하면서도 달콤한 향이 나서 주로 향신료로 사용한다.

습을 담은 전단지가 더덕더덕 붙어 있었는데, 이 두 청년의 경우는 어이없는 개죽음이라고 할 수 있다. 하지만 자유를 구하다가 죽은 그들도 어엿한 순교자가 아닐까 하고 생각했다.

할리드를 따라 라파에 있는 팔레스타인 자치정부 사무소에 인사를 하러 갔다. 여기서 드디어 라파의 상세한 지도를 손에 넣을 수 있었다. 작은 마을이기 때문에 갈 곳도 없었지만 없는 것보다는 나았다.

정부사무소에는 일본에 체재한 경험이 있는 사람도 있어서 영어로 이런저런 이야기를 나누었다.

"일본은 행복해서 좋겠어요. 경기도 좋고."

"그러네요." 일단 대답은 했지만 문득 '정말로 그런가?' 하는 생각이 들었다.

전쟁 중에 있는 그들의 상황은 확실히 딱하고 서글프지만 일본인이 정말로 행복한지 아닌지 나는 알 수 없었다.

가자에 있는 것이 꼭 미움과 불행의 연속만은 아니다. 이스라엘의 탄압을 받고 있지만, 그렇기 때문에 사람들이 결속력을 다지고 서로를 위하며 삶의 의미에 대해서 진지하게 생각한다는 사실을 느낄 수 있었다.

일찍이 차별 받고 탄압당했던 유대인이 그랬을까. 하지만 지금은 그들이 팔레스타인 사람들을 탄압하고 가자라고 하는 세계에서 가장 큰 지옥을 만들어 내 전투를 반복하고 있다.

나는 평화롭고 경제적으로도 풍요로운 일본에서 일부러

가자라는 지옥의 모습을 강 건너 불구경 하듯 보러 온 것이나 마찬가지다. 전쟁은 인간의 본질이 아닐까라는 생각을 하고 있었는데 진짜 전쟁터에 오자 도대체 무엇이 본질인지 오히려 알 수 없게 되어 버렸다.

비극 속에서 도리어 배려가 꽃피고, 서로 미워하는 가운데 오히려 애정이 샘솟는다. 이 얼마나 얄궂은 진실인가.

원조에 대한 겉치레인지는 모르겠지만 일본을 치켜세워 주는 팔레스타인 자치정부 관계자를 앞에 두고 나는 내 영어 실력으로는 설명하기 어렵다며 지금의 심경을 밝히지 않았다. 아니, 만약 영어가 유창했더라도 분명 아무 말도 할 수 없었을 것이다.

살라딘 게이트에 왔다.

게이트라는 단어가 붙어 있지만 실제로 그것은 게이트도 그 무엇도 아니다. 총탄으로 여기저기 구멍이 뚫려 황폐해진 집들이 늘어서 있고, 황량한 중심가에는 길이 하나 나 있을 뿐이었다.

예전에는 이집트 국경과 이어져 있었기 때문에 '게이트'라는 이름이 붙었지만, 지금은 '저격수 거리'가 되어 있다. 옆에서는 저격수가, 정면에서는 소형 전차가 조준하고 있기 때문에 쉽게 건너갈 수가 없다.

하지만 소년들은 배짱을 시험하려는 것처럼 차례로 그 거리를 횡단했다. 문득 생각난 듯이 전차에서 총격을 가하기 시작했지만 총격이 그치면 또 소년들이 길을 건너면서 각자의 담력을 시험했다.

'얼마나 찰나적인 곳인가' 하고 안타까워하며 나도 건물 그늘에서 상황을 지켜보다가 전속력으로 달려 저격수 거리를 가로질렀다. 꼴사납게 허둥지둥하는 내 모습에 깔깔거리며 돌멩이를 던지는 아이도 있었다.

라파에 체재하면서 익숙해지고 나자 이런 짓을 하는 아이들은 대개 가난하다는 사실을 알게 되었다. 바지는 구멍투성이고 셔츠도 진흙으로 얼룩져 있었다. 이 아이들은 학교도 제대로 다니지 않는다. 가자 지구의 실업률은 80퍼센트 정도라고 하는데 빈부격차도 꽤 크다. 폭력적인 아이들은 대체로 빈곤층 아이들이다. 유복하고 교양 있는 아슈가의 아이들은 이런 난폭한 짓을 하지 않았다.

어른들은 이런 소년들의 모습을 가만히 보고 있다가 필요할 때만 거리를 건너갔다. 샌들을 신고서 보는 내가 걱정이 될 정도로 천천히 건넌다. 이것도 마치 어른들의 담력 테스트 같은 느낌이었다.

이집트 국경이 보이는 장소로 나오자 아이들이 변함없이 전차를 향해서 투석기로 요령껏 돌을 던지고 있었다. 돌에 맞으면 생각났다는 듯이 전차가 총격을 가해왔다.

이것이 몇 번 반복되자 노인 한 명이 집에서 나와 아이들을 야단치기 시작했다. 아이들이 돌을 던지는 탓에 자신의 집이 공격을 받고 있으니 화를 내는 것도 당연했다. '제발 그만 좀 해!'라고 말하고 있는 듯했다.

하지만 아이들은 말을 듣지 않고 질리지도 않는지 계속해서 돌을 던졌다.

전차 쪽으로 얼굴을 내밀어 보니 강철판을 덧씌운 이스라엘 불도저가 이집트 국경 땅을 정비하고 있었다. 오늘은 이곳 땅을 정비하기 위해 경계만 하고 있는 것이다.

전투에 익숙해진 나는 오늘은 맞힐 생각으로 쏘지 않을 것이라 판단하고 더 안쪽으로 진입하기 위해 폐허가 된 주택가에서 이동해 최전선으로 가보기로 했다. 혼자서 미로 같은 골목을 종종 걸음으로 달려 전선 가까이로 가고 있었다.

그런데 그때 뒤에서 청년 한 명이 다가오더니 무슨 영문인지 말을 걸어 왔다.

하지만 아랍어였기 때문에 뭐라고 하는지 알 수가 없었다. 내가 어찌할 바를 몰라 가만히 있자 영어로 물어 왔다.

"당신 대체 어딜 가려고 하는 겁니까?"

"취재를 하고 있는 것뿐입니다. 피해를 주지는 않을 겁니다."

"안 됩니다. 여기는 위험하니까 다른 곳으로 가세요."

"아니, 괜찮습니다."

"그럼 위험하니까 왼쪽 벽에 붙어서 잽싸게 가는 게 좋을 겁니다."

"괜찮아요. 나도 알고 있습니다."

"꼭 왼쪽 벽에 붙어서 걸으세요."

귀찮은 녀석이다. 비밀 터널을 찾으러 온 이스라엘 스파이 쯤으로 오해했는지도 모른다. 하지만 의심받아도 어쩔 수 없는 장소에 있었기 때문에 주의를 받을 만도 했다. 그의 말을 무시한 채 당당하게 골목 가운데를 걸어 벽돌을 발판삼아 올라가서 구멍이 뚫린 벽 너머로 국경을 들여다봤다.

거기에는 국방색으로 칠한 철판이 놓여 있었다. 이스라엘 측이 막아 놓은 것인가 했는데 문득 위를 쳐다보니 가느다란 탄두가 나와 있다. 이상하다는 생각에 다시 한 번 구멍으로 봤는데 소형 전차 안에 있던 이스라엘 병사와 눈이 마주쳤다. 얇은 철판 한 장 사이로 눈과 눈이 마주친 것이다.

나는 나도 모르는 사이에 전차 정면까지 와 있었다. 그 청년은 정말로 위험하다며 주의를 주었던 것이다. 그러고 보니 여기에만 돌을 던지는 소년들이 없다. 나는 최전선이 아니라 이스라엘 전차와 거의 접촉해 버린 것이다.

곰을 만났을 때처럼 천천히 벽돌에서 내려와 가만히 전차의 사각지대인 벽을 따라 걸어서 그 자리를 피했다. 신기하게도 전차에서 총을 쏘지 않았다. 상대편에서도 아시아인이 갑자기 눈앞에 얼굴을 내밀어서 놀랐는지도 모른다.

그날 밤 나는 다시 한 번 그 장소로 가 보았다.

그런데 요 며칠간의 공격으로 폐허가 되었다고 생각했던 최전방 건물들에 불이 밝혀져 있었다. 이스라엘 군이 국경 땅을 정비하는 낮 시간에는 피신해 있다가 작전이 끝나는 밤이 되면 주민들이 돌아오곤 했던 것이다.

이정도면 서로 누가 이기나 보자는 식이구나 싶었다. 이스라엘은 해안가에 콜로니를 구축하고, 가자 주민들은 이스라엘이 더 이상 국경을 확장하지 못하도록 폐허가 된 집에 불을 밝힌다.

돌아올 때는 한밤중이었기 때문에 택시도 못 잡고 한 시간 정도 걸어서 돌아왔다. 오두막집에 도착하니 지칠 대로 지쳤는데 문득 점심부터 아무것도 먹지 않았다는 사실이 떠올랐다. 나는 밭에 놓여 있는 벤치에 앉아 별이 총총한 하늘 밑에서 미리 사 두었던 피타라고 하는 얇은 빵에 잼을 발라서 물과 함께 먹었다.

밀리터리 스타일의 세이코 손목시계를 봤더니 야광으로 빛나는 시계바늘이 오후 아홉 시를 막 지나고 있었다. 한밤중이라고 생각했는데 아직 이렇게밖에 안 되었다는 사실에 놀랐다.

나는 생각을 정리해 보았다. 이런 진짜 전쟁터 안에서 나는 속죄할 수 있을까. 오히려 새로운 고뇌가 생겨난 것은 아닐까.

하지만 나는 그것을 불행이라고도 귀찮은 일이라고도 생

각하지 않았다. 오히려 백 년 동안 풀리지 않았던 난문이 확실한 형태로 내 마음속에 새롭게 둥지를 틀었다는 사실에 만족했다.

후기 2005년 가자에 있었던 콜로니는 모두 철거당했지만 제해권과 제공권은 여전히 이스라엘이 지배하고 있다. 팔레스타인 자치정부의 선거로 하마스가 정권을 잡자 이스라엘에 의해 가자는 완전 봉쇄당해 외국인의 출입도 금지되었다. 이집트는 공황상태에 빠진 가자에 인도적 지원을 하기 위해 국경을 개방해서 원조물자 등을 운송하고 있다. 아베 마리코와는 그 후 헤어졌다.

2

바그다드 헬스장

춤추는 '로마'

나를 혼미하게 만든 이라크의 여자 로마

바그다드
이라크

나는 방콕에서 출발해서 이스탄불을 경유한 뒤 요르단 암만에 들어갔다. 곧바로 숙소로 잡은 호텔에 세르비스 서비스 예약을 부탁하고, 다음날 한밤중에 이라크 국경까지 이동했다. 2004년 1월 22일의 일이었다.

세르비스는 아랍의 합승 택시를 말한다. 주로 벤이 많은데 이때 탄 것은 차체가 두껍고 연비가 안 좋은 쉐보레였다. 쉐보레도 요르단에서는 자주 볼 수 있는 차종이다.

40대 일본인과 합승했는데 큰 잡지사와 계약을 한 기자였다. 머리를 7대 3으로 가른 수수한 느낌의 남자였다.

이 시기에 세르비스를 전세 내서 이라크 국경을 넘으려는 외국인은 저널리스트, 특히 일본인이 많다.

나는 간다에 있는 출판사에서 딱 30만 엔 밖에 받아 오지 못했다. 이 금액 안에서 서너 꼭지 정도의 기사를 작성해야 한다. 게다가 성인 잡지이기 때문에 이라크 정세 등 까다로운 내용이 아니라 가능한 세속적이고 외설스러운 기사여야만 했다. 성인 잡지의 독자가 이라크 기사를 읽을 것 같지는 않았지만 잘 아는 편집자가 친분으로 취재비를 내어 준 것이다.

전쟁이 막 끝난 이라크에 이런 오락 잡지에 실릴 만한 주제가 있을 리 만무했지만 나는 어쨌든 내전 양상을 보이기 시작한 이라크에 가보고 싶었다. 네팔 내전, 가자 지구와 분쟁지역은 가보았지만 아직 전쟁이 무엇인지를 파악하지 못했다는 생각 때문이었다.

하지만 손익계산이라는 측면에서 분쟁지역 취재는 전혀 돈벌이가 되지 않는다. 언론사나 텔레비전 방송국에 소속되지 않은 프리랜서의 경우, 들어간 취재비와 원고료가 거의 비슷해서 적자나 나지 않으면 다행이다. 그렇기 때문에 다음 전쟁터로 취재를 나가기가 어려웠는데 30만 엔이 있으면 일단 적자는 면할 자신이 있었기 때문에 이번 취재여행을 가기로 했던 것이다.

“저기요, 이제 내리라는데요?”

세 시간은 달린 것 같다. 커다란 요르단 국왕 벽화를 창문 너머로 보고 있었는데 뒷좌석에 앉아 있던 주간지 기자가 이렇게 말했다.

“국경에 도착했어요.”

나는 여권과 돈이 든 카메라 가방만 들고 차에서 내렸다. 출입국 사무소는 전구가 몇 개 없어서 어두침침했다. 차 열 대 정도가 멈춰 서서 검사를 받고 있었다.

"당신, 프리랜서죠? 나도 프리랜서인데, 이번에는 주간지에서 취재비를 받고 왔어요. 바그다드에는 언제까지 있을 건가요?"

"돈이 떨어지지 않는 한은 있을 생각인데 적어도 한 달은 있고 싶어요."

"오, 그렇게나 오래 있으려고요? 저는 사흘 있다가 방콕으로 돌아갈 거예요."

입국 심사를 받는 곳으로 가자, 한 남자가 작은 책상 앞에 멍하니 앉아 있었다. 주간지 기자가 말을 걸자 그 남자는 "패스포트."라고 웅얼거렸다.

조금 미심쩍어 하며 기자가 여권을 내밀자 몇 장 넘겨 보지도 않고 스탬프를 찍더니 "넥스트."라고 나를 부르고는 내 여권에도 똑같이 스탬프를 찍었다.

여권을 돌려받고 스탬프가 찍힌 페이지를 봤는데 전에 갔던 나라의 스탬프 위에다가 찍어 놓았다. 스탬프가 겹쳐서 어떤 모양인지 알 수가 없었다. 게다가 잉크가 부족해서인지 흐릿하기까지 했다. 짐 검사도 전혀 하지 않았다.

내가 '이걸로 정말 괜찮은 건가?' 하고 양팔을 벌리는 제스처를 취하자 담당자는 머리를 살짝 갸웃하며 작게 한숨을 쉴 뿐이었다. 어두침침한 방 안에 한동안 침묵이 이어졌다.

주간지 기자는 '헤헷' 하고 덜떨어진 사람처럼 웃더니 "맥주! 맥주!" 하며 이라크 쪽에 있는 잡화점 겸 식당 안으로 들어갔다.

우리가 먼저 이라크 쪽으로 걸어 들어가 세르비스의 입국 심사 통과를 기다리는 동안 주간지 기자는 360밀리리터 크기의 맥주 두 캔을 마셨다. 사람보다 차가 통과하는 데 시간이 더 걸리는 이유는 무기나 탄약을 감추고 있는지 검사하기 때문이다. 담당자가 몇 명이나 붙어서 거울이 달린 금속 탐지기 같은 기구로 차 아랫부분을 한 대씩 검사하고 있었다.

기다리는 동안 나도 맥주를 마실까 고민했지만 이럴 때는 콜라가 마시고 싶어진다.

해외에 나와서 긴장되는 일이 생기면 항상 1992년 오가사와라 섬 앞바다에서 조난당한 다카호 승무원들이 '빨간 것을 마시고 싶다'고 말하며 구명보트 안에서 죽어 갔던 일을 떠올리게 된다. 그들이 말한 '빨간 것'은 콜라다. 나는 이 일화를 들은 후부터 해외에서 어떤 일 때문에 스트레스를 받을 때면 항상 콜라를 마시게 되었다.

이윽고 검사를 마친 세르비스가 나와서 차에 탔다.

차를 타고 가는 시간이 길어질 것 같아서 주간지 기자와 서로 소개를 했다. 그는 노무라 쓰요히코로 방콕에 산다고 한다. 방콕이라고 해서 생각났는데 이 취재 여행으로부터 몇 개월 뒤인 2004년 5월에 이라크에서 살해당한 카메라맨 하시다

신스케 씨도 방콕에 살고 있었다. 물가와 항공권이 저렴하고 생활도 쾌적하기 때문에 방콕을 거점으로 활동하는 일본인 저널리스트가 많다.

사실 노무라 기자와는 이스탄불 공항에서부터 함께했는데 탑승구가 변경되어서 당황하고 있던 차에 그가 가르쳐 주었다. "이쪽으로 변경됐대요." 그와는 요르단 암만에서 머문 호텔은 달랐지만 둘 다 이라크에 들어간다는 목적을 가지고 있었기 때문에 세르비스까지 함께하게 되었던 것이다.

단조로웠던 밤이 지나자 눈에 보이는 것이라고는 모래밖에 없는 사막지대에 들어와 있었다. 촌락을 빠져나갈 때 잡화점과 자동차 수리공장이 보이고 그것들이 멀어지자 다시 한번 단조로운 사막이 시작되었다. 이런 패턴이 계속해서 반복되었다.

"험비다!"

뜬금없는 노무라 씨의 목소리에 문득 고개를 드니 언제부터인지 차가 막히고 있었다. 오른쪽 사막 한가운데를 사막과 흡사한 색의 투구벌레 모양 자동차가 모래먼지를 흩날리며 달려가는 것이 보였다. 차체는 납작한데 차고가 높고 타이어가 달려 있었다.

"험비라니요?"

"험비도 몰라요? 미군 장갑차 말이에요."

노무라가 소리치듯이 말했다. 얼마 지나지 않아 몇 대의 험비가 보였다.

이라크인 운전수가 졸음도 깰 겸 차에서 내려서 상황을 보러 갔다. 그 사이에도 몇 대의 험비가 길도 없는 사막을 달리는 것이 보였다.

"무슨 일입니까?" 돌아온 운전수에게 영어로 묻자 그냥 한마디로 "엑시던트."라고 대답했다. 앞에서 사고가 났다는 것이다.

계속되는 정체에 짜증이 난 차들은 참다못해 도로에서 벗어나 사막을 신중하게 우회하는 코스로 진입하기 시작했다. 사막 모래는 푹 빠지는 곳이 있기 때문에 선두차량은 고장이 났나 싶을 정도로 천천히 단단한 모래가 있는 쪽을 골라서 빠져나갔다. 뒤에 오는 차들은 앞차를 따라갔다.

미군 전차가 승용차를 들이받고, 승용차 위로 올라가 있는 사고현장이 보이기 시작했다. 이라크인 운전수가 혼잣말로 "알라." 하고 중얼거렸다. 노무라 씨는 "아, 이런. 쉐보레가 완전히 박살나버렸네……." 하고 말했다.

국경에서부터 여덟 시간이나 걸려서 오전 열 시쯤 바그다드에 들어온 우리는 각자 다른 호텔에 짐을 풀었다. 나는 가능한 한 저렴한 호텔을 잡아야 했기 때문에 일단 매우 저렴해 보이는 1박에 20달러짜리 창문 없는 호텔에 묵고, 다음날 장기 체류할 호텔을 찾기로 했다. 노무라 씨는 체류기간도 짧은 데

다가 나보다 금전적으로 여유가 있었기 때문에 NHK를 비롯한 각국의 저널리스트가 머물고 있는 팔레스타인 호텔로 갔다.

팔레스타인 호텔은 세계 각국의 보도진이 진을 치고 있는 요새다. 이 주변은 미군이 두꺼운 콘크리트 벽을 설치하고 삼엄한 경비를 서고 있다. 전쟁은 끝났지만 이라크에서는 여전히 자폭테러와 유괴사건이 빈번하게 일어난다. 그렇기 때문에 방송국과 잡지사에서는 기자의 안전을 위해 팔레스타인 호텔과 쉐라톤 호텔을 이용하고 있다.

길을 걸으면서 보니 단지와 상점, 노점이 도로를 따라 늘어서 있었다. 사막지대이기 때문에 다양한 물건들이 모래를 뒤집어쓴 것처럼 하나같이 허연 갈색 빛이었다. 눈이 익숙해지기 전까지는 색이 없는 것 같은 착각마저 들었다.

바그다드의 거리는 몇 개의 구획으로 나뉘어 있는데, 나도 다른 저널리스트들처럼 팔레스타인 호텔을 중심으로 움직이기로 했다. 팔레스타인 호텔 옆에는 쉐라톤 호텔이 있고, 두 호텔 뒤편에는 티그리스 강이 흐르고 있다. 강 건너편에는 미군이 접수한 호텔과 옛 공공시설, 네모난 지붕이 줄지어 있는 주택가가 보였다.

홍차를 파는 가게가 있어서 한 잔 마시려고 "샤이!"라고 노점상 아저씨에게 말했다. 일본과 중국의 '차茶'를 인도에서는 '차이', 중동에서는 '샤이'라고 한다.

중동에서는 쓴맛이 날 정도로 진하게 우려서 설탕을 듬뿍 넣어 먹는다. 나는 가자 지구의 샤이를 떠올렸지만 이라크의 샤이에는 민트 잎이 들어 있지 않았다. 내가 가자에서 매일 마시던 샤이에는 항상 민트 잎이 들어가 있었는데 이런 작은 차이가 흥미로웠다.

동전을 꺼내고 얼마인지 묻자 노점상 아저씨는 몸짓으로 '안 받아요.'라고 말했다. 일본 돈으로 하면 10엔 정도밖에 안 되는 가격이겠지만 이들에게는 생계수단이다. 이제 막 전쟁이 끝나고 외국인 저널리스트와 NGO가 한창 드나들어서 이 노점상 아저씨도 기분이 들떠 있는지도 모르겠다. 나도 왠지 들뜬 기분으로 이라크의 골목골목을 돌아다녔다.

하지만 이라크에 있는 것을 즐기고 있을 때가 아니었다. 한시라도 빨리 잡지 기삿거리를 찾지 않으면 마음 편히 있을 수가 없다. 인맥으로 받아온 30만 엔을 떠올리면 떠올릴수록 가슴이 답답하고 어깨가 무거워졌다.

길을 걷다가 에로 영화를 상영하는 영화관을 발견했다. 사담 후세인 시대에는 없었던 것이다. 구경 삼아 들어가 봤는데 티켓은 90엔 정도였다. 통로에 붙어 있는 상영 스케줄을 보니 대부분은 미국의 에로 영화인 듯 했는데, 'TORU MURANISHI*'라는 의외의 이름도 발견했다.

---

* 村西とおる(무라니시 도오루). 1948년생으로 일본의 AV영화감독이다.

한동안 영화관 통로에서 밝은 바깥쪽을 바라보면서 들어갈까 말까 망설이며 서성대다가 알게 된 사실은 관객들 대부분이 한 번은 그냥 지나간 다음 되돌아온다는 것이다.

이곳도 안전하다고 하기는 어렵다. 사담 후세인 시대에는 금지되었을 정도니까 이슬람 원리주의자들에게 에로 영화는 풍기 문란하고 나쁜 것이다. 또 사람이 모이는 장소이기 때문에 테러의 표적이 될 수 있다. 자위대가 주둔 중인 도시 사마와의 DVD방이 폭파되었다는 사실을 보도를 통해 들었었다. 게다가 여기는 바그다드 중심부에 있어서 눈에 띄기 때문에 조심해야 할 장소다.

하지만 이 당시에 두려워할 것은 하나도 없었다. 나는 서른 살이었다. 전쟁터의 성 실태를 조사하러 온 일본의 일개 말단 기자가 30만 엔이라는 취재비에 걸맞은 기사를 쓸 수 있을지 여부만이 두려울 뿐이었다.

그나저나 테러의 위험도 있는데 이런 영화관에 들어오는 이라크 남자들은 무섭지 않은 것일까. 90엔 정도 하는 표 값을 치르고 영화관 안으로 들어가니 500명 정도 수용할 수 있는 관객석에 수십 명 정도의 남자들이 서로 멀찌감치 떨어져 앉아 있었다. 아랍에는 남녀 간의 엄격한 계율이 있어서인지 게이가 많다. 티켓 판매원이 걱정이 되었는지 "당신은 2층으로 올라가요."라고 해서 그의 말을 따라 순순히 2층으로 올라갔다. 2층에는 아무도 없었다.

먼지 쌓인 의자에 엉덩이를 깊숙이 대고 앉아 에로 영화를 봤다. 한동안 보고 있었는데 대사를 들어보니 아무래도 미국보다는 프랑스와 스페인 영화가 많아 보였다. 기대하던 'TORU MURANISHI'의 영화는 나오지 않았다.

혹시 쓸 만한 것을 찾지 못하면 이것을 기사로 쓰려고 복도에 붙어 있는 포스터와 티켓 판매원 사진을 찍어 두었다. 적어도 한 달은 취재비가 떨어지지 않을 테니까 일단은 마음을 편하게 먹고 천천히 일하기로 했다.

거리로 나오니 태양이 눈부셨다. 딱히 할 일이 없어서 팔레스타인 호텔을 향해 걷다가 옆에 있는 노점에서 피스타치오 한 봉지를 샀다. 피스타치오는 중동이 명산지인데 일본보다 소금을 많이 친다. 그리고 일본과 마찬가지로 견과류 중에서 가장 비싸다.

"장사는 잘 되니?" 맛을 보면서 피스타치오를 파는 소년에게 묻자 "사담, 노."라고 대답했다. 나는 미소로 답하며 팔레스타인 호텔 입구를 향해 걸었다.

원래는 호텔 정면으로 들어갈 수 있었지만 지금은 정면 현관을 두꺼운 콘크리트 벽으로 막아 놓았다. 통로는 측면 한 곳뿐이고 한 사람씩밖에 못 들어간다. 미군이 소지품검사를 하는데 한 사람씩 신발 검사와 몸수색을 받고 들어가야 한다. 차량은 호텔에서 꽤 떨어진 뒷문에서 철저한 검사를 마쳐야 들어갈 수 있다.

며칠 동안 드나들었더니 미군 병사들이 내 얼굴을 익혀서 검사를 받지 않고 들어갈 수 있게 되었다. 겉모습만 봐도 아시아인인 것을 알 수 있었고 저널리스트라고 했기 때문일 것이다.

팔레스타인 호텔 로비에 있는 커다란 소파에 앉아 나도 이런 큰 호텔에서 쾌적하게 지내면서 전쟁터를 취재해 보고 싶다고 생각했다. 그리고 성인 잡지 기자로 와 있는 나 자신에 대해서 살짝 실망했다.

"왔어요? 어디서 잤어요?"

앞으로 어떻게 할 것인지 멍하니 생각하고 있을 때 오늘 아침에 헤어진 지 얼마 안 된 노무라 씨가 나를 향해 걸어왔다.

"건너편 호텔인데 창문이 없어서 내일쯤 옮기려고요."

"그렇군요. 저는 내일 사마와 취재를 마치면 돌아가요."

"사마와 쪽은 꽤 위험한 것 같던데요?"

"아, 아까 주재원들한테 물어봤더니 마을 자체는 괜찮은데 가는 길이 위험한 것 같더라고요. 그래도 호위용 차량 몇 대랑 같이 가는 것보다 차 한 대로 가는 편이 눈에 안 띄어서 안전하지 않을까요? 안 가봐서 모르지만요."

"그건 그러네요."

"오늘은 이 근처에 있는 일본인을 잠깐 취재할 건데 괜찮으면 같이 가실래요?"

"여기 사는 일본인이요?"

"거리의 아이들을 돌보고 있나봐요."

노무라 씨와 함께 팔레스타인 호텔을 나와서 티그리스 강가로 가니 군데군데 찢어진 옷을 입은 소년들이 흙투성이가 되어 놀고 있는 모습이 보였다. 소년 중 한 명이 "머니, 머니." 하면서 다가왔다. "노 머니."라고 말하며 걷다보니 일본인 카메라맨 네댓 명이 모여 있었다. 이라크 소년들도 열 명쯤은 되는 것 같았다. 작은 비닐봉지를 손에 쥔 소년도 있었다. "저 아이 본드 하나 보네." 노무라 씨가 중얼거렸다. 이런 꾀죄죄한 소년들 가운데 한 일본인 여성의 모습이 보였다.

이 사람이 나중에 이라크 무장 세력에게 인질로 잡힌 다카토 나호코 씨다. 나는 쓰레기 더미 안에 천사가 있는 것 같은 착각에 사로잡혔다. 구걸하는 소년 무리 가운데 하얀 아시아인 여성이 함께 앉아 놀아 주고 있었기 때문이다.

노무라 씨도 사진을 찍기 시작했는데 나는 길가에 놓인 부서진 콘크리트 파편에 앉아서 네댓 명의 카메라맨에게 둘러싸여 있는 다카토 씨를 멀찍이서 바라보기만 했다.

이라크의 성 풍속을 취재하러 온 나와는 얼마나 다른 사람인가. 내가 오늘 반나절 동안 한 일이라고는 에로 영화를 본 것밖에 없다. 나 같은 사람도 있는가 하면 이렇게 거리의 아이들이 자립할 수 있도록 돕고 있는 사람도 있다. 짊어진 짐이 다르다는 사실은 알고 있었지만 별 생각 없이 이 광경을 보다

보니 또 다시 내가 하는 일이 한심스럽기 짝이 없다는 생각이 들었다.

다음날 아침, 군용견이 짖는 소리에 눈을 떴다. 미군이 이 호텔 근처에서 무언가를 탐색하고 있는 듯했다. 확성기를 통해 영어와 아랍어가 번갈아가며 들려 왔다. 문을 열고 베란다로 나왔다. 건조하고 상쾌한 아침이었다.

짐을 싸서 호텔을 옮겼다. 어제 팔레스타인 호텔에서 전세 택시를 불러 주는 사람이 여기서 몇 블록 남쪽에 있는 '앤드류 호텔'을 소개해 주었는데, 이 호텔은 엘리베이터와 창문이 있는데 1박에 10달러였다.

이 날은 쉐라톤 호텔 지하에 있는 나이트클럽에 가 봤더니 폐쇄되어 문이 잠겨 있었다. 나이트클럽에는 필리핀과 타이 창부가 있었지만 전쟁이 시작되자 국외로 도망갔다고 한다.

다른 나이트클럽도 가 봤는데 그곳의 쿠르드인 사장은 "창부고 뭐고 다 도망쳐 버렸어." 하며 두 손을 드는 제스처를 해 보였다. 그가 영어를 할 줄 알아서 자세히 물어보니 후세인 잔당이 테러를 일으켜서 그런 저속한 장소는 다 문을 닫아 버렸다고 했다.

팔레스타인 호텔 앞을 지나 돌아가는 길에 로스트 치킨가게 모퉁이 골목에 전차 한 대가 세워져 있는 것이 보였다. 어제도 서 있는 걸 봤기 때문에 분명히 이 골목 안쪽에 무언지는 모르지만 미군 관련 시설이 있을 것 같았다. 하지만 전차가 있는 것은 흔한 일이기 때문에 그다지 신경 쓰지 않았었다.

그런데 다시 한 번 보니 전차 뒤에 있는 작은 간판이 눈에 들어왔다. 젊은 시절의 아놀드 슈왈제네거가 이두박근을 강조하는 포즈를 취하고 있는 간판이었다. 보자마자 '이건 헬스장이구나' 하는 생각이 들었다.

전차 옆을 지나가려고 하자 경비를 서고 있던 미군이 몸수색을 했다.

"이 안쪽에는 뭐가 있나요?"

"프랑스 대사관이 있습니다. 무슨 용무라도 있습니까?"

"아니요, 프랑스 대사관에는 볼 일이 없습니다. 저기에 가고 싶어서요."

"OK. 지나가도 좋습니다."

미군 병사가 뒤쪽으로 손을 뻗더니 길을 내주었다. 나는 간판이 걸린 건물로 들어갔다. 들어가는 길부터 트레이닝 기구가 보여서 헬스장이 맞다고 확신했다.

먼지투성이 건물로 들어가자 어두운 건물 안에서 일곱 여덟 명의 남자가 각자 덤벨과 바벨을 올렸다 내렸다 하고 있었다. 벽면 가득 미국 보디빌더들의 사진이 붙어 있었다.

그리고 네다섯 명의 남자가 입구에 있는 벤치에 앉아서 이야기를 나누고 있었다. 그들은 내가 들어가자 하던 이야기를 멈추고 나를 쳐다보았다.

"헬로" 하고 말을 걸었더니 고개만 끄덕이고는 누구도 대답을 하지 않았다. 영어로 말을 걸어 봤지만 아무도 영어를 못 하는 것 같았다. 내가 당황하며 서 있자 트레이닝 중이던 하얀 남자 한 명이 영어로 물었다.

"무슨 일인가요?"

"여기 헬스장 맞죠? 저도 트레이닝을 하고 싶은데요."

"그건 괜찮은데 지금 헬스장 관장님이 안 계세요. 이 사람이 책임자예요."

그는 벤치에 앉아 있는 남자들에게 아랍어로 뭐라고 말을 했다. 남자들은 황당하다는 표정으로 몇 번이나 고개를 끄덕였다.

"한 달에 30달러입니다."

의외로 비싸다고 생각했지만 "OK. 그럼 지금 지불하면 됩니까?" 하고 물었다.

"아니요, 관장님이 이삼 일 쯤 후에 돌아오시니까 그때 직접 지불해 주세요. 하지만 트레이닝은 오늘부터 해도 돼요."

"고맙습니다. 저는 요시라고 하는데 당신은……."

"드라이라고 합니다. 잘 부탁해요."

운동은 다음날부터 하기로 하고 돌아왔다.

나중에 안 사실인데 그때 벤치에 앉아 있던 남자들은 모두 트레이너였고, 이 '아놀드 클래식 헬스장'은 프로 보디빌더를 육성하는 헬스장이었다. 관장인 사바하 타리브는 전 아시아 챔피언으로 일본에 온 경험도 있었다. 내가 일본으로 돌아간 뒤 NHK 방송에서도 거론된 유명한 사람이다. 사바하는 마침 선수들의 운동 보조제 등을 사러 두바이에 갔다고 했다.

그로부터 며칠 뒤 두바이에서 돌아온 사바하를 만나기 위해 헬스장 안쪽에 있는 사무실에 들어갔는데, 그는 한 청년과 이야기를 나누는 중이었다.

"아, 자네가 요시로군. 내가 관장 사바하 타리브라네. 자네 얘기는 카시무한테 들었어."

"카시무가 누구죠?"

"여기 매니저로 있는 친군데, 내 조카야."

벤치에 앉아 있던 뚱뚱한 남자가 웃으며 손을 들었다. 나도 미소로 답했다.

"지금 방해되면 밖에서 기다릴까요?"

"아니, 금방 끝날테니 거기 앉아서 기다리게나."

이렇게 말한 뒤 그는 아랍어로 사무실 가운데 우두커니 서 있던 청년에게 뭐라고 말했다. 상의를 탈의한 청년은 내가 보기에도 말랐다. 책상 뒤 벽에는 아놀드 슈왈제네거 사진이 열 장 넘게 붙어 있었다. 헬스장 이름도 그렇고 관장인 사바하 씨는 엄청난 아놀드 신봉자인 듯 했다.

"요시, 저 청년은 아리라고 하는데 나이는 스무 살이지만 보디빌딩을 시작한 지 아직 6개월밖에 안 되었네. 반 년 동안 체중이 52킬로그램에서 65킬로그램이 되었지."

"헬로, 아리." 내가 인사하자 아리는 부끄러운 듯 기어들어가는 목소리로 대답했다. "헬로……."

"요시, 자네는 아리의 몸을 봤을 때 어떤 생각이 드나?"

"몸 좋네요."

"아니, 그런 거 말고 더 구체적으로 말이네."

"아직 말랐는데요?"

"전체적으로는 그렇지. 그 중에서 팔은 특히 잘 만들어졌어. 하지만 아직 등 근육이 넓어지지 않았고, 좌우 날개도 안 생겼지. 앞만 단련하고 있어서 그런 거야."

나는 그 차이를 구분할 수 없었다. 특별히 보디빌딩을 해본 적이 없기 때문이다. 게다가 그냥 시간을 때우려고 헬스장에 와 본 것뿐이었기 때문에 아무 말도 하지 않고 여러 가지 포즈를 취하고 있는 청년의 그을린 몸을 바라봤다.

포즈 검사가 끝나자 아리는 옷을 입고 헬스장으로 돌아갔다.

"요시, 여기서 트레이닝을 하고 싶다고?"

"네, 뭐 그렇죠."

"자네는 저널리스트인가?"

"뭐, 그렇다고 볼 수 있겠죠."

이라크의 성 풍속을 취재하러 왔다고는 할 수 없어서 그냥 그렇게 대답했다.

"이 헬스장을 취재하러 온 건가?"

"아니요, 여기는 그냥 개인적으로 온 겁니다."

"농담이네. 한 달에 15달러인데 지금 지불할 수 있겠나?"

"네, 물론이죠."

'전에 들었을 때는 30달러라고 했는데.' 생각하면서 달러를 현금으로 지불했다. 관장은 "헬스장 경영도 힘들어."라고 중얼거렸다.

"역시 테러 때문에 경기가 안 좋나요?"

"아니, 반대로 연습생은 늘었다네. 밖은 테러 때문에 무서우니까 다들 헬스장 안으로 모이는 거지."

"연습생도 많고 북적거리는데 경영이 어려워요?"

"건물 주인이 나가라고 해서 그 일로 옥신각신하고 있어. 정말로 머리 아픈 문제지."

"아, 그렇군요."

"이 거리는 위험하니까 조심하게나."

"프랑스 대사관이 있어서인가요?"

"로이터 통신도 들어와 있다네. 그래서 테러의 표적이 되니까 위험하지. 후세인 시절이 훨씬 좋았어. 테러는 사람들이 많이 모이는 곳에서 일어나니까 요즘에는 위험해서 콘테스트도 못 열어. 옛날에는 헬스장도 한밤중까지 운영했었는데, 이제는 해가 지면 문을 닫아야 한다네."

"그나저나 관장님, 두바이에 가셨었다고 들었는데."

"아, 이라크에서는 필요한 운동 보조제를 못 구해서. 전쟁이 끝난 직후에는 미국인이나 프랑스인도 트레이닝을 받았었는데 다들 테러로 위험해지니까 나가 버렸어. 그래서 필요한 보조제도 구할 수 없게 됐지."

"사바하 씨는 아시아 챔피언이었다고 들었는데요."

"그렇다네. 그나저나 자네, 소 미쓰오라고 아나?"

"소 미쓰오요?"

"키치소 미쓰오인 것 같기도 하고. 1972년도에 세계선수권에서 우승한 일본인인데 말이야. 몸이 아주 좋았지."

궁금해서 나중에 찾아봤는데 아무래도 1972년에 일본인 최초로 세계선수권에서 우승한 전설의 보디빌더 스에미쓰 겐이치를 말했던 것 같다.

"내가 어릴 적 어떤 대회에서 그를 만난 적이 있지. 그에게 몇 가지 질문을 했는데 그가 영어를 거의 하지 못해서 안타까웠어. 나는 열세 살부터 트레이닝을 하고 있었는데 말이지."

"사바하 씨는 지금 나이가 어떻게 되세요?"

"마흔 다섯이네. 요시는 몇 살이지?"

"서른이에요. 1972년이면 제가 태어나기 전이네요."

"그렇군. 이라크는 미국과 국교를 단절해 버려서 아놀드 슈왈제네거 사진도 공공연하게 붙일 수 없게 되었네. 그는 나한테 진짜 영웅이야. 그리고 보디빌더인 조 와이더와도 편지로 교류했었는데 그마저도 금지당했지."

"편지 왕래도 안 되나요?"

"그는 유대인이었으니까. 자네는 미국에 가본 적 있나?"

"일 년 정도 살았었어요."

"그렇군. 나도 캘리포니아에 가고 싶어. 지금까지 두 번 기회가 있었는데 못 갔지."

사무실 문이 열려 있어서 몇몇 청년들이 트레이닝하고 있는 모습이 눈에 들어 왔다.

"저 트레이닝 기구도 외국에서 수입한 건가요?"

"아니, 대부분이 용접해서 만든 거라네. 새 걸로 사고 싶은데 주인과 얘기가 잘 안 되고 있어서 그럴 여유가 없어."

사바하 관장과의 대화를 마치고 나도 다른 사람들과 함께 트레이닝을 하기로 했다.

챔피언 출신인 관장이 있는 헬스장답게 필요한 트레이닝 머신과 바벨 원판, 바벨 봉이 모두 준비되어 있었다. 대퇴부 단련 머신만 해도 일곱 대나 되었다. 덤벨은 5킬로그램부터 50킬로그램까지 5킬로그램 단위로 두 개씩 있고 바벨 원판은 대략 200개, 원판을 끼우는 봉은 열다섯 자루나 있었다. 이렇게 많은 물건이 50제곱미터 정도 되는 방 안에 있어서 답답하게 느껴질 정도였다.

게다가 이라크답게 모두 먼지가 쌓여 있었다. 콘크리트가 드러나 있고 덤벨의 무게에 눌려 울퉁불퉁해진 바닥을 걸으면 모래가 날려 입안에서 모래가 씹혔다. 여기야말로 '하드코어 헬스장'이라고 표현해야 할까. 나는 이 헬스장이 무척 마음에 들었다.

그 후로는 주간지에 이라크에 대한 단발성 기사 원고를 인터넷으로 보내면서 지내고, 저녁부터 밤까지는 헬스장에 다니는 일상이 이어졌다. 일부러 붐비는 시간을 이용한 이유는 그렇게 해야 많은 청년들을 만날 수 있기 때문이다.

혼자서 트레이닝을 하고 있으면 자연스레 가까이에 있는 누군가가 보조를 해줬다. 그것도 강제적으로 하는 것이 아니라 스스로 나서서 지나치게 친절하다고 느낄 정도로 상냥하게 도와줬다.

다들 열심히 트레이닝을 하는 줄 알았더니 계속 수다만 떠는 사람도 있었는데, 이런 것은 일본과 비슷했다. 그래도 열심히 하는 사람은 일본보다 많을지도 모른다. 매달 15달러인 헬스장 이용료가 일반적인 이라크 청년에게는 결코 싸지 않은데 그런 이유도 있을 것이다. 이야기를 하고 싶은 사람은 입구 가까이에 있는 벤치에 앉아서 절대로 다른 사람의 트레이닝을 방해하지 않도록 배려했다.

이렇게 다니다보니 헬스장 연습생들과도 친해져서 수다 그룹이 모이는 벤치 옆 부엌도 마음대로 써도 된다는 허락을 받았다. 일본 요리에 굶주려 있었던 나는 먼저 슈퍼마켓에서 구할 수 있는 인스턴트 라면을 만들었다.

관장님의 조카로 이 헬스장 매니저를 맡고 있는 카시무는 항상 부엌에서 닭튀김을 만들어 먹었다. 그렇지 않을 때는 달걀을 대량으로 삶아서 흰자만 먹었다. 흰자는 저지방이면서도 고단백이기 때문에 프로테인 등의 운동 보조제를 구할 수 없는 이라크의 보디빌더는 다들 열 개에서 스무 개 정도의 달걀을 매일 먹는다. 하지만 현재 나라 형편상 이런 생활도 사치이기 때문에 체격이 큰 사람은 몇 명밖에 없었고, 오히려 과도한 트레이닝 때문에 마른 사람이 대부분이었다.

이라크뿐 아니라 중동에서는 일반적으로 양과 닭을 자주 먹는다. 특히 중동에서는 로스트 치킨 가게가 어디든지 있기 때문에 이 메뉴는 나도 거의 매일 같이 먹었다. 소금만으로 맛을 내서 의외로 질리지 않는다.

취재를 시작하고 15일째 되는 아침이었다. '지잉' 하는 이상한 소리에 잠이 깼다.

눈은 떴지만 상황 파악이 안 되어 침대에 누워 멍하니 있었더니 덜커덩 덜커덩 하고 창문이 흔들리는 소리가 나서 깜짝 놀라 몸을 일으켰다.

서둘러 창문 쪽으로 가보니 1킬로미터쯤 떨어진 곳에 작은 버섯구름이 떠 있었다. 자폭테러였다. 서둘러 카메라 가방을 집어 들고 계단을 달려 내려가 밖으로 나갔다. 바그다드에서는 정전이 빈번했기 때문에 자가 발전이 멈춘 이른 아침에는 대개 엘리베이터가 멈춰 있다.

"저기 버섯구름이 보이는 곳으로 가 주세요."

택시에 올라타 제스처와 아랍어 몇 마디로 지시했다.

"OK. OK." 기사도 흥분한 기색으로 속도를 높였다.

현장에 도착하니 때마침 소방차와 미군도 막 도착한 참이었다. 전차도 와 있었다. 두꺼운 철판을 단 전차가 나와 있는 이유는 2차 재해 시에 폭발에 잘 견디기 때문이다. 미군 헬기가 하늘 위를 선회하고 있어서 시끄러웠다.

영어를 할 줄 아는 사람을 붙잡고 사정을 물으니 폭파된 것은 호텔이고 자기는 그곳 종업원이라고 했다. 까무잡잡한 이라크인이었는데 다 죽어가는 표정을 짓고 있었다.

"쓰레기를 버리러 밖에 나왔는데 차가 들이박더니 폭발했어요. 이라크 신정부에서 방을 빌린 것을 알고 거기에 있는 중요 인물을 노린 것 같아요……."

"그렇군요. 그나저나 엄청난 폭발이었네요. 당신만이라도 살아서 다행입니다."

내가 이렇게 말하자 그는 그제야 조금 웃었다.

테러 취재라고 해도 내가 할 수 있는 것은 이 정도밖에 없었다. 사진을 찍으면 철수한다. 배후관계 같은 것은 공식적인 발표가 있은 후에 나오는 인터넷 기사를 통해 나중에 확인해야 했다. 이런 사정은 전선에서 싸우는 미군들도 마찬가지일 것이다.

상황이 이렇다보니 현장에 몇 번 가는 사이 점점 흥미가 떨어졌다. 테러 현장 사진을 찍고 싶어서 달려갔지만 테러는 매일같이 일어나기 때문에 결국에는 어지간히 대규모 테러가 아닌 이상 쫓아가지 않게 되었다. 이제 일본의 큰 신문사나 방송국에서도 위험을 무릅쓰고 팔레스타인 호텔 밖으로 나가지 않았다. 그 대신 현장에는 프리랜서 기자나 카메라맨을 보냈는데 그들은 대부분 영어를 잘했다. 몇 번인가 현장에서 만나다보니 얼굴을 알게 되어 간단한 정보 교환을 하는 경우도 생겼다.

이렇게 활동하던 중 나는 이유는 모르겠지만 오른발 엄지 발가락 주변을 다쳤다. 당시에는 '테러 취재를 하던 중에 기와 조각을 밟아서 다쳤구나.' 하고 생각했다.

한쪽 발을 질질 끌면서 헬스장에 가니 대학에서 우등생이라고 평판이 자자한 훼라스가 양 볼을 맞대는 인사를 했다. 그는 평판에 걸맞게 항상 성실하게 트레이닝을 했다. 왠지 모르게 그하고만 볼을 맞대는 정식 인사를 하게 되었는데, 아랍 사람인 그는 수염이 짙어서 수세미에 볼을 비비는 것 같은 감촉이었다. 게다가 항상 땀을 흘렸기 때문에 찝찝한 기분을 감출 수 없었다. 그가 내 발을 보더니 "왜 그래요?" 하고 묻기에 "모르겠어요."라고 대답했다.

그러자 항상 같이 다니는 알렌과 라디 콤비도 "발, 왜 그래요?" 하고 어설픈 영어로 물었다. 알렌은 일본인 같이 부드러워 보이는 생머리였고, 라디는 항상 젖꼭지가 비치는 망사 셔츠를 입고 있었다. 두 사람 모두 헬스장에 다닌 지 2년 정도 되었는데 돈이 없는 건지 아니면 그냥 체중을 불리고 싶지 않은 건지 무척 가냘팠다.

"모르겠어요. 아무래도 삐끗한 것 같아요."

"더 심해지기 전에 병원에 가보는 게 좋겠어요."

"하지만 병원이 어디 있는지를 몰라서요."

내가 영어에 손짓 발짓을 섞어가며 이렇게 말하자 첫날 통역을 해주었던 드라이라는 청년이 와서 "내일 오후에 나랑 같이 병원에 가요." 하고 나섰다.

벌써 여기 다닌 지 열흘 정도 되어서 사람들과 많이 친숙해졌는데 그래도 왠지 모르게 약간의 벽이 느껴졌다. 내가 일본어와 영어밖에 몰라서 그런가 하고 자문해 보았지만, 꼭 그 때문만은 아닌 것 같았다. 원인 모를 애매한 거리감이 있었는데 나는 가자를 취재한 경험을 바탕으로 아마도 내가 이교도이기 때문일 것이라고 생각했다.

다음날 일을 빨리 마친 드라이가 호텔까지 마중을 나와서 택시를 타고 병원으로 향했다. 하지만 병원은 어스레한 불빛만 있을 뿐 영업은 하지 않았다. 어찌할 바를 몰라 병원 안에 있는 접수처에서 드라이와 의논을 하고 있었는데, 흰 가운을 입은 남자가 "무슨 일입니까?" 하고 물었다. 드라이가 아랍어로 통역을 해주었다. 흰 가운을 입은 남자가 내 발을 보고는 종이에 뭔가를 적어 주었다.

"이걸 약국에 가서 보여 주세요."

드라이가 약국을 찾아 주었는데 겉으로 봐서는 약국처럼 보이지 않았다. 선반에는 겨우 체면치레할 정도의 약품 몇 개가 놓여 있을 뿐 거의 텅 비어서 마치 개점휴업 중인 것 같았다. 약사에게 병원에서 받은 종이를 보여 주자 금방 안쪽에서 주사기와 액체가 든 병을 건네주었다.

"이걸로 어떻게 하래요?"

"요시, 스스로 주사를 놓으라고 하는데요?"

"저는 주사를 놔 본적이 없어요."

드라이에게 호소하자 그도 곤란하다는 표정을 짓고는 "혼자서 못하나?" 하고 중얼거렸다.

할 수 없이 병원으로 돌아가서 간호사로 보이는 여성을 붙잡아 그 자리에서 엉덩이에 주사를 맞았다. 그런데 주사 덕분인지 통증이 거짓말처럼 사라졌다. 아마도 단순한 진통제였을 테지만 그것 덕분에 통증이 사라져서 불쾌감이 없어졌다.

몇 년 후에 이때의 통증이 해외 체재에 대한 심적 스트레스와 매일 같이 했던 웨이트 트레이닝에 의한 신체적 스트레스가 더해져서 발작적으로 일어난 통풍이었다는 사실을 알게 되었는데, 당시에는 왜 이렇게 되었는지 전혀 몰랐다.

진통제가 잘 든 덕분에 발도 괜찮아져서 드라이에게 부탁했다.

"마을을 안내해 주지 않을래요?"

"할 수는 있지만 다 무너져 버렸는데요"

"그렇군요. 그럼 택시로 한 바퀴만 돌까요?"

내가 바그다드에 들어오기 한 해 전인 2003년 5월에 전투 종결선언을 한 이라크 전쟁이지만 사실은 이때부터가 '진짜 전쟁'의 시작이었다. 매달 점점 더 격렬해지는 테러. 거의 매일같이 바그다드의 어딘가, 이라크의 어딘가에 폭탄이 떨어지고 총격전이 벌어지고 있었다. 테러리스트는 다이너마이트를 배에 두르고 돌진하고, 도로변에 누워 있는 시체 아래에 폭탄을 설치했다. 그리고 시끄러운 소리를 내며 아스팔트 위를 질주하는 미군 전차가 때때로 주민들의 차 위로 올라가서 차를 뭉개 버려도 '거기 세워둔 너희 잘못이야.' 하는 표정으로 모르는 체 하고 그 뒤쪽으로는 정체가 끝없이 이어졌다. 미군 사망자는 전투 종료 후에 더 많아지는 기묘한 현상이 일어나고 있었다.

몇 번이나 테러를 취재했지만 실제로 나는 지극히 평온한 일상을 보내고 있었다. 바그다드는 넓어서 그렇게 매일같이 내가 머무는 호텔 근처에서 자폭테러가 일어나는 것은 아니었다.

"여기는 원래 내무성, 여기는 무기 공장이 있었던 자리……."

드라이는 차례로 공중폭격으로 폐허가 된 건물들을 안내

해 주었다. 이런 폭격이 있었던 자리에는 로마*나 빈민들이 자리 잡고 살고 있었다.

팔레스타인 호텔에서 봤을 때 티그리스 강 건너편, 미군이 점령하고 주둔해 있는 건물 주변에 가보면 이상할 정도로 긴장감이 흘렀다. 그들은 두께가 1미터는 될 콘크리트 담장을 입구 사방에 배치하고, 조금이라도 샛길로 접근하는 차가 있으면 소총을 들이대고 큰 소리를 질렀다. 자폭할 목적으로 돌진했지만 미군의 격렬한 대응에 기세가 꺾이는 바람에 완전히 격파당한 차가 입구 부근에 그대로 놓여 있었다.

나중에 취재를 끝낸 내가 우연히 걸어서 미군 주둔지 앞을 지나가려 할 때, 외국인이라는 사실을 알 수 있었을 텐데도 미군 병사가 호통을 쳤다.

"가까이 오지 마라. 길 건너편으로 걸어가라. 사진을 찍지 마라!"

이렇게 긴박한 상황에서 복리후생 같은 것은 생각할 수도 없기 때문에 고령자와 장애인 등 사회적 약자는 집 밖으로 나오지 못하고 상당히 부자유한 상태를 강요받고 있었다. 그리고 후세인 시절에는 거의 볼 수 없었다는 거리의 아이들이 생겨났다. 그 아이들은 시너 냄새를 풍기며 길바닥에 앉아 있

* Roma. 집시라 불리는 집단 중 특히 북인도에서 중앙유럽과 동유럽으로 이동해 거주하는 집단을 말한다.

었다.

이라크인에게 있어서 과연 미국은 해방자일까, 아니면 침략자일까.

내가 드라이에게 이런 말을 하자 그는 대답했다.

"뭐, 어찌됐든 후세인 시절이 좋았다는 건 확실하죠."

어느 날 드라이가 왜 나에게 특별히 친절하게 대해 주는지 알게 되었다.

헬스장에 가서 멍하니 앉아 있었더니 드라이가 와서 말을 걸었다.

"왜 그래요? 벌써 지쳤어요?"

"매일 여기 왔더니 여기저기 근육통이 와서요."

"그런데 요시, 당신은 일본인이니까 불교신자인가요?"

"아니요, 가톨릭신자예요."

"정말이요? 나도 가톨릭신자예요."

나는 그 말을 듣고 놀랐다. 이라크인은 대부분이 이슬람교도이기 때문이다. 당연히 헬스장 연습생들 모두 이슬람교도라고 생각했었는데 드라이만 이교도였던 것이다.

"가톨릭을 믿는다면 당신은 쿠르드인인가요?"

"아니요, 쿠르드인은 아니지만 가톨릭이에요."

그러고 보니 드라이만 피부색이 하얗고 어딘지 모르게 중동사람 같지 않았다.

나는 '미운 오리새끼' 이야기처럼 드라이만 겉모습이 조금 다른 데다가 과묵한 성격 때문에 헬스장 청년들로부터 소외받고 항상 혼자라고 생각하고 있었는데 그 때문이 아니었다.

"드라이는 세례명이 뭐예요?"

"바울이요. 요시는요?"

"콜베요. 알아요?"

"몰라요."

그날부터 드라이는 계속 내 연습 파트너가 되어 주었다.

드라이는 왠지 중성적인 분위기를 풍겨서 게이가 아닐까 하고 조금 경계했었는데 아무래도 그렇지는 않은 모양이었다. 나를 불교도라고 생각했기 때문에 같은 이교도로서 친근감을 느꼈다고 한다.

하지만 신앙으로 소외당하거나 반대로 친해지거나 하는 것은 일본에서는 있을 수 없는 일이기 때문에 기분이 이상했다. 이슬람 국가에서 가톨릭 청년과 친해졌기 때문이다. 하지만 짧은 기간 안에 한 명이라도 친구가 생겼으니 잘된 거라고 금세 생각을 고쳐먹었다.

테러 등 단발성으로 주간지에 보낼 취재는 순조롭게 진행되고 있었지만, 멀리 떨어져 있는 일본에서는 이라크 내전 상황에 대한 보도에 넌더리를 내고 있었다. 내가 보내는 기사도 거의 실리지 않았다. 바그다드에서는 매일같이 테러가 발생한다. 하지만 전쟁이 끝나고 거의 10개월이 지나도 아직 이런 혼란스러운 상황이니 질릴 만도 했다. 당초 말이 많았던 자위대 주둔에 대해서도 더 이상 지면에 오르는 일은 없었다. 이런 사실은 일본어 뉴스사이트를 보고 알았다. 한때는 '중동의 보석'이라는 칭송을 받던 이라크도 이제는 팔레스타인처럼 되고 만 것이다.

이렇게 지내는 사이에 시간이 흘러서 아슈라 행사일이 되었다. 아슈라는 예언자 무함마드의 손자 이라무 후사인의 순교를 애도하는 행사로 이슬람교 시아파의 종교 행사다. 수천 명의 시아파가 성지인 나자프에 모여서 스스로 머리에 상처를 내고 피를 흘리며 행진한다.

시아파는 이라크에서는 다수파인데 사담 후세인은 소수파인 수니파였다. 그래서 후세인 시절의 정치상황은 독재로 뒤틀릴 수밖에 없었다. 미국은 민주주의를 수호한다는 명분으로 침략을 정당화하려고 했다. 민주주의란 결국 다수결이기 때문에 소수파인 수니파가 후세인을 추방하고 시아파가 정권을 잡게 하면 미국이 이라크의 석유를 독점할 수 있게 된다. 단순하게 말하자면 이런 논리다.

후세인은 소수인 수니파였기 때문인지 로마들과 팔레스타인 난민들을 두터운 지지층으로 확보했다. 이처럼 일부에서는 절대적인 지지를 받았는데, 지지자들 외에 자신에게 반항하는 사람이 있으면 가차 없이 처단했다. 미국의 침공에 의해 절묘하게 유지되던 질서가 무너진 데다 오래전부터 존재하던 중동의 뿌리 깊은 반미감정이 뒤섞여 현재와 같은 내전 상태에 빠진 것이다.

낯을 익힌 각국의 카메라맨들 대부분은 아슈라 취재를 하러 성지인 나자프로 갔지만 종교행사에는 관심이 없는 나는 바그다드에 남았다. 행사 때문에 거의 모든 상점이 문을 닫았는데 헬스장은 오후 4시부터 두 시간 동안은 열었기 때문에 오후에 헬스장에 얼굴을 내밀었다.

아슈라 행사가 있어서인지 평상시처럼 붐비지는 않았지만 그래도 열 명 이상이 와 있었다.

트레이닝을 할 때의 복장은 각자 달랐다. 트레이닝복은 고가였기 때문에 입고 있는 사람은 대부분 나이가 있는 부자였고 이라크 챔피언 보디빌더도 내의에 청바지 차림이었다. 대부분의 연습생은 이렇게 내의에 청바지를 입었는데 개중에는 속옷만 입고 운동하는 사람도 있었다. 나는 바그다드의 상점에서 저렴한 트레이닝복을 사서 호텔에서 갈아입었기 때문에 사물함은 거의 사용하지 않았다.

혼자서 트레이닝을 할 때마다 아직 스물 한 살 밖에 안 된 어린 후산이 이래라저래라 해서 성가셨다.

"반동을 쓰지 마세요." "더 천천히 내리세요."

바로 옆에서 이런저런 참견을 했다. 그래도 아무도 상대를 안 해주는 것보다는 낫기에 나도 적당히 받아 주었다.

어느 날은 경량급 이라크 챔피언인 자하루 하메드가 왔는데 관절의 모든 부분을 사용해 1센티미터의 반동도 허용하지 않는 그의 완벽한 동작에 나도 모르게 감동해서 넋을 잃고 바라보았다.

내 마음 속에 이라크는 후진국이라고 무시하는 마음이 있었는지도 모른다. 이런 환경 속에서 축구로 일본을 꺾었으니 아무래도 이라크에는 내가 생각했던 것보다 성실한 사람이 많은 것 같다. 하지만 예외도 있었는데, 이날 연습하러 온 후세인이라는 청년은 깡마른 몸으로 항상 농담만 하고 트레이닝은 하지 않았다.

아슈라 행사를 위해 나자프에 모인 시아파를 노린 자폭 테러가 일어나 110명이 사망한 사실은 다음날 알게 되었다.

테러에는 이제 질릴 대로 질려 버렸는데 성 풍속 취재는 완전히 막다른 길에 놓여 있었다. 뭔가 다른 이야기를 시작해 보려고 이라크의 로마들을 좇는 취재를 시작했지만, 이것도 사실 마이너한 주제이기 때문에 취재비를 지원해 준 잡지사에서는 전혀 흥미를 보이지 않았다.

일단은 당장의 생활비를 위해 테러 현장 사진을 찍은 필름을 팔레스타인 호텔 안에 있는 DHL로 일본에 보내고, 거리의 아이들을 돌보고 있는 다카토 나호코 씨 인터뷰를 주간지 편집부에 메일로 보내고 나니 더 이상 할 일이 없었다.

이 주간지는 원고료만 주고 취재비는 주지 않는다. 원고료도 2만 엔 정도인 데다가 두 달 뒤에야 입금된다. 신용카드는 이라크에서 사용할 수 없다. 이곳에 체재한 지도 슬슬 한 달이 되어가다 보니 자금이 떨어져 가고 있었다. 문제는 30만 엔이 걸려있는 성 풍속 취재였다.

하지만 이 취재는 생각보다 어려웠다. 다른 일본인 카메라맨이 며칠 전에 "지금 창부를 취재하고 있어요."라고 했는데 장소까지는 알려 주지 않았다. 영어 통역사와 호텔 종업원에게 물어도 모른다고 해서 역시 이슬람권에서는 이런 것을 터부시한다는 사실을 알게 되었다. 하지만 세계에서 가장 오래전에 문명이 탄생한 곳에 '가장 오래된 장사'라고 불리는 매춘이 없을 리가 없다. 나는 내심 초조함을 느끼면서도 저녁 무렵이 되면 헬스장에 다니고 있었다.

아직까지 이교도인 데다가 외국인이라고 하는 벽은 있었지만 이쯤 다니다보니 헬스장 청년들하고도 낯익은 사이가 되었다. 매니저인 카시무는 여전히 닭 튀김과 삶은 달걀만 만들었지만 내가 사 간 로스트 치킨과 바꿔 먹는 경우도 있었다. 매춘에 대해 카시무에게 물어볼까 했지만 그는 영어를 못한다.

어느 휴일 오후, 나는 최후의 수단으로 큰마음을 먹고 드라이에게 물어보기로 했다.

"드라이, 여자를 사고 싶은데 그런 곳은 없나요?"

그는 내 얼굴을 한동안 가만히 바라보았다.

"없지는 않은데, 갑자기 왜 그래요?"

"아니, 그냥 무료해서 여자를 사고 싶어졌어요."

드라이는 한동안 손을 입가에 대고 생각하더니 다시 한 번 내 얼굴을 응시하면서 말했다.

"비싼 데랑 싼 데가 있어요."

"될수록 싼 데가 좋은데, 알아요?"

그는 고개를 끄덕이고는 "아직 오늘 할 트레이닝이 남아 있으니까 그게 끝나면 데려다 줄게요." 하며 운동을 마저 하러 돌아갔다.

'이걸로 30만 엔어치는 할 수 있는 건가? 이럴 줄 알았으면 빨리 드라이에게 말할 걸 그랬네.'

멍하니 생각하며 벤치에 앉아 있었더니 카시무가 서투른 영어로 말을 걸어왔다.

"요시, 혹시 피키피키하러 가요?"

"피키피키가 뭔데요?"

내가 되묻자 그는 주먹을 쥔 상태에서 검지손가락만 펴고는 그걸 비비면서 "피키피키" 하며 히죽히죽 웃었다. 왼손 주먹에 오른손 검지손가락을 넣었다 뺐다 하기도 했다.

영어는 할 줄 모르면서 그런 영어는 이해한 모양이었다. 내가 쓴웃음을 지으면서 "맞아요, 피키피키예요."라고 말하자 "오!" 하면서 과장되게 양손을 위로 올려 머리를 감싸고는 주위에 있던 연습생에게 "요시가 피키피키하러 간대!" 하고 떠

벌리기 시작했다.

'괜한 말을 했네.' 말한 것을 후회했지만, 다들 신나게 웃으며 떠들고 있는 것뿐이라서 그냥 내버려뒀다.

그러고 보니 이 헬스장에는 여자가 없다. 이슬람권에서는 남녀가 따로 있는 것이 당연하기 때문에 지금까지 눈치채지 못했다. 다들 이렇다 저렇다 떠들고는 있지만 아랍어라서 전혀 알아들을 수가 없었다. 단지 이야기 사이사이 '피키피키'라는 말이 들려와서 매춘에 대해 이야기하고 있다는 것 정도만 알 수 있었다.

문득 드라이 쪽을 보니 혼자 열심히 그날의 트레이닝을 소화하고 있었다.

처음에 꺼려 하던 택시기사는 팁을 준다고 하자 떨떠름하게 우리를 차에 태웠다.

"하지만 그 골목 앞까지만 갈 거예요. 그 이상은 위험하니까요."

"알겠어요. 거기까지만 가 주세요."

드라이를 통해서 기사에게 그렇게 전달했다.

택시에 올라타자 드라이는 진지한 얼굴로 이렇게 말했다.

"요시, 싼 피키피키는 강도도 많고, 현지인도 잘 안 가요. 그래도 갈 거예요?"

"물론이죠. 위험하다고 느끼면 바로 돌아올게요."

"알았어요. 그렇게까지 말한다면 어쩔 수 없죠. 그런데 요시, 취재하러 가는 건가요?"

"네, 사실은 취재예요. 나는 일본에서도 그런 취재를 자주 하고 있어요. 이라크라고 무시해서 이런 취재를 하는 게 아니에요. 시찰만 하고 금방 돌아갈 겁니다. 사실은 여자를 살 생각이 없어요."

"그렇군요. 알겠어요."

가보니 그곳은 팔레스타인 호텔부터 뻗어 있는 바그다드 메인 스트리트에서 아주 가까운 곳이었다. 나는 몇 번인가 이 앞을 지나간 적이 있었다. 어두컴컴해서 딱 봐도 빈민가라고 알 수 있는 골목이었다. 아무것도 모르고 지난번에 우연히 이곳 사진도 찍었었다.

"여기가 베드윈이에요. 빨리 내려요!"

택시기사가 우리를 재촉했다.

베드윈 지구는 아직 해가 높이 떠 있는데도 불구하고 높은 건물들에 둘러싸여 어둑하게 보였다.

골목 입구에 서니 드디어 여기까지 왔나 하는 안도감과 동시에 낙후되고 위험한 골목에 왔다는 불안감에 긴장이 되기 시작했다.

골목 입구 부근에서 잡화 노점을 하고 있던 긴 수염의 노인이 드라이에게 무엇 때문인지 고함을 쳤다.

"왜 그래요?"

"외국인을 이런 곳에 데리고 오지 말라고 화를 내고 있어요."

드라이는 진지한 표정으로 말했다.

드라이 말로는 팔레스타인 호텔이나 쉐라톤 호텔에는 고급 창부를 알선하는 남자들이 로비에 모여 있다고 한다. 하지만 그럴 경우 한 사람당 100달러가 시세라고 그가 알려 주었다.

"그러면 미군을 상대로 하는 창부도 있나요?"

"본 적은 없지만 미군기지 전용 창부가 있다고 들었어요."

그런 창부들은 기지 안 청소부 등을 가장해서 매춘을 한다고 했다. 하지만 이것은 드라이의 일방적인 이야기이기 때문에 '그렇다고 하더라.' 하는 정도밖에는 모른다.

베트남 전쟁이 끝난 뒤에 전쟁도 많이 변했다. 여성군인이 늘어난 것도 그중 하나지만 동시에 남성군인에 의한 여성군인 성폭행이 미국 내에서 문제가 되어서 이라크에 전문 조사팀까지 파견된 사실은 인터넷 기사를 통해 알고 있었다. 그중에는 "여성군인은 임신하면 귀국할 수 있어서 좋겠다."라고 공공연하게 이야기하는 병사도 있다고 한다. 미군기지를 드나든다는 창부에 대해서는 극비사항이기 때문에 정확히 알 수는 없지만, 적은 수의 창부가 수만 명의 미군을 다 상대할 수는 없을 것 같다.

베드윈에 들어가자 갑자기 거리의 소음이 사라졌다.

해가 들지 않아서 썰렁했다. 양쪽으로 높은 건물이 있는데 모두 호사스럽게 생겼다. 반면에 베드윈의 건물들은 사막 먼지를 뒤집어쓰고 군데군데 칠이 벗겨져 있어서 더욱 퇴폐적인 느낌이 들었다.

각각의 건물 입구에는 감시를 위해서인지 남자와 여자가 우두커니 서 있었다. 골목을 걸어 다니는 사람은 흑인이 많았다. 미군 외에 흑인을 본 적이 없었기 때문에 드라이에게 속삭이듯 물었다. "흑인이 많나요?" 드라이는 "돈벌이를 하러 왔다가 정착해서 살고 있는 수단 사람들이에요."라고 조용히 대답했다.

"아직 낮인데 벌써 매춘을 할 수 있어요?"

"베드윈의 매춘은 오전 10시쯤부터 시작해서 오후 3시쯤에는 끝나요."

"밤에는 안 해요?"

"저녁 이후로는 치안이 안 좋아서 닫아요. 아까 카시무가 알려줬어요. 그러니까 빨리 가라더군요."

언뜻 보면 그냥 폐허가 되어버린 집들이 늘어서 있을 뿐, 도대체 어디에 창부가 있는지 알 수가 없었다.

"어디에 여자가 있는 건가요?"

"사람이 앞에 서 있는 건물이요. 가보면 알 거예요."

어떤 건물 앞에 검은 옷을 입은 중년 여자가 쭈그리고 앉아 있었다.

처음에는 나를 보고 놀란 표정을 지었지만 드라이가 말을 걸자 갑자기 친근한 척 웃더니 뒤에 있는 문을 엄지손가락으로 가리켰다. 이 여자는 망을 보는 역할과 손님 끄는 역할을 동시에 하고 있었다.

문을 열자 검은 천이 노렌*처럼 드리워져 있었다. 거길 지나가니 안뜰이 나왔다.

스페인 양식의 건물이었는데 19세기 영국 식민지 시대 무렵에 외국인용으로 만들어진 것을 그대로 사용하고 있다고 한다. 에도가와 란포** 소설에 나오는 서양식 귀신의 집 같았다.

안뜰에서 소녀 한 명이 모닥불을 쬐고 있었다.

이름을 물어보니 '와루다'라고 큰 소리로 대답했다. 활기가 넘친다기보다는 또 물어보지 않도록 툭하고 내뱉는 말투였다. 잠옷 같은 면 소재의 상하의를 입고 있었다. 무척 어려 보이기에 나이를 물으니 아직 열네 살이라고 했다.

안쪽에서 중년 남자가 나와서 내 손에 있는 카메라를 보고 "사진은 안 돼요."라고 날선 목소리로 주의를 줬다. "사진은 안 찍어요. 여자를 사러 온 것뿐이에요."라고 대답했다.

---

* 暖簾(のれん). 주로 일본의 가게 입구에 걸어놓은 상호를 새겨놓은 천을 말한다.

** 江戸川乱歩(1894~1965). 일본의 소설가 겸 비평가로 일본 추리소설의 아버지로 불린다.

"여자는 이 아이밖에 없나요?"

그 말을 들은 남자는 입만 웃으며 큰 소리로 누군가를 불렀다.

잠시 후에 어떤 여자가 대답하자 남자는 나에게 의자에 앉으라고 권했다. 다른 여자는 한창 손님을 받고 있는 중인 것 같았다.

와루다가 내 이름을 물어서 그걸 계기로 말을 걸었다. 하지만 열네 살이라는 것 외에는 뭘 물어도 입을 다물고 대답하지 않았다. 그렇다고 해서 거절하는 느낌은 아니었다. 어쩐지 나른해하며 이야기하는 것 같았다. "마약을 하는 건가요?" 하고 드라이에게 속삭이자 "여기는 파는 사람도 많으니까 당연히 할 거예요."라고 대답했다.

시간이 좀 지난 후 두 명의 여자가 각각 어두침침한 방에서 남자와 나왔다. "끝났어요?" 하고 어리숙한 아랍어로 묻자 외국인인 나를 보고 순간 당황한 듯한 표정을 짓던 남자 손님은 히죽 웃더니 "응, 응."하고 고개를 끄덕였다.

관리인인 중년 남자가 입을 열었다.

"이 두 사람은 3,500디나르, 와루다는 5,000디나르입니다."

나중에 온 두 소녀는 아직 열두 살이라고 했는데 믿을 수 없어서 되묻기까지 했다.

왜 두 소녀가 더 싼지 묻자 아직 너무 어려서라고 했다.

3,500디나르는 350엔 정도다. 그러니까 와루다는 500엔 정도인 셈이었다. 이 주변에서는 대개 일본 돈으로 200엔부터 400엔 정도가 시세라고 한다. 바가지를 씌우거나 가격을 속이려 하지 않아서 신기했다. 여기는 이라크사람도 피하는 빈민가이기 때문에 가장 싸다고 한다.

나중에 안 사실이지만 이런 매춘 아파트는 다른 곳에도 몇 군데 더 있는데, 드라이가 처음 말한 것처럼 고급스러운 곳도 있다. 나는 그중에서 가장 싼 매춘가에 와 있었던 것이다.

"한 번 돌아보고 올게요."

"그래요?"

남자는 그다지 신경 쓰지 않는 기색으로 끄덕였다. 그런데 건물에서 나오려고 할 때 밖에서 확성기로 무언가 외치는 소리가 들렸다.

"미군이다!"

관리인은 작은 소리로 욕을 하더니 문을 향해 달려갔다. 그러더니 쇠사슬을 몇 중이나 두른 다음 열쇠를 걸어 잠갔다. 놀라서 "저기요, 우리는 나가게 해주세요."라고 말하자 남자가 작은 목소리로 날카롭게 말했다. "지금은 안 돼요. 조금 있다가 나가게 해줄테니 좀 기다려요!"

문틈으로 보니 미군 장갑차 험비가 지나가고 있는 것이 보였다. 확성기로 뭐라고 소리치고 있었는데 아랍어였다. 드라이에게 무슨 말이냐고 물었지만 "소리가 갈라져서 잘 모르겠어요."라고 했다.

"어쨌든 여기는 비합법적인 곳이라 위험하니까 저렇게 매일같이 순찰하러 와요."

"미군이 매춘도 단속하나요?"

"글쎄요. 저도 거기까지는 잘 모르겠어요."

한동안 기다리다가 밖으로 나와서 우리는 옆 건물로 들어갔다.

첫 번째 집과 완전히 똑같은 구조였다. 여기는 눈만 뚫어놓은 천 마스크를 쓴 여자가 관리하고 있었다. 마치 테러리스트 같은 복장이었다.

여기에서도 여자들은 모닥불을 쬐고 있었다. 첫 번째 곳과는 달리 나이 든 여자만 세 명이 있었다. 가격은 각각 5,000디나르였다.

그 중에서 불타는 듯한 빨간 드레스를 입은 여자가 눈에 띄었다.

"이름이 뭐에요?"

"라이라."

여자는 중얼거리듯 대답했다. 이런 장소에서 만난 것이 왠지 아깝다는 생각이 드는 여자였다.

"결혼했어요?"

"네, 아들이 한 명 있어요."

"이 일을 얼마나 했나요?"

"일 년 정도 되려나."

"몇 살이에요?"

"서른 하나요."

"왜 이런 일을……."

더 물으려 하자 다른 여자들이 동요하기 시작했다. "안 살 거면 돌아가요." 어쩔 수 없이 복면을 쓴 여자에게 돈을 건네자 라이라는 내 손을 잡아끌어 어떤 방으로 들어가려고 했다.

나는 황급히 드라이를 불러 같이 들어가 천천히 이야기만 들으려고 했는데, 여리꾼인 마스크 쓴 여자가 강경하게 반대했다. "두 명은 안 돼요." 나는 쓴웃음을 지으며 드라이에게는 밖에서 기다리라고 했다.

창문이 없다고 착각했을 정도로 캄캄한 방은 콘크리트가 드러나 있었고, 허접한 파이프침대가 하나 놓여 있을 뿐이었다. 들어가면서 다른 방도 잠깐 봤는데 거기에는 침대도 없고 그냥 콘크리트 바닥에 더러운 담요만 깔려 있었다.

단둘이 되자 라이라는 기쁜 듯이 안겨 왔다. 그러자 숨이 막힐 듯한 냄새가 코를 찔렀다.

그녀는 드레스를 가슴까지 걷어 올렸고 창틈으로 들어오는 햇빛에 거뭇거뭇한 음모와 커다란 유방이 보였다. 속옷은 입지 않았다.

내가 가슴을 만지자 라이라는 내 손 위에 자신의 손을 올리고 더 강하게 밀착시켰다.

나도 모르게 라이라를 안고 싶어졌다. 이런 취재 때는 '이건 일이니까' 하고 일부러 여색을 좋아하는 연기를 하는 경우가 많지만 이번에는 사정이 달랐다. 나는 동정인 소년처럼 라이라의 가슴을 만지작거리고 있었다.

가슴만 만지는 내가 답답했는지 라이라는 내 청바지에서 벨트를 풀기 시작했다.

"오늘은 아무래도 기운이 없어서 안 되겠어요."

이렇게 에둘러 거절하려고 했지만 결정적으로 영어와 제스처 모두 통하지 않았다. 이런 성적인 일을 영어나 제스처로 표현한 적이 없어서 어찌해야 할지 몰랐다. 물론 말했다고 하더라도 영어를 전혀 할 줄 모르는 라이라가 이해할 것 같지도 않았다.

그녀는 답답했는지 그것을 입에 무는 듯한 몸짓을 하더니 아랍어로 뭐라고 속삭였다. 입으로 그것을 애무해 주겠다는 뜻이라는 것은 알았지만 이해하면 이해한 대로 곤란해졌다. 혼자 생활하는 나는 최근 이삼일 간 샤워를 하지 않았다.

"이제 됐어요."

참을 수 없어서 방을 나가려고 하자 그녀는 나에게 달라붙었다.

우리는 어두운 방 안에서 한동안 안고 있었다. 라이라가 내 양 볼에 입맞춤했다.

방 밖으로 나오자 드라이가 걱정스러운 표정으로 나에게

다가왔다. 밝은 곳으로 나와서 나도 왠지 안심했다.

드라이가 쓴웃음을 지으며 알려 줘서 아랫도리 지퍼가 열려 있는 것을 깨닫고는 당황해서 얼른 닫았다. 여자들이 낄낄 웃어댔다.

우리는 그 뒤로도 대여섯 군데 아파트를 방문했는데, 비슷하게 몇 명의 여자들이 손님을 기다리고 있었다. 여자들의 연령대는 10대부터 30대 정도 같았다. 하지만 라이라 같은 여자는 어디에도 없었다.

이런 아파트는 열에서 열다섯 군데 정도가 비정기적으로 영업을 한다고 한다. 카메라를 들고 있었기 때문에 "이 자식, 뭘 하러 왔어!" 하고 욕을 하는 남자들도 있고 불온한 분위기가 감돌기 시작해서 우리는 재빨리 베드윈을 뒤로 했다.

드라이와 헤어지고 나는 호텔로 돌아왔다.

옷을 벗고 알몸으로 샤워를 하려고 욕실로 들어갔다. 그때 내 아랫배가 젖어 있는 것을 발견했다. 손에 묻은 그 냄새를 맡아 보니 평소 내 냄새와는 다른 냄새가 났다.

그 순간 느닷없이 데자뷰에 사로잡혔다.

나는 아직 열여섯 살 고등학생이고, 그녀는 열 살 연상인 스물여섯 살이었다.

그녀가 운전하는 벤츠를 타고 공원에 가기도 하고, 학교를 땡땡이치고 수영장에서 놀면서 지냈다. 그녀에게는 두 명의 아이가 있었는데 만난 적은 없었다. 그녀는 내 몸을 원했고, 나는 그에 응했다. 열여섯 살이었던 나에게 성행위는 언제 어디서든 응할 수 있는 간단한 것이었다.

그녀는 더없이 성숙한 여성으로 위에서 입으로 나를 머금는 것을 좋아했다. 그렇게 하면 내가 기뻐하리라고 생각하고 하는 행동이었다. 내가 학교 동아리 연습으로 땀범벅이 되어서 씻지 않았어도 그녀는 전혀 아무렇지 않게 나를 머금었다.

나는 이미 또래 여자들이 그것을 좋아하지 않는다는 사실을 알고 있었기에 깜짝 놀라서 어쩔 줄을 몰라 했었다. 포르노를 봐서 알고는 있었지만 실제로 그런 일을 자진해서 해주는 여자가 이 세상에 있다고는 생각치도 못했던 것이다.

나는 그녀와 함께 성행위의 즐거움에 빠졌지만, 금세 무서워졌다. 그녀의 성숙한 성행위가 아직 소년이었던 나에게는 왠지 아편 같이 밑도 끝도 없는 쾌락처럼 생각돼서 두려워진 것이다.

내가 피하기 시작하자 그 이유를 몰랐던 그녀는 더욱 강하게 나를 원했다. 이런 그녀가 더 두렵게 느껴진 나는 뿌리치듯 그녀와 헤어졌다.

투명하지만 끈적이는 체액을 손가락으로 문질러 코에 갖다 대면서 나는 그녀를 떠올렸다. 서른이 된 나에게 그것은 이미 과거의 일이 되었는데 설마 이라크에서 그녀를 떠올리게 될 줄은 몰랐다.

체액은 내 것이었지만 암내 같은 그 냄새는 라이라의 것이라는 사실을 깨달았다. 라이라를 안지 않은 것을 후회했다. 나는 이제 열여섯이 아니었다.

최근 이삼일 동안 나는 샤워를 하지 않았다. 샤워를 했다면, 새 속옷을 입었더라면 라이라에게 내 것을 머금게 했을까. 나는 알 수 없었다.

온수가 나오기를 기다리면서 잊고 있었던 과거의 여자들과의 모습이 몇 번이나 떠올랐다.

그날 밤, 나는 열여섯 살이었던 때처럼 호텔 방에서 몇 번이나 자위를 했다.

일주일 후 모든 취재를 마치고 바그다드를 떠나기로 했다. 이곳에 온 지 벌써 한 달 반이 지나 있었다. 3월에 들어서니 이라크는 이미 더워지기 시작했다.

입국했을 때는 세르비스를 탔지만 돌아갈 때는 버스터미널에서 장거리 버스를 찾을 수 있었다. 이걸 타면 1,500엔 정도로 암만에 돌아갈 수 있다.

드라이와 헬스장에서 항상 농담만 하면서 웃고 있던 후세인이 배웅하러 나와 주었다. 후세인은 일부러 나온 것이 아니라 이 버스터미널에서 일하고 있었다. 드라이는 에어컨 설비 일을 하고 있었는데 짬을 내서 와 주었다.

"요시, 그 후로 베드윈에는 가봤어요?"

“두세 번 갔는데, 라이라는 못 만났어요.”

“라이라가 누구죠?”

“빨간 옷 입은 여자요.”

“아, 그 여자요? 못 만났군요.”

“어딘지 잊어버려서요.”

“그렇군요……. 요시, 그들은 ‘가자르’예요. 어느샌가 사라져 버리니까 신경 쓰지 말아요.”

가자르란 이라크에서 로마를 부르는 말이다. 나는 라이라가 로마인지 몰랐다. 아파트 앞에 앉아 호객 행위를 하던 마스크 쓴 여자도 어딘가로 사라져 버려서 뭔가 이상하다 싶었다.

하지만 로마든 누구든 베드윈에서는 미군이나 이라크 경찰의 단속이 언제 있어도 이상하지 않다. 우리가 찾아간 후에 단속이 있었을지도 모른다. 그것도 지금 와서는 알 수가 없다.

후세인과 드라이와는 포옹과 볼 뽀뽀를 하고 헤어졌다. 영어를 할 줄 모르는 후세인이 “요시, 굿바이.” 하고 밝게 웃으며 손을 흔들었다.

버스 창밖으로 흘러가는 바위와 모래 풍경을 보고 있었다. 내가 무척 지쳐 있음을 깨달았다. 라이라 같은 여자의 포옹과 입맞춤이 나 같은 남자들의 광분과 피로를 어느 정도 마비시켜 줄 것이라는 생각이 들었다.

그로부터 한 달 뒤인 2004년 4월, 이라크에서 일본인 인질

사건이 발생했고 같은 해 10월에는 여행자였던 일본인 청년이 살해당했다. 그 후로 이라크에 외국인이 들어가는 일은 극도로 어려워졌다. 그리고 2009년 이후 많은 기독교도들이 박해 때문에 바그다드에서 피난을 가고 있다고 한다.

3

고트족의 개

제2차 세계대전 이전에 보사테촌에 살던 카고들

차별받는 스페인 카고를 찾아 여행하다

이룬
바스크 지방
보사테
마드리드
누에보 바스탄
스페인

2007년 3월, 마드리드 바라하스 공항에서 환승 게이트를 찾던 중에 통역을 해주기로 한 라울과 공항 안에서 운 좋게 합류했다. 라울은 발렌시아 출신 청년으로 교토대학에서 유학한 경험이 있는 데다가 부인도 일본인이다. 일본문학에도 정통해 있어서 나보다 일본문학에 대해 잘 알 정도다. 그런 그가 마침 발렌시아에 돌아와 있었기 때문에 통역을 부탁했고, 마드리드 공항에서 만난 것이다.

스페인은 '거대한 시골'이라고도 불리는데 그 중에서도 바스크 지방은 산골 아주 깊은 곳에 있다. 고도는 그다지 높지 않지만 험준한 산세가 이어진 피레네 산맥이 프랑스와 이곳을 나누고 있어서 스페인으로부터 분리를 희망하는 작은 나라, 그것이 바스크다. 바다와 산에 둘러싸여 있고 프랑스 국경에 위치한 지리적 특성 때문인지 스페인 내에서도 미식가가 가장 많다고 한다.

현재는 스페인의 자치주 중 하나인데 자신들만의 언어인

바스크어를 사용하며, 스페인과는 다른 독자적인 문화를 가지고 있다.

그런데 이런 문화의 차이는 스페인 각지에서 찾아볼 수 있다. 예를 들어, 바르셀로나가 속해 있는 카탈루냐는 독립심이 강한 지방으로 알려져 있는데, 수도 마드리드가 포함되어 있는 카스티야에 대해 복잡한 감정을 가지고 있다고 한다. 바스크는 이처럼 작은 나라의 연합체인 스페인에 있어서 가장 개성 있는 나라 중 하나다. 남쪽에 위치한 나바라 주와 프랑스 일부에서 바스크어를 사용한다는 점에서도 충분히 짐작할 수 있다. 또한 지리적으로나 문화적으로도 프랑스의 영향을 많이 받았다.

바스크어는 다른 유럽언어와는 완전히 다른 계통의 언어로 알려져 있는데 크로마뇽인의 후예들의 언어와, 스페인 최초의 주민인 아프리카계 이베로인의 언어, 더 나아가서는 일본어와 공통점이 있다는 평가를 받을 정도로 바스크인의 기원과 함께 수수께끼로 남아 있다.

이처럼 독립심 강하고 개성 있는 그들의 기질 때문인지 때로는 테러사건을 일으키기도 하는데 1960년대부터는 '바스크 조국과 자유', 통칭 'ETA'라고 불리는 바스크 민주주의 좌파가 활발한 테러 활동을 벌이고 있다. 2006년 12월 마드리드의 바라하스 국제공항에서 자동차 폭발 테러를 일으켜서 다수의 희생자를 낳기도 했다.

이런 바스크에 '카고'라고 불리는 차별받는 민족이 있다는 이야기를 들은 것은 지금부터 2년 전의 일이었다.

네팔과 인도에는 힌두교에 의한 카스트제도가 남아 있는데 이것이 불가촉민이라는 존재를 만들어 냈고, 일본의 동화지구에까지 영향을 주었다. 하지만 유럽의 로마 외에 차별 받고 있는 또 다른 민족이 존재한다는 사실은 거의 알려지지 않았다.

사전에 알고 있었던 카고에 대한 정보는 바스크 지방에 있다는 것과 그들과 접촉한 날것은 금방 썩어버리고, 또 맨발로 걸으면 그들이 지나간 자리에는 풀도 자라지 않는다는 이야기였다. 그래서 농업 등에는 종사하지 않고 석공이나 마른 나무를 다루는 목수나 금속공예 등의 일을 생업으로 삼는다고 한다. 또한 가톨릭교세가 강한 이 지방에서는 카고를 위해 교회 입구를 따로 마련해 두었다고 한다. 카고와 함께 있으면 더럽혀진다고 생각하기 때문이다.

이것만 들으면 특정 직업을 가지고 있었던 '로마의 아류'라는 생각이 드는데, 그렇지는 않다.

로마는 집시를 뜻하는데 유럽을 여행하다보면 흔히 보게 되는 구걸하는 사람들의 대부분이 로마다. 로마는 지금부터 천 년 전 즈음에 인도 부근을 떠나 방랑을 시작하여 500년 전 즈음에 유럽에 도착했다고 한다. 그때 '이집트에서 순례하러 왔다'고 말했기 때문에 이집샤(이집트 사람)라고 불리다가 점차 변형되어 '집시'가 되었다. 현재는 그들 자신의 말에 따라 '로마'라고 불린다. 그들은 각지를 방랑하며 생활해 왔는데 요즘에는 정착하는 로마도 많다.

최근에는 로마 연구가 진행되어서 일괄적으로 로마라 불리는 사람들도 사실은 서로 다른 뿌리를 가졌다는 것이 밝혀졌다. 현재도 중동과 유럽에 1,200만 명 이상이 살고 있는데 각 나라마다 굉장히 심한 차별이 남아 있기 때문에 제한된 일밖에 하지 못한다. 그렇기 때문에 구걸을 하는 로마가 많은데 구걸 자체를 생업으로 하는 무리도 있다.

로마는 인도 지방에 사는 사람들 특유의 거무스름한 피부를 가지고 있어서 유럽에서는 비교적 쉽게 구분할 수 있는데, 최근에는 혼혈이 많아졌기 때문에 일률적으로는 말할 수 없게 되었다. 특히 스페인 남부 안달루시아 지방에는 머리카락이 검은 이들이 많아서 익숙하지 않은 사람은 구분하기 어렵고 소수지만 백인 계통의 로마도 존재한다. 스페인의 명물이 된 플라멩코는 로마가 즐기는 음악문화다.

한편 카고는 백인 계통이기 때문에 유럽 사람과 외견상의 차이는 거의 없다. 게다가 카고라는 집단은 현재 존재하지 않고 단지 그런 사람들이 있었다는 이야기가 남아 있을 뿐이라고 한다. 스페인 동남부 발렌시아 출신인 통역사 라울조차도 카고에 대한 지식이 없었고, 그들의 존재에 대해서도 바스크에 사는 친구를 통해 최근에 알게 되었다고 했다.

카고라는 존재는 마치 일본의 동화지구 같다는 생각이 들었다. 동화지구 출신인 나에게 카고는 매우 흥미로운 존재다. 지금도 카고가 있을까, 아니면 이미 사라지고 없을까. 만약 있다면 현재는 어떤 생활을 하고 있을까. 그리고 그들의 뿌리는 어디일까.

카고라는 수백 년 동안이나 차별을 받아 온 민족 안으로 깊이 들어가기 위해 나는 통역사 라울과 함께 바스크 지방을 향해 여행을 떠나기로 했다.

마드리드를 출발한 비행기는 채 한 시간도 안 걸려 바스크 공항에 도착했다. 그곳에 사는 라울의 친구 카스톨이 마중을 나와 있었다. 카스톨은 키가 크고 근육질 몸에 합기도 등 일본 격투기도 잘 아는 일본을 좋아하는 친구다. 벗어진 머리를 완전히 삭발했고, 금욕적인 분위기를 풍겼다.

카스톨의 집은 작은 숲 속에 있었다. 검소하지만 정감 있는 통나무집에 초대 받았는데, 거두절미하고 바스크지방에서 생각하는 카고의 이미지에 대해 물었다.

그를 통해 먼저 알게 된 사실은 스페인에서는 그들을 '카고'라고 부르지 않고 '아고테'라고 부른다는 것이었다. '카고'는 프랑스에서 부르는 이름이라고 한다.

그리고 한센병과 관련이 있다는 말도 있고 성병이 있다는 소문도 있다고 했다. 카고라는 단어에는 '고트족의 개'라는 의

미도 포함되어 있다고 한다. 고트족이란 기원전 1세기경 유럽에 등장했던 강력한 군대를 가진 민족인데 나중에는 주변 나라들에 흡수되어 사라져 버렸다. 르네상스 시대에 만들어진 양식인 '고딕(고트풍)'의 어원이 되었다고 한다.

또한 카고는 금발이며 귓불이 작다는 전설이 있다고 한다. 이에 대해서 카스톨은 "내 아내도 금발에 귓불이 작아서 옛날에는 카고냐는 말을 많이 들었어요."라고 말했다. 스페인 사람은 주로 갈색이나 검은색 머리가 많고 금발은 적기 때문에 그런 말을 들었을 것이다.

"이건 제 생각인데요, 한센병이라는 것도 직접적으로는 관계가 없고 박해를 피해서 한센병 요양소에 숨어들었기 때문에 그렇게 불리게 됐을 것 같아요."

카스톨은 영어도 할 줄 알아서 나는 가끔씩 영어도 섞어 가며 그와 직접 이야기했다.

"일본에서도 한센병자는 격리당하는데 동화지구 사람들도 한센병자 같은 취급을 당한 기록이 있어요."

"그건 스페인하고 똑같네요. 카고는 속된 말로 '영혼의 한센병'이라고도 불리는데, 이 말에서 진짜 한센병이 연상되었던 건지도 모르겠어요."

"그들을 불결하다고 여기는 인식이 일본과 비슷해서 흥미롭네요. 바스크어는 일본어와 계통이 같다는 말도 있고, 혹시 어딘가에서 문화 교류가 있었다고 한다면 흥미로운 발견이 되겠네요. 그나저나 카고가 귓불이 작다고 생각하는 것은 신기한데요? 뭔지 모르지만 그런 문화가 있을 것 같기도 하고요."

"아마도 옛날부터 바스크 지방에서는 외부에서 온 사람을 '귀가 작은 사람'이라고 불렀으니까 거기에서 온 게 아닐까요?"

겉모습이 비슷하기 때문에 그런 풍습 등을 바탕으로 전설이 만들어진 것 같았다.

"옛날에는 맨발로 돌아다니는 카고가 있으면 발바닥을 태웠다고 해요. 목초지가 썩는다고 믿었기 때문이죠. 마시는 물도 따로 있었다고 하더군요. 접촉하면 더러움이 옮기 때문에 카고는 나무를 다루는 목수 일을 했다고 들었어요. 카고를 상징하는 마크는 '오리발'인데 이건 카고가 물을 좋아했다는 미신에서 온 것 같아요. 그래서 카고가 쓰는 천에는 반드시 오리발 표시를 했어요. 아무래도 이 표시를 하면 실수로 그 천을 만져도 더러움에 감염되지 않는다고 생각했던 모양이에요."

카스톨의 이야기는 바스크 지방에서 일반적으로 전해지는 이야기를 종합한 것이다. 그러니까 바스크 지방의 많은 사람들은 이 이야기 중 단편적인 것과 속설만을 알고 있다고 생각해도 될 것이다.

"특히 나바라 산 쪽에는 지금도 가톨릭 이전의 원시신앙이 남아 있어요. 태양신이라든지 미신을 믿어서 들리는 소문에 따르면 동굴에 여자들을 모아서 비밀 의식을 치르기도 한대요. 지금도 마녀를 믿는 지역이 있으니까요."

"산에서 비밀 의식을 한다니, 말하자면 흑마술 같은 건가요?"

"그렇겠죠. 악마를 쫓는 의식을 한다는 얘기도 들었어요."

한 번 듣고는 믿기 어려운 이야기가 이어지자 옆에서 통역을 하고 있던 발렌시아 출신의 라울도 놀란 눈치였다.

"기록을 찾아보니 1817년에 나바라 지방에서는 법률로 카고에 대한 차별을 금지했어요. 하지만 그 후로도 100년 정도는 차별이 남아 있었다고 하더군요."

"그럼 이제 더 이상 카고에 대한 차별이 없나요?"

"카고라고 해도 그렇게 많지는 않으니까요. 글쎄요. 자세한 건 저도 모르겠어요. 바스크인인 저도 실제로 그들과 만난 적이 없으니까요. 어쨌든 카고가 있는 지역에 가보지 않는 이상……."

정신을 차려보니 벌써 두 시간도 넘게 이야기를 나누고 있었다. 카스톨이 "식사하러 갑시다."라고 해서 그의 가족들과 함께 시드레리아로 갔다.

시드레리아는 '시드라'라고 하는 사과주를 마실 수 있는 가게로 바스크의 '민속주점' 같은 곳이다.

주말이라서 그런지 사람들이 북적이고 있었다. 긴 테이블에 각자 자리를 잡은 후 별도의 방에 놓여 있는 커다란 숙성용

나무통에 든 시드라를 직접 따르러 갔다. 사람이 열 명 정도는 들어갈 만큼 거대한 나무통의 마개를 뽑으면 시드라가 작은 분수처럼 나온다. 그것을 특별 제작한 얇고 큰 잔에 따르는데, 이때 가능한 한 잔을 마개에서 멀리 떨어뜨려 거품이 생기도록 받는 것이 중요하다. 특별 제작한 잔은 화학 실험을 할 때 사용하는 큰 비커와 비슷한데, 양은 위스키로 치면 싱글 정도로만 따르고 몇 번이고 따르러 가는 것이 통상적인 방법이다.

나무통이 있는 방에서는 이미 술잔치가 벌어지고 있었다. 서서 이야기하면서 몇 번씩 따라 마시는 사람도 있어서 내가 따르러 갔을 때는 이미 혼잡한 상태였다. 바닥은 사람들이 흘린 시드라 때문에 끈적끈적했고 사과 특유의 달달한 냄새가 배어 있었다. 시드라의 맛은 좀 진한 사과주스 같은데, 알코올 도수도 맥주와 비슷하거나 그보다 낮은 가벼운 술이다. 카스톨은 큰 나무통에서 시드라를 따르는 방법을 나에게 가르쳐 주면서 바스크의 속설을 가르쳐 주었다. "시드라하고 고기를 같이 먹으면 통풍에 잘 안 걸린대요."

다음날 우리는 카스톨에게 부탁해 미리 연락을 취해 두고 아르시니에 마을에 사는 사비에르 산쵸테나를 방문했다.

1946년생인 산쵸테나는 자신이 카고임을 밝히고 활동하는 조각가인데 이 지방에서는 유명한 예술가다. 풍성하게 수염을 기른 산쵸테나도 우리처럼 몸집이 커서 나를 포함한 네 명의 덩치 큰 남자가 테이블을 둘러싸고 앉자 보통 크기의 테이블이 작아보였다.

그의 말에 따르면 스페인에는 차별받는 일곱 민족이 있다고 한다.

- **파시에고스**_파스협곡 주변에 살던 유목민이다.
- **마라가토스**_레온 지방에 살던 아랍계 민족. 아프리카계인 베르베르인의 후예라고 불린다. 19세기에 레온 지방을 방문한 알렉상드르 뒤마는 '독자적인 의상과 관습을 가지고 있으며, 스페인 사람과는 결코 결혼하지 않는 사람들'이라고 기록했다. 아르헨티나의 가우초(목동)와 비슷하다고 한다.
- **바케이로스**_'카우보이'라고 번역되는 경우도 있다. 원래는 아스투리아스 지방의 유목민을 말한다.
- **추에타**_유대인의 자손. 주로 바레아레스 제도에 산다.
- **히타노**_로마. 안달루시아 지방에 많다.
- **킨키**_주물이나 금속 매매에 종사한다. 카고와 매우 비슷한 존재로 여겨진다.
- **아고테**_카고를 말한다.

이런 사람들은 스페인 전역에 있으며 대부분은 스페인 사람들과 동화되어 없어졌지만 일부 지역에는 아직 남아 있다고 한다.

"오래전부터 카고라도 나무를 다루면 병이 번지지 않는다고 여겨졌기 때문에 어려서부터 목수 일을 돕곤 했습니다. 저는 스물두 살 때 쯤 조각가가 되려고 결심했지만, 한동안은 생계를 위해서 요리사 일을 했지요. 이 무렵에는 이미 그런 오래된 차별이 없었기 때문에 어머니한테 요리를 배웠어요. 하지만 그래도 제가 조각가가 된 이유는 카고의 자부심과 문화를 전하고 싶었기 때문입니다. 다들 카고라는 사실을 부끄러워하는데 저는 그런 생각을 바꾸고 싶었습니다."

사비에르 산쵸테나는 풍채 좋은 몸에 양모 스웨터를 걸치고 느긋한 어조로 이렇게 말했다. 그가 레드와인을 내와서 함께 마시며 이야기를 나눴다. 나는 때로는 잡담도 섞어가며 이야기하다가 이렇게 물었다.

"그런데 카고는 왜 차별받게 되었나요?"

"여러 가지 설이 있는데 카고들 사이에서는 어떤 옛날이야기가 전해져 내려오고 있지요. 솔로몬 시대(기원전 900년대)에 나무 장인과 돌 장인이 솜씨를 겨뤘답니다. 그런데 서로 경쟁하다가 나무 장인이 돌 장인을 죽이는 바람에 전쟁이 일어나고 말았지요. 이 전쟁이 끝나자 나무 장인들과 돌 장인들은 화합의 의미로 조합을 만들었다고 합니다. 그것이 기원이라고 카고들 사이에서는 전해져 내려오고 있습니다."

"그런 전설은 형태는 다르지만 일본의 동화지구에도 남아 있어요. 실제로는 어떤가요?"

"현재 유력한 것은 카타리파설입니다. 12세기에 로마 교황과 프랑스 국왕이 카타리파를 토벌하기 위해 전쟁을 일으킨 기록이 남아 있습니다. 그리고 1515년 무렵에 카고들이 사는 지역에 교회를 세우기 위해 로마 교황에게 허가를 구하면서 '우리는 카타리파입니다.'라고 쓴 편지가 남아 있습니다."

카타리파는 가톨릭에서 '이단'으로 여겨지는 하나의 종파다. 10세기 무렵 출현해서 12세기부터 13세기에 걸쳐 가톨릭에 의해 고문과 형벌 등의 탄압을 받으며 각지로 흩어졌다. 세상의 모든 것은 악이고 사람도 죄인이며 육체는 더럽혀진 것이라고 여겼다. 또한 육식을 하지 않고 전생을 믿기 때문에 불교와도 통하는 면이 있다고 한다.

원래는 가톨릭 성직자들의 타락한 모습에 낙담한 사람들에 의해 만들어졌다고 하는데, 카타리파 중에서 '완전자'라고 불리는 소수의 사람들은 채식주의 등 엄격한 계율 아래 금욕 생활을 했다고 한다.

하지만 너무나 오래된 이야기이고, 탄압하던 쪽의 기록만 남아 있기 때문에 그 실태에 대해서는 여전히 수수께끼로 남아 있다. 그래서 미스터리 소설의 주제로도 자주 등장한다.

"일설에 따르면 100만 명이나 되는 카타리파가 살해당했다고 합니다. 살아남은 자들은 탄압을 피해서 피레네 산맥 깊숙이 도망쳐 들어가 1253년에 이 지역에 도착했다는 이야기가 있습니다."

산쵸테나가 지금 살고 있는 곳은 다른 마을이지만 850년 전에 그의 선조가 탄압을 피해 와서 만들었고, 그가 나고 자란 곳은 '보사테' 마을이었다고 한다.

좀 전에 스페인어로 카고를 '아고테'라고 부른다고 소개했는데, 실제로 바스크 지방에서는 '보사타르키'라고 부른다. 이것은 '보사테 사람'이라는 뜻으로 카고가 사는 마을의 이름이 '보사테'이기 때문이라고 한다. 아직도 이 마을에 사는 사람들은 카고뿐이다. 안내를 해준 카스톨이 말해 주었다. "보사타르키라는 말은 모멸의 의미가 담겨 있는데 아직도 사용해요."

"차별 때문에 무덤도 다른 장소에 만들어야만 했어요. 차별은 14세기경부터 19세기까지 계속되었습니다. 지금도 카고는 보사테 외에도 오래된 로마네스크 양식의 교회가 있는 곳 여기저기에 흩어져 있어요. 한때는 빈민가처럼 되기도 했지만 노력해서 부자가 된 카고도 생겼답니다. 이것이 바로 유럽 역사의 다양한 이면 중 하나라고 할 수 있지요."

카고들이 살 마을을 짓기 위해서는 영주의 허가가 필요했다. 그런데 이 지역의 영주였던 울스아라는 귀족이 도망쳐 온 카고들을 정착하게 해주었다. 하지만 울스아가 카고를 딱하게 여겨서 보호해 준 것은 아니었다. 그는 단지 나무와 돌, 금속 가공에 뛰어났던 장인들을 자신의 영토에 살게 하고 싶었던 것이다.

로마네스크 양식으로 지은 교회와 카고가 깊은 관련이 있다는 사실은 그 시절의 문화와 신앙, 사람이 밀접하게 연결되어 있었다는 의미이기도 하다. 이를 산쵸테나는 "유럽 역사의 다양한 이면 중 하나라고 할 수 있지요."라고 표현한 것이다.

도망쳐 온 카타리파는 프랑스에서는 '카고', 스페인에서는 '아고테'라고 불렸는데 그들 일부는 피레네 산맥의 좌우편으로, 다른 이들은 부르고뉴 지방에서 스페인 해안선까지 이동했다. 그래서 근대에 들어와서 프랑스와 스페인의 차별을 받게 된 것이다.

"지금도 이 지역에서는 태어난 장소와 성으로 카고인지 아닌지 알 수 있어요. 하지만 현재 차별 자체는 적어졌습니다. 우리 아버지 세대까지는 있었지만요."

"그 시절에는 예를 들면 어떤 차별이 있었나요?"

"아버지 시절이라고 하면 벌써 30년 전 이야기인데, 아버지가 국립공원 스태프 시험을 치렀을 때 성적이 가장 좋아서 채용에 아무 문제가 없었음에도 불구하고 채용되지 않았대요. 또 아버지 친구가 지방 자동차 레이스에서 우승했는데 카고라는 이유로 주최자가 상품 수여를 거부한 일도 있었다고 들었어요."

"차별이 적어진 이유는 뭘까요?"

"몇 가지 이유가 있겠지만 가장 큰 원인은 역시 현대에 들어와서 가톨릭의 힘이 약해졌기 때문이라고 생각합니다. 옛날에 가톨릭이 가졌던 권력은 당신들의 상상을 뛰어넘는 것이었으니까요."

카고가 신앙상의 이유로 차별당해 온 이단자라는 사실만으로도 부족해서 신부 등의 권력자들이 '한센병자다.', '성병을 앓고 있는 집단이다.', '맨발로 지나간 자리에는 풀도 돋아나지 않는다.', '날 것을 만지면 썩는다.' 등 말도 안 되는 이야기를 해서 주민들을 두려워하게 만든 것이다.

안내를 해 준 카스톨은 옆에서 이야기를 들으면서 "가톨릭은 쓰레기예요." 하고 욕을 하고 있었다. 그는 몇 년 전, 바스크에서 스페인 갈리시아주의 산티아고 데 콤포스텔라까지 이어지는 순례길을 돌아본 적이 있다고 했다. 산티아고 데 콤포스텔라 대성당에 도착하면 '도보로 도착했다'는 증명서를 받을 수 있는데, 이때 '저는 하나님을 믿습니다.' 등의 세 가지 맹세를 하지 않으면 안 된다. 하지만 카스톨은 이를 거부했다고 자랑스럽게 말했다.

순례자이면서 가톨릭에 대한 신앙을 거부하는 사람이 있으리라고는 생각지도 못했던 수도사들은 난감해하며 이런 저런 상의를 한 끝에 예외로 해주겠다면서 카스톨을 순례자로 인정해 주었다고 한다. 이 에피소드를 통해 확실히 가톨릭의 힘이 쇠퇴하였음을 느낄 수 있었다.

신앙도 없으면서 순례길을 도보로 여행했다는 카스톨은 바스크인 중에서도 꽤나 별난 사람 같지만, 가톨릭은 유럽에서 절대 권력을 과시했고 특히 지방을 통치하면서 사람들에게 절대적인 신앙을 바랐기 때문에 카스톨처럼 가톨릭에 비판적인 사람도 적지 않은 것이 사실이다. 카스톨은 산쵸테나의 이야기를 들으면서 몇 번이나 내뱉듯이 말했다. "정말이지 교회는 온갖 악의 근원이야!"

그러고 나서 산쵸테나의 조각 작품을 구경했다. 그는 주택의 차고를 개조해서 아틀리에로 만들었는데, 작은 체육관 정도 넓이의 공간에 작품이 전시되어 있었다.

그의 작품을 한 마디로 표현하자면 강인함이라고 말할 수 있다.

대담하게 잘라낸 큰 나무 조각에 쐐기를 박아 넣어 큐브를 맞추듯이 쌓아올린 작품도 있고, 섬세한 손길이 느껴지는 작품도 있었다. 그냥 우뚝 서 있는 듯한 것도 있는가 하면, 아키타의 나마하게* 도깨비와 매우 닮은 폭 3미터 정도의 거대한 얼굴 모양 조각도 있었다. 그의 작품 모두 혼자서는 도저히 들어 올릴 수 없을 것 같은 중량감이 있었다. 카고의 전설이나 구전으로 내려오는 이야기에서 모티브를 얻은 것이 대부분인데, 마야 문명이나 잉카 제국에서 소재를 얻은 것도 있어서 작품세계가 폭넓었다. 이베리아 공항 등 스페인의 대기업이 후원을 해주고 있다고 한다.

---

* 올라간 눈꼬리와 큰 입, 빨간 얼굴, 긴 머리를 한 도깨비. 아키타 현에서는 섣달 그믐날 악귀를 쫓고 복을 불러오기 위해 마을 청년들이 나마하게 탈을 쓰고 집집마다 돌아다닌다.

"옛날 카고는 나무를 한 그루밖에 못 썼는데 말이죠."

작품을 보여주면서 산쵸테나가 말했다. 차별 때문에 집을 지을 때도 나무는 한 그루만 허용되었고 나머지는 돌 등을 섞어서 만들었다고 한다. 이 주변에는 지금도 돌로 지은 집이 많다.

카고들이 지금도 살고 있다는 보사테 마을로 향하기 전에 보사테 근처 교회에서 50년 이상 일했다는 신부님을 찾아갔다. 80세의 고령이기 때문에 옛날이야기를 많이 알고 계신다고 했다.

신부님은 품위 있는 노인이었는데 인터뷰 중에는 계속 찡그린 표정을 하고 있었다.

"옛날에는 주민들끼리 다툼도 있었지만 이제 더 이상 그런 일은 없습니다. 보사테에 사는 사람이라는 뜻으로 '보사테라'라는 단어가 있는데 이는 확실히 지금도 나쁜 뜻으로 사용되고 있습니다. 하지만 차별은 더 이상 없습니다. 단지 단어만 남아 있을 뿐입니다. 이 교회에도 카고 전용 입구가 있기는 했지만 50년 전에 막아 버렸습니다. 무덤도 따로 있었지만 제가 알기로는 1923년에 묘지를 새롭게 만들 때는 합쳤습니다. 지금은 다들 토지도 소유하고 있고 유복해졌기 때문에 차별도 없어져서 문제될 만한 일은 전혀 없습니다."

"음, 아무래도 이 신부님은 진실을 말하지 않고 있는 것 같군.”

통역을 하던 라울이 씁쓸한 표정으로 중얼거렸다.

“신부님은 산쵸테나가 하는 말은 전부 거짓말이라고 말하고 있어요. 카고 박물관도 없는 편이 좋다고.”

“왜 그렇게 말하는 걸까요? 산쵸테나와 대립하고 있는 걸까요?”

“일본인은 이해하기 힘들지 몰라도 과거의 가톨릭교회는 엄청난 권력을 가지고 있었으니까 그 영향이 남아 있는 것이지요. 아무튼 카고 같은 것은 더 이상 얘기하지 않는 게 좋다는 말만 계속하네요.”

라울에게 부탁해서 “하지만 아직 보사테 마을과 카고에 대한 차별이 남아 있다고 들었는데요.” 하고 또 다시 물어보자 신부님은 “바보 같은 이야기입니다. 아무도 그런 말을 할 리가 없어요.” 하고 상대도 해주지 않았다.

신부님의 집을 나와서 바스크 지방에 있는 보사테 카고마을을 방문했다. 내가 머물고 있던 바스크 지방의 이룬이라는 도시에서 차로 시골길을 세 시간 정도 달렸다. 보사테는 산으로 둘러싸인 시골의 작은 마을이었다.

마을 한구석에는 산쵸테나가 1998년에 세운 광대한 부지의 박물관도 있었다. 다양한 전시품 중에는 그의 작품도 많았는데 이곳도 대기업의 융자로 만든 것이다. 박물관이라고는 해도 건물이 작았고 공원 같은 느낌이었다.

보르도라고 불리는 가축 축사가 열 채 정도 드문드문 있고, 그 안에 전시되어 있는 작품을 들여다보면서 산책할 수 있게 되어 있었다. 내가 찾아갔을 때는 마드리드에서 온 관광버스가 주차되어 있었고 좀 의외다 싶을 정도로 관광객으로 붐비고 있었다. 이곳은 이 지역에서 관광지로 유명하다고 한다. 건설 당시에는 지역 사람들의 반대가 극심해서 고생을 했다고 하는데 지금은 이렇게 찾아오는 사람도 많아지고 경제적으로도 풍요로워져서 결과적으로는 마을에서도 환영하고 있다고 한다.

박물관을 둘러본 후 보사테 마을을 걸었다. 잡화점 같이 간소한 상점 등이 몇 개 있을 뿐 정말로 아무것도 없었다. 평지가 적어서 산골짜기에 조그맣게 생긴 부락 같은 인상을 주었다. 일본의 산간 지역에 있는 시골 풍경과 그다지 다르지 않았다.

집은 대략 서른 채 정도였다. 1972년의 인구는 42명이었다는데 현재는 100명을 넘어서고 있다. 두 가족만이 지금도 장인으로 일하고 있고 다른 사람들은 목축 등으로 생계를 이어가고 있다.

이 주변에서 채석할 수 있는 돌은 조개껍질 같이 엷은 핑크색을 띄고 있다. 외벽에 이 분홍색 돌과 흰색 돌을 번갈아가며 붙인 건물들이 사랑스러운 느낌을 주었다. 현금 수입은 부족해 보이지만 가난하다는 인상은 주지 않았다.

산쵸테나의 생가는 카고 출신 예술가를 배출한 집으로서 관광객들을 위해 보존되어 있었다. 그의 아버지가 만든 금속 틀 침대를 보았는데 소박한 조각이 새겨져 있었다. 심플하지만 잘 만든 침대였다.

집들은 초목이 무성한 언덕을 따라 펴져 있었다. 천천히 걷고 있자니 이곳이 그렇게 어두운 차별을 받고 있는 마을이라고는 도저히 믿어지지가 않았다.

언덕 중턱에는 공동 수돗가가 있었다. 이 마을이 생겼을 때부터 있었던 것으로 꽤 오래되었다고 한다. 여기에 아이들이 모여 있었다. 내가 걸어가자 아시아인을 처음 보는지 웅성거리기 시작했다. "일본에서 온 카고란다." 하고 설명하자 "오!" 하며 감탄했다.

"카고가 뭔지 아니?"

"알아요. 우리가 카고예요."

한 소년이 웃으면서 대답했다.

내가 "이 아이들은 차별을 경험한 세대는 아닌가 보네요." 하고 감탄해서 중얼거리자 라울은 "흐음, 그나저나 아이들도 자기들이 카고라는 걸 아네요." 하며 놀라워했다.

우리는 차를 타고 프랑스 국경을 넘었다. 우리가 거점으로 삼고 있는 이룬이라고 하는 큰 마을도 프랑스와 강 하나를 사이에 두고 있을 뿐이라서 간단하게 프랑스 쪽으로 나갈 수 있다. 여권 검사도 없었다.

하지만 마을 쪽으로 가지 않고 일부러 멀리 돌아서 피레네 산맥을 넘어가기로 했다. 프랑스의 작은 마을 교회에 카고 전용 출입구가 아직 남아 있다고 들었는데, 그걸 확인하기 위해서였다.

가던 중에 고갯마루에 있는 바에서 점심을 먹었다. 마침 일요일 점심이어서 현지 사람들도 한창 식사를 하고 있었는데 노인들이 목제 테이블 한가운데 놓여 있는 커다란 고깃덩이를 각자 나이프로 잘라서 먹고 있었다.

피레네 산맥을 넘어 프랑스 쪽으로 들어오자 인구 2천 명 정도의 작은 마을이 있었다. 상점도 몇 개 있었는데 마침 일요일이어서 문을 연 곳이 없었다. 교회에 도착하니 큰 출입문이 눈에 띄었다. 문을 열어보니 쉽게 열렸다. 언제든지 들어갈 수 있게 해 놓은 것이다. 산쵸테나가 말한 것처럼 로마네스크 양식의 굉장히 오래된 교회였다.

신도들이 앉는 긴 의자가 벽 옆쪽에도 놓여 있었다.

라울이 어딘가를 손가락으로 가리켰다. "저기가 카고용 출입구였다고 하네요." 자세히 보니 긴 의자 뒤로 턱이 있고 몇 개의 작은 출입구가 있었다. 벽 옆쪽에 돌로 만든 성수를 담는 그릇도 몇 개 있는 것을 보니 출입구였던 것이 확실했다.

밖으로 나와서 확인해 보니 작은 문이 있었다. 문은 고개를 조금 숙이고 들어갈 정도의 높이밖에 되지 않았고 자물쇠가 걸려 있었다. 먼지와 오염된 정도를 보고 판단하건데 지금은 정말로 사용하지 않는 듯했다. 커다란 정문 출입구와 비교하니 참으로 소박한 문이었다. 마을에는 돌아다니는 사람이 아무도 없었다. 교회 옆에는 피레네와 이어지는 강이 흐르고 있었다.

나와 라울은 안내를 해준 카스톨과 헤어진 후 바스크 지방에서 마드리드로 돌아왔다. 그리고 마드리드 교외에 있는 누에보 바스탄이라는 작은 마을을 방문했다.

이 마을은 건축가이자 조각가였던 호세 베니토 데 츄리게라의 설계로 1709년부터 13년에 걸쳐 건설되었다고 한다. 당시 권력가였던 후안 데 고제네체가 마을 설계를 의뢰했는데, 원래 상인이었던 고제네체는 신흥세력으로 발돋움하던 부르봉가에 대량의 헌물을 해왔기 때문에 스페인 계승 전쟁 후에 부르봉 왕조가 성립되자 보상으로 귀족 신분을 얻어서 이 지역에 와서 살게 되었다. 그는 나중에 왕의 시중을 들 정도로 출세했다고 한다.

고제네체는 보사테에서 나무와 돌, 금속 장인인 카고를 이 지역으로 데려와 다양한 물건을 만들게 했다. 고제네체가 보사테 지역에서 카고들을 이주시킨 이유는 그가 바스크 지방 출신이었기 때문이다. 그는 그 외에도 네덜란드, 베네치아 등지에서 우수한 장인을 불러들여 그들의 기술을 카고에게 습득시킨 뒤, 호화로운 가구 등 다양한 물건을 만들게 해서 왕조에 공물로 바치면서 스스로의 세력을 강화했다. 카고를 데려온 것은 값싼 노동력을 제공받을 수 있었기 때문이기도 했다.

하지만 누에보 바스탄은 마을이라기보다는 쇠퇴해 가는 부락에 가까운 느낌이었다. 10분만 걸으면 마을 밖으로 나갈 만한 크기이기 때문이다. 그렇지만 마을 전체를 나라에서 '예술 사적'으로 지정했기 때문에 낡은 교회와 시장의 흔적이 남아 있다. 이런 곳으로 관광을 하러 오는 사람이 있나 싶을 정도로 황량한 마을이다. 잡화점 하나가 있을 뿐이었다.

시장 입구 부근에는 이 마을을 만든 귀족 고제네체의 동상이 서 있었다. 고제네체는 키가 크고 마른 사람이었던 듯하다.

나는 이 마을에서 나고 자랐고 예전에 읍사무소에서 일했다는 여성의 이야기를 들었다. 처음에 그녀는 자신의 신분을 속이려 했지만, 바스크 지방 보사테까지 다녀왔다는 사실을 이야기하고 우리가 일본의 카고와 비슷한 뿌리를 가진 자들이라고 설명하자 그제야 과묵한 입을 열었다.

"이 마을은 인구가 300명 정도 될까요. 집은 50채 정도예요. 여기는 A가문 사람들이 지주인데 그들은 카고 출신이라고 알려져 있습니다. 자신들은 그렇게 말하지 않기 때문에 확실한 것은 모릅니다만, 귀족한테 토지를 받았기 때문에 다들 그렇게 생각하고 있지요. 지금은 이 주변에서도 가장 부유한 집이에요. 그들의 외모는 잘 알려진 카고의 특징과 비슷한데

파란 눈에 금발머리입니다. 이런 특징을 가진 사람들이 지금도 이 마을에 있지만 카고인지 아닌지를 물어볼 수는 없습니다. 그런 걸 물어보면 화를 내기 때문이죠. 이곳에서는 카고 이야기 같은 건 절대로 해서는 안 됩니다. 18세기 초에 카고를 동화시키기 위해서 외부에서 일반인들을 이곳으로 데려와 같이 살게 했기 때문에 그 후로 카고 이야기는 터부로 되고 있어요."

동화정책 이야기는 처음 들었지만 로마에 대해서도 몇 번이나 동화정책을 펼친 것으로 볼 때 아마도 사실인 것 같다. 카고들은 같은 마을 안에서만 혼인을 하는 것이 어렵기 때문에 옛날부터 다른 곳에 사는 카고들과도 교류하면서 혼인관계를 이어 왔다고 한다.

보사테에서도 약 50년 전까지 카고는 카고끼리만 결혼할 수 있었다고 한다. 이러한 과거 때문에 지금도 그런 의식을 가지고 있는 주민도 있을 것이다. 마드리드에도 뿌리를 숨기고 사는 카고가 많다고 한다.

보사테 외에도 이렇게 소수로 사는 카고들 또한 어떻게든 주민들과 잘 섞여 들어가려고 하고 있을 것이다. 마을 사람들도 지금은 소란을 피우고 싶지 않아서 모르는 척하고 있는 것 같았다. 하지만 이렇게 음지 생활을 하는 것이 싫어서 멀리 미국까지 이주한 카고들도 많이 있는 듯하다.

피레네 산간 지역부터 마드리드 근교까지. 여기에서 카고 여행의 종지부를 찍었다.

내가 복잡한 기분으로 라울의 표정을 살피자 그가 어깨를 으쓱해 보였다.

4

마오쩌둥과 숙명

마오이스트 군인들

네팔 혁명전쟁과 매춘 카스트

네팔
간지
고라히
카트만두
시탈파티

험준한 산들로 유명한 네팔. 하지만 우리는 히말라야의 여유로운 풍경과는 거리가 먼 복잡한 수도 카트만두에 와 있었다.

"앞으로 마오이스트와 전쟁을 할 가능성이 있습니까?"

2001년 여름, 카트만두에서 데우바 총리에게 이렇게 질문하자 그는 조금 뜸을 들인 뒤 대답했다.

"아니요, 반드시 대화로 해결하겠습니다."

하지만 그렇게 대답하는 데우바 총리의 거무스름한 얼굴에는 피로의 기색이 역력했다. 사임한 코이랄라 대신 취임한 그에게 맡겨진 첫 번째 임무는 마오이스트와의 종전교섭이었다.

마오이스트의 정식 명칭은 '네팔 공산당 마오쩌둥주의파'인데, 마흔일곱 살인 프라찬다 의장과 바부람 바타라이가 이끄는 무력투쟁파 공산주의 조직을 말한다. 프라찬다 의장의 아버지인 일흔세 살 무틸 다하르는 아들에 대해 이렇게 말했다.

"프라찬다라는 이름은 모릅니다. 저는 차비랄이라는 애칭으로 불렀습니다. 본명은 푸슈카 카말 다할입니다. 공부는 잘하는 편이었어요. 차비랄은 싸움이 있으면 반드시 중재에 나서고 다른 사람을 돌볼 줄 아는 착한 아이였습니다. 저는 정치활동을 하지 않았으면 좋겠다고 했지만, 그 아이는 결국 정치활동을 위해 집을 나가 버렸지요. 그 이후로는 한 번도 만난 적이 없습니다."

프라찬다라는 이름은 마오이스트에서 붙인 이름이다. 교사를 그만둔 그는 정치활동에 전념하다가 네팔 공산당에서 무력투쟁파를 분리시켜 마오이스트를 조직한 뒤, 1996년 2월에 무장봉기를 일으켰다.

마오이스트군의 병력은 2만 명 정도라고 추정되는데 대부분은 민병이고 정규군은 700~800명 정도에 지나지 않는다고 한다. 그들은 경찰이나 농업은행 등을 습격하고 빈곤층의 지지를 기반으로 주로 서네팔에서 세력을 확대해 지금까지 네팔의 75개 군 가운데 7개 군에 자치정부를 세웠으며 22개 군에 영향력을 행사하고 있다.

마오쩌둥주의라고 하면 이제는 시대에 뒤떨어진 느낌이 들지만 네팔 내에서는 아직도 엄청난 영향력을 행사하고 있다. 이들과 비슷한 계열로 공산당 마르크스 · 레닌주의파가 있는데 이들은 온건파로 무력투쟁은 부정한다.

마오이스트는 점차적으로 거센 공격을 가해 오다가 데우바 총리의 설득으로 2001년 7월 23일을 기점으로 일단 정전에 합의했고 대화에 응하는 자세를 보였다. 2001년 현재* 세 번째 협상을 앞두고 있지만 양측의 희생자 수는 이미 수천 명에 달하며 네팔 최대의 외화수입원인 관광업계 또한 큰 타격을 입었다.

나는 이 당시에 카스트제도가 만들어 낸 불가촉민에 대한 관심 때문에 네팔 여행을 모색하고 있었다. 신입 기자 시절부터 친구였던 사진가 야기사와 고메이는 네팔에서 살았었기 때문에 네팔어에 능숙했고 부인도 네팔 사람이다. 카스트제도와 관련해 촬영도 할 겸 마오이스트 해방구**에 그와 함께 들어가 취재하기로 했다.

과거에 일어났던 큰 전쟁에 대해 듣는 것도 중요하지만 나는 예전부터 지금 벌어지고 있는 전쟁에 관심을 가지고 있었다. 인간의 가장 추악한 모습 중 하나가 살생인데 그 중에서도 가장 큰 규모로 행해지는 살생인 전쟁이 지금도 일어나고 있는 나라를 언젠가 취재해야겠다고 생각한 것이다.

---

* 2016년 현재의 시점에서 봤을 때 시간적으로 맞지 않지만, 저자가 후기에서 일부러 고치지 않았다고 썼기 때문에 그대로 두었다.

** 한 국가 안에서 저항 세력이 중앙 권력의 지배를 받지 않고 근거지로 삼고 있는 지역을 말한다.

하지만 항상 그렇듯이 취재비를 쉽게 내어 줄 출판사는 없었다. 혼자서 여덟 군데 정도 출판사를 찾아갔는데 좀처럼 긍정적인 대답을 듣지 못했다. 이야기조차 들어주지 않는 곳이 대부분이었고 네팔 내전이라는 따분한 주제 또한 발목을 잡았다. 그러는 동안 시간만 흘러갔다. 마오이스트의 해방구에 들어가려면 정전합의를 한 지금 이 기회를 놓쳐서는 안 된다. 초조했던 나는 야기사와와 의논해서 일단 방콕행 저가 항공권을 마련했다. 카트만두까지는 방콕에서 더 저렴한 티켓을 끊어서 가기로 했다.

마지막이라는 생각으로 아는 사람에게 소개받은 편집자에게 내일모레 출발하는데 취재비를 내어 줄 수 없냐고 간청했다.

그런데 마치 기적처럼 편집자가 "일단 만나서 이야기합시다."라고 했다. 나는 아라이초로 가서 취재 테마와 전후 사정을 설명했다. 편집자는 잠시 생각한 후 이렇게 말했다.

"지금 제 지갑에는 15만 엔 밖에 없으니까 일단은 이걸로 다녀오고, 해방구 취재를 마치면 나머지 취재비를 정산하기로 하는 건 어떨까요?"

망설일 이유는 없었다. 나는 야기사와와 함께 이틀 뒤에 나리타를 출발해 방콕으로 향했다.

2001년 8월 10일부터 이틀간 마오이스트가 주최한 5만 명 규모의 집회가 카트만두와 포카라에서 열렸다. 마오이스트 관련 집회나 시위는 흔히 있었지만 이렇게 큰 규모의 집회는 처음이었다. 이 집회를 계기로 대규모 시위와 집회가 금지되었다. 이번 집회는 마오이스트 '지원 단체'가 주최한 것처럼 되어 있었지만 사실은 마오이스트가 주도했다는 것이 공공연한 비밀이었다. 우리는 포카라 집회에서 마오이스트 간부와 만날 수 있었다.

그의 이름은 차비랄 아디칼리로 서른여섯 살이었다. 마오이스트 조직은 일곱 개 부문으로 나뉘는데 그는 그 중 하나인 노동성의 최고 간부이다. 그는 네팔 중부 카스키군 디그리포카라 출신으로 이 지역은 네팔 내에서도 상당히 가난한 곳으로 알려져 있다.

"제가 지금 하는 활동은 술 판매와 도박을 철저하게 금지하는 것입니다. 특히 음주는 네팔의 빈곤층에게 심각한 문제를 일으키기 때문에 폭력을 써서라도 판매를 금지시키려 하고 있습니다. 이 활동을 앞으로 네팔 전역에서 실시할 방침입니다."

마오이스트가 지배하는 네팔 서부 대부분의 마을에서는 이미 술 판매가 금지되었기 때문에 가게에서 술병이 사라졌다.

"정부와 대화로 해결하는 것은 불가능합니다. 철저한 항전만이 있을 뿐입니다. 이것은 전쟁입니다. 진정한 공산주의 국가를 건설하기 위한 일이지요. 그러기 위해서는 싸울 수밖에 없습니다. 일본은 히로시마, 나가사키에 원폭을 맞았으면서 왜 미국 마음대로 하게 내버려 두는 겁니까? 왜 총을 들고 싸우지 않습니까? 일본에 돌아가면 일본 인민들에게 꼭 이렇게 전해 줬으면 좋겠습니다. 일본 인민 여러분, 총을 손에 들고 일어섭시다. 미국의 제국주의와 맞서 싸웁시다. 그리고 우리와 함께 인민의 나라를 만듭시다!"

일본의 원폭피해에 대해서 미국 동시다발 테러사건을 일으킨 오사마 빈 라덴도 비슷한 말을 했었다. 이는 아시아와 중동 테러리스트들에게 공통된 생각인 모양이다. 즉, 과거에 원폭이라는 비인도적인 공격을 가해 온 미국에 대해 일본인이 분노하지 않을 리가 없다고 생각하고 그런 심정에 호소하려는 것이다.

나는 '일본은 왜 원폭이라는 비인도적인 공격을 가한 미국과 협력 노선을 걷고 있는가' 하는 테러리스트들의 질문에 제대로 대답할 수 없었다. 간신히 '1945년 당시 일본은 길어지는 전쟁으로 피폐해져 있었고, 원폭과 그에 따른 패전으로 인해 결정적 타격을 입었다. 그렇기 때문에 전후 복구를 위해서 대국인 미국과 협조할 수밖에 없었다.'라는 정도로만 대답했다. 하지만 '납득할 수 없다.'는 그들의 의문을 속 시원하게 풀어줄 수는 없었다.

카트만두에 머물던 우리는 마오이스트 측에 지배지역 취재요청을 했지만 좀처럼 연락이 오지 않았다. 마오이스트의 홍보 담당자는 '당신들이 다음에 올 때는 허가를 받을 수 있도록 해 놓겠다.'라고 말했지만 어설프게 취재비 같은 걸 받아 왔기 때문에 '그렇군요.' 하고 돌아갈 수는 없었다. 해방구에 들어가 취재를 해 오면 나머지를 정산해 주겠다는 편집자의 말에 희망을 품고 여기까지 왔기 때문이다. 이 방법 저 방법 다 써가며 집요하게 요청을 계속하자 열흘 정도 후에 드디어 환영한다는 응답이 왔다. 어떤 작가는 '전쟁터는 지루한 곳이다.'라고 했는데 그의 말대로 정말 기다림이 길었다. 하지만 이것은 아직 시작에 불과했다.

다음날 네팔 간지까지 프로펠러기로 날아갔다. 인도 국경과도 가까운 서네팔의 작은 마을이었다.

출발이 네 시간이나 늦어져 승객 모두가 걱정했는데 착륙할 때 그 이유를 알게 되었다.

공항 일대가 짙은 안개구름에 둘러싸여 시야 확보가 어려웠던 것이다. 산을 넘자 평야 전체가 짙은 안개에 휩싸여 있어서 도대체 어디에 산이 있는지 창문으로 내려다봐도 전혀 분간이 가지 않았다. 서네팔은 기후적으로 인도에 가깝기 때문에 습기가 많고 기온도 대체로 높은 편이다. 안개가 끼는 일도 많아서 비행기가 자주 결항된다.

우리를 태운 비행기는 과감하게 그 짙은 안개를 뚫고 갔다. 5분이 지나고, 10분이 지나면서 기압의 변화로 인해 이미 착륙태세를 갖추고 점점 하강하고 있다는 사실을 알게 되었지만 짙은 안개 탓에 육지는 보이지 않았다. 우리가 타고 있던 비행기는 20명 정원의 비좁은 국내선 전용 경비행기였기 때문에 이런 상황에 더욱 긴장할 수밖에 없었다. 네팔인 승객들도 불안해졌는지 웅성거리기 시작했다. 네팔 국내선은 추락하는 일이 잦다고 소문나 있었기 때문에 나도 안절부절 못하며 착륙을 기다렸다. 이윽고 안개 사이로 드디어 땅이 보이는가 싶더니 조금 있자 사람이 걸어 다니는 모습까지 보이기 시작했다. 그때 갑자기 쿵! 하는 진동과 함께 비행기가 무사히 네팔 간지공항에 착륙했다. 승객들이 박수를 쳤다. '힘들게 해방구를 취재하게 되었는데 그 전에 비행기가 떨어져 버렸으면 본전도 못 찾았겠다.' 나도 겨우 안심했다.

공항은 공항이었는데 주위에는 말과 당나귀, 닭 무리가 여기저기 돌아다니고 있었다. 비행기만 없었으면 그냥 넓은 농장으로 착각했을 것 같은 풍경이었다.

네팔 청년 한 명이 낡은 벤을 타고 마중 나와 있었다. 카트만두의 일간지 '칸티풀'의 주재원인 루드라라는 단정한 얼굴의 20대 청년이었다. 야기사와와는 오래 알고 지냈기 때문에 빨리 일본 여자를 소개시켜 달라는 둥 서로 농담도 주고받았다.

루드라가 운전하는 벤을 타고 마오이스트가 지정한 장소

인 네팔 서부 고라히 마을로 향했다. 고라히는 작은 마을이라서 숙박시설이라고는 그 지역 장사꾼들이나 이용할 법한 변변치 못한 호텔 세 군데가 전부였다.

네팔이라고 하면 히말라야와 포카라의 웅대하고 아름다운 풍경이 유명한데 사실 국토의 대부분은 아열대 정글이다. 카트만두를 끼고 동부의 히말라야보다도 더 가난한 지역이 바로 네팔 서부로 부처의 출생지로 알려진 룸비니와도 가깝다.

우리는 여기에서 지역 마오이스트 연락원을 기다리기로 했다.

하지만 며칠이 지나도 좀처럼 연락이 오지 않았다. 간부들은 다들 서네팔의 아열대 산간 지역에 있어서 인편으로 연락을 취하기 때문에 아무래도 시간이 걸릴 수밖에 없다. 식당과 호텔도 한 곳씩밖에 없어서 며칠 만에 지루해졌다. 편집자에게 받은 15만 엔은 두 사람분의 항공권으로 이미 써 버렸기 때문에 남은 돈도 간당간당해졌다.

어느 날 단골식당에 가서 종업원과 잡담을 나누던 중에 그가 "그렇게 한가하면 여자라도 사러 가지 그래요?"라고 했다. 이런 시골에도 매춘부가 있구나 싶어서 별 생각 없이 야기사와에게 부탁해 물어보니 네팔에는 '매춘 카스트'가 존재한다고 했다.

"그들은 '버디'라고 불리는데 서네팔의 타라이 평야에만 있어요. 그래서 카트만두에 가면 그들의 존재를 모르는 네팔 사람도 있지요. 저는 여자를 산 적이 없지만요."

야기사와도 "저도 소문으로 들은 적은 있는데 물증이 없어서 의문을 가지고 있었어요. 이 주변에 있는지는 몰랐네요." 라고 말했다.

재빨리 그 종업원에게 안내해 줄 청년을 소개받아서 일단 버디들을 만나러 가 보기로 했다. 작은 바퀴벌레가 몇 마리나 들어간 수프가 나오는 불결한 호텔에서 언제 올지도 모르는 마오이스트 연락원을 기다리기보다는 우선 버디의 실태를 파헤쳐 보는 것이 낫겠다고 판단한 것이다.

다음날 아침 마힌드라라고 하는 인도제 사륜구동차를 타고 출발했다. 운전기사인 중년 남성과 가게 종업원에게 소개받은 청년이 안내해 주기로 했다.

버디를 만나러 가는 길은 의외로 잘 포장되어 있었다. 마을 밖으로 빠져 나가서는 숲 속 외길을 호젓하게 달렸다. 바디아 국립공원 안으로 들어서자 코끼리와 코뿔소 똥이 여기저기 널려 있었다. 잠시 휴식을 취하면서 청년에게 이야기를 들었다.

"버디는 마을 밖에 촌락을 형성해서 살고 있어요. 오늘 방문할 곳은 마을 밖에 있는 D라는 버디 촌락입니다."

"버디 촌락은 모두 마을 밖에 있나요?"

“아니요. 옛날에는 마을 안에도 있었는데 2, 3년 전에 공산주의 운동이 격렬해지면서 마을 밖에 살게 되었어요. 그러고 보니 전에 여성 공산당원이 여자 버디의 머리를 내리쳐서 피를 흘리게 한 사건도 있었어요. 다행히 죽지는 않았지만요.”

“공산당은 왜 그런 짓을 한 거죠?”

“버디를 없애기 위해서겠죠. 그 외에도 집단 구타를 당한 버디도 있어요. 마오이스트가 매춘을 금지했기 때문에 버디는 난처한 상황에 처해 있답니다.”

“그렇다고 해서 때려도 소용없잖아요?”

“그건 저도 모르겠어요. 매춘을 금지당하면 생계를 이어갈 수 없는 버디가 봐달라고 호소했지만 받아들여지지 않았고, 결국은 마을 밖으로 내몰리게 되었어요. 그리고 지금도 몰래 매춘을 계속하고 있는 거죠.”

“마을 사람들이 여자를 사러 가는 건가요?”

“네. 네팔 간지에서 일부러 여자를 사러 오는 사람도 있지만 대부분은 주변 마을 사람들이에요.”

“당신도 성매매를 한 적이 있나요?” 하고 청년에게 묻자 “저는 없습니다.” 하고 대답했다.

하지만 “거짓말이에요. 여자를 산 적이 있으니까 안내할 수 있는 거죠. 부끄러워서 거짓말하는 거예요.” 하며 야기사와가 웃음을 터뜨렸다. 듣고 보니 일리가 있었다. 네팔 사람은 일본 사람과 비슷해서 부끄럼을 많이 탄다.

가는 도중에 몇 번이나 검문 때문에 정차해야 했는데 관광하러 온 일본인 여행객이라고 말했더니 쉽게 통과시켜 주었다. 대부분은 마오이스트에 대비한 검문이라고 한다.

휴식을 취하기 위해 일본의 도움으로 건설했다는 큰 다리 옆 촌락에서 아침식사를 했다. 구운 생선과 '차우차우'라는 강한 향신료를 넣은 네팔 즉석라면을 먹었다. 닭과 돼지를 방목하고 있어서 그런지 상당히 목가적인 풍경이었다. 문득 일본도 전쟁 전까지는 이런 풍경이 아니었을까 하는 생각이 들었다. 이런 시골에서도 식후에 나오는 차이는 역시 맛있었다.

그곳에서 마힌드라 쪽으로 더 달리자 길가에 많은 사람들이 앉아 있었다. 천막을 치고 있는 사람도 있었다. 물에 침수된 막사도 있어서 "저 사람들은 뭘 하는 거죠?" 하고 청년에게 물었다.

"올해 일어난 대홍수로 집을 잃은 주민들인데 갈 곳이 없어서 저기서 피난생활을 하는 거예요."

누더기 조각을 걸친 피난민 집단은 마치 난민 같았다. 서네팔에서는 어디를 가나 이런 풍경을 만나게 된다.

한 시간 정도 더 달리자 또 커다란 다리에 당도했다. 강 근처에 작은 부락이 보였다. 차를 멈춘 기사가 그 부락을 가리키며 말했다.

"찾았습니다. 저 사람들이 버디예요."

다섯 채 쯤 되는 흙으로 만든 집들이 있었다. 별다를 것 없는 전형적인 네팔의 작은 마을이었다.

촌락 입구에 차를 대고 거기서부터 걸어서 들어갔다.

촌락 앞에는 넓은 하천 부지가 있고 환경도 나쁘지 않았다. 하지만 강이 범람하면 집이 바로 떠내려가 버릴 것 같았다. 마을과 떨어져 있는 집들을 보니 '가와라 비렁뱅이*'라는 말이 떠올랐다. 촌락은 어렵지 않게 찾을 수 있었는데, 그들을 보니 아직도 차별 때문에 마을을 나와서 살 수 밖에 없는 사람들이 있다는 사실에 서글퍼졌다.

이윽고 집에서 여자들이 나왔다. 날이 쌀쌀했다. 하지만 다들 얇은 옷을 입고 부들부들 떨면서도 얼굴에는 왠지 모를 엷은 미소를 띠고 있었다. 매춘부에게서 찾아볼 수 있는 외설스러우면서도 상대방의 동태를 살피는 듯한 웃음이었다. 여자만 대여섯 명과 아이들이 미소를 지으며 다가왔다.

야기사와에게 통역을 부탁하고 안내 청년을 통해서 가격 협상을 했다. 일단은 상황을 잘 모르기 때문에 성매매를 하러 온 손님인 척 하기로 했다. 우리는 모여든 여자들 중에서 가장 어린 미나와 스스마라는 여성을 상대로 교섭을 해보았다. 이렇게 하는 것이 현실적이고 아동노동의 실태에 대해서도 살펴볼 수 있으리라고 판단했기 때문이다.

---

* 연극배우 · 광대 등을 낮춰 부르는 말로 에도시대에 교토 욘조가와라에서 흥행했던 가부키 연기자를 낮춰 부른 것에서 유래했다.

미나는 열여덟 살이고, 스스마는 아직 열다섯 살이었다. 다른 수많은 불가촉민이 그렇듯이 그녀들도 실제 나이보다 열 살은 많아 보였다.

가격은 미나가 100루피(약 160엔), 스스마가 200루피(약 320엔)였다. 네팔의 물가를 고려하더라도 굉장히 저렴했다.

어떻게든 취재를 할 수 있을 것 같아서 바로 돈을 지불하고 일을 치르는 장소로 안내 받았다. 야기사와가 미나, 내가 스스마를 따라갔다. 스스마는 비치는 블라우스를 입은 채 나를 변소 같은 판잣집으로 안내했다. 안을 들여다보니 한 평 정도 되는 방에 작은 간이침대가 놓여 있었고 문을 닫으니 아주 캄캄했다. 거기에서 일을 치르는 거라고 했다. 스스마는 그 사이에도 "돈을 더 주세요." 하고 끈질기게 요구했다.

나는 네팔어를 모르기 때문에 장소만 확인하면 더 이상 할 수 있는 것이 없었다. 돈을 더 달라고 끈덕지게 달려드는 스스마를 피해 밖으로 나와 보니 야기사와는 벌써 밖에서 강을 바라보고 있었다. 추위와 비위생적인 환경, 그리고 너무도 비참한 처지에 발기할 상황이 아니었는데 야기사와도 마찬가지였나 보다.

그렇다고는 해도 남자 둘이 성매매를 하러 와서는 아무것도 하지 않자 모여든 버디들이 다들 수상하다는 표정으로 쳐다봤다. 그제야 비로소 취재하러 왔음을 밝혔다. 그리고 이야기를 듣고 싶다고 우리의 취지를 설명했다.

취재라는 사실을 알고는 미나와 스스마 두 명 모두 떨떠름해 했지만, 이미 돈을 지불했기 때문에 결국 두 사람 모두 동의해 주었다. 이야기를 해주면 사례비도 지불하겠다고 하자 두 사람은 비로소 웃음을 되찾았다. 아이들이 웅성대서 시끄러웠기 때문에 판잣집 하나에 들어가 이야기를 들었다.

"언제부터 이 일을 하고 있니?"

미 나 "4년 전에 초경을 했는데 서너 번 생리를 하고 나면 손님을 받아도 돼요."

스스마 "1년 반 전부터요."

따져보니 스스마는 열세 살부터 매춘을 했다는 이야기가 된다.

미나는 애인이 없다고 했지만, 스스마는 있다고 대답했다.

스스마 "그 사람은 바운인데 어렸을 때부터 알던 사이예요. 이 일을 하기 전부터 나를 여동생처럼 귀여워해 줬어요. 처음 받은 손님도 그 사람이었고요. 그 사람을 좋아해요. 그 사람이 먼저 나를 좋아해 줬어요."

바운이란 브라만 중에서도 최고위 카스트에 속하는 사람을 말한다. 스스마는 일본인이 봐도 미인이었기 때문에 바운 청년이 고백한 모양이다.

"그 사람과 결혼할 거니?"

스스마 "할 수 있을 리가 없잖아요. 카스트가 다른데 어떻게 해요?"

"학교는 다녔었니?"

미 나 "학교는 다닌 적이 없어요. 글자도 못 쓰고요."

스스마 "저는 1년 동안 다녀서 글자는 쓸 줄 알아요."

"섹스는 좋아하니?"

미 나 "네, 좋아해요. 하지만 이 일은 싫어요. 먹고살기 위해서 어쩔 수 없이 하는 거예요. 그래서 돈이 생기면 그만둘 거예요."

스스마 "저는 싫어해요. 애인이랑 하는 것도 싫고요. 대화하는 게 더 좋아요."

그나저나 둘 다 굉장히 산만했다. 호기심 많은 아이들이 작은 창문으로 안을 들여다보고 있었는데, 그 아이들에게 일일이 반응했고 다른 한 사람이 질문에 답하고 있는 동안에는 심심한지 방 안을 어슬렁거리는 등 무언가를 하지 않으면 직성이 안 풀리는 모양이었다. 특히 미나는 끊임없이 여기저기를 돌아다녔다.

"음, 역시 보통 네팔 사람과는 좀 다르네요. 교육 수준이 낮은 것과 관련이 있는지도 모르겠어요. 사투리 탓도 있지만 이쪽 설명을 잘 이해하지 못하는 것 같아요."

야기사와도 통역을 하는 데 애를 먹었다. 겨우 이 정도 질문을 하는 데 한 시간이나 걸렸다.

몇 번이나 강한 어조로 말해서 자리에 앉히지 않으면 잠깐 한눈을 판 사이에 휙 하고 밖으로 나가 버렸다. 힘들게 자리에 앉혔더니 미나가 갑자기 맥주를 마시고 싶다고 했다. 할 수 없이 가격을 확인하고 사러 보냈다. 둘은 사 온 맥주를 맛있게 먹었다. 두 사람 모두 첫 인터뷰라서 긴장하고 있었는지도 모른다.

이야기를 다 듣고 밖으로 나오자 안채로 보이는 비교적 큰 집 앞에서 열 명 정도가 모닥불을 쬐고 있었다. 아까는 보이지 않았던 남자들도 있었다. 미나와 스스마도 함께 모닥불을 쬐러 갔다. 나도 잡담하는 사람들 틈에 슬며시 끼어들어 갔다.

"이 마을은 강 근처에 있는데 홍수 피해는 없습니까?"

"지금은 괜찮지만 우기가 되면 홍수가 일어날 때도 있어요. 하지만 그렇다고 어디 갈 데도 없으니까요."

"외국인도 자주 오나요?"

"거의 안 와요. 전에 한국인 두 명이 오고, 그 뒤로는 없었어요."

"돈 벌이는 좀 됩니까?"

"될 때도 있고, 안 될 때도 있죠."

"매춘은 몇 살 정도까지 하나요?"

"쉰 살이 되어서까지 하는 사람도 있지만, 대부분은 결혼하면 그만둬요."

"매춘을 그만두면 생계는 어떻게 꾸려가나요?"

"구걸을 하지요. 지금도 마오이스트가 있는 마을의 버디는 구걸을 하고 있어요. 매춘을 하면 마오이스트에게 피습당하니까요. 하지만 다른 장소에서는 몰래 하고 있습니다."

"오늘 우리는 한 명 당 100루피 정도를 지불했잖아요. 가격에 대한 불평은 하지 않을 테니 솔직히 말해 주면 좋겠는데, 외국인 말고 네팔인은 얼마 정도에 성매매를 하나요?"

"글쎄요. 그때그때 다른데 가장 저렴하게는 10루피 정도 받아요. 저 사람은 그 돈만 받고 매춘을 하고 있어요."

그렇게 말하며 남자가 가리킨 여성은 아무리 봐도 할머니로밖에 안 보였다. 나이를 물어보니 47살이라고 했다. 10루피는 일본 엔으로 약 16엔 정도이다.

나는 일전에 오사카에서 매춘을 하는 60대 여성의 이야기를 들었던 일을 떠올렸다. 내가 왜 이런 일을 그 나이가 되어서까지 하냐고 묻자 '함께 살고 있는 할아버지가 장애인인데 생활보조비만으로는 생활을 할 수 없으니까.'라고 대답했다.

남자 버디들은 고생으로 늙어버린 그 여성을 손가락으로 가리키며 웃고 있었다. 나도 남자들에게 웃어 보였지만 왠지 말로 설명할 수 없는 복잡한 심정이 되었다.

다음으로 우리가 향한 곳은 마오이스트의 세력이 강한 츠루시풀이라는 시골 마을이었다. 처음으로 간 버디 촌락은 인도 국경에서 가까운 평야 지대에 있기 때문에 험준한 산간 지역을 중심으로 활동하는 마오이스트의 세력이 닿지 않는다. 그래서 매춘도 가능했지만 산간 지역으로 들어가면 마오이스트의 영향력이 강하기 때문에 버디도 매춘을 하지 않는다.

이곳에 비교적 큰 버디 마을이 있다고 해서 관계자를 통해 마을 사람들과 연락을 취했다. 하지만 인편으로 부르러 가는 고전적인 네팔식 연락 방법밖에 쓸 수 없기 때문에 한동안 기다려야 했다.

고라히에서 아무리 기다려도 마오이스트 연락원이 오지 않는 이유는 인편을 통해 산속에 있는 간부에게 일일이 지시를 받아야 하기 때문이다. 마오이스트의 리더인 프라찬다는 인도에 잠복해 있으면서 위성전화로 지시를 내리는데, 위성전화는 몇 명 안 되는 최고 간부만 가지고 있기 때문에 우리가 접촉을 시도 중인 말단 부대에는 인편으로 연락할 수밖에 없었다.

언제 올지 모르는 '인편 연락'을 기다리는 것은 시간 낭비일 뿐인데, 마을 광장에서 기다리는 동안 야기사와와 잡담을 나누던 마을 시계수리공이 이 부근에 살고 있는 버디를 안다며 그 여자를 소개해 주기로 했다.

시계수리공은 한동안 어딘가로 사라졌다가 떨떠름한 표정으로 돌아왔다. 여자 버디가 집에 없었다고 한다. 병원에서 예방 접종을 해서 거기에 갔다고 했다.

모처럼의 기회였기 때문에 "그럼 병원으로 가 봐요." 하고 제안했지만 남자는 가고 싶어 하지 않았다. 이유를 묻자 "병원에는 마오이스트 지지자가 많아서 내가 여자 버디를 데리고 가는 모습을 들키기라도 하면 그들에게 집단 구타를 당할 거예요."라고 하는 것이었다.

매춘을 하려는 것이 아니라 그냥 버디의 이야기를 듣고 싶은 것뿐이라고 몇 번이나 설득했지만 정말로 두려운 듯 새파랗게 질린 얼굴로 "싫어요, 싫어요."라고 중얼거렸다. 마오이스트가 실력행사를 하기 때문에 마을 사람들이 두려워한다는 이야기는 사실인 모양이었다.

전에 마오이스트가 서네팔 일대를 해방구로 선언했을 때도 가게에서 술이 일제히 사라졌는데, 계속해서 술을 판 가게는 마오이스트 군인들의 습격을 받아 가게가 부서졌다고 한다.

만나기로 약속한 시간이 되어서 버디들을 소개시켜 주기로 한 남자와 마을 안 식당에서 합류했다. 그는 노동자로 보이는 남자 세 명을 데려 왔다. 남자 버디들이었다.

나는 먼저 버디의 뿌리에 대해서 물어봤다.

"우리는 원래 인도인입니다. 인도에서는 예능을 담당하는 카스트였는데 전쟁포로로 네팔에 끌려와서부터는 불가촉민으로 편입되었습니다. 우리 선조는 모두 네팔 왕궁 안에서 생활하다가 200~300년 전에 라나 가문의 전제정치가 시작되면서 추방당해 타라이평야로 도망을 온 뒤 매춘 카스트가 되었습니다."

즉, 원래 카트만두의 원주민인 네와르족 왕궁 안에서 매춘을 했었는데 라나 가문에 의해 네팔이 통일되었을 때, 추방당해서 인도 국경 부근에 있는 타라이 평야 일대에서 매춘을 하게 되었다는 것이다. 어디까지 사실인지는 확인할 길이 없지만 스스로의 기원에 대해 그들은 이렇게 생각하고 있었다.

네팔에서는 성으로 그 사람의 카스트를 알 수 있기 때문에 그들 가운데 대표 격인 청년에게 이름을 물어봤더니 '마헤슈 네파리'라고 답했다. 스물두 살이라고 했다.

'네파리'란 네팔인이라는 뜻으로 최근 카스트 철폐운동의 분위기를 타고 어떤 사람들은 카스트 이름을 쓰지 않고 '네파리'를 붙이고 있다. 단, 이것은 자기들끼리 사용하는 것이라서 주민등록증 같은 관공서 서류에는 '마헤슈 버디' 등으로 기재되어 있다고 한다.

"옛날에는 아버지가 누군지 알 수 없는 경우도 있어서 나가리타도 없었습니다. 다들 가난해서 지금도 학교에 제대로 못 다녀요."

나가리타란 주민등록증을 말한다. 문맹률이 약 50퍼센트라고 알려진 네팔에서는 대부분의 사람이 학교에 가지 못하고 글자도 쓰지 못하기 때문에 빈곤이 비단 버디만의 문제는 아니다. 하지만 버디들이 네팔 시민들 중에서도 가장 좋지 않은 환경에 놓여 있는 것은 확실해 보였다.

그들의 안내로 버디 마을에 가보았다. 놀랍게도 마을에서 3킬로미터 정도밖에 떨어지지 않은 곳에 있었다. 좀 전에 기다리는 동안 이 주변에서 '버디 마을이 어디입니까?' 하고 물어봤는데 주변 주민들은 모두 모른다고 대답했다. 그런데 그렇게 묻고 다녔던 마을의 바로 뒤편에 버디 마을이 있었다.

버디 마을은 생각보다 컸는데 집들이 뜨문뜨문 열 채 이상 늘어서 있었다. 주민은 전부 합쳐서 200명 정도였다. 그들 대부분은 음유시인이거나 악기 · 담뱃대 만들기, 날품팔이, 민물고기 낚시로 생활하고 있다고 했다. 남자 버디들은 어떤 일을 하고 있는지 의문이었는데 이 이야기를 듣고 궁금증이 풀렸다.

마을에 들어서니 어디선가 북 소리가 들려왔다. 북을 만드는 버디가 완성품을 검사하는 소리였다. 가죽을 만지는 일이 천시되었기 때문인지 일찍이 일본의 동화지구에도 북을 만드는 사람이 많았다. 일본의 신분제도는 네팔과 인도의 카스트 제도로부터 영향을 받았다고 알려져 있는데, 그러한 사실을 다시 한 번 느낀 나는 남자 버디들과 걸으면서 북 소리에 귀를 기울였다.

지금도 매춘을 하고 있는 스물다섯 살의 코무리라는 여자에게 이야기를 들었다.

"5년 전에 이혼하고서 생계를 꾸려 나갈 수가 없어서 매춘을 시작했습니다. 결혼한 사람은 대부분 매춘을 하지 않는데, 이혼하고 나서 시작하는 사람도 있습니다. 돈이 있다면 저도 이런 일은 그만두고 싶지요. 마을 전체로 보자면 현재는 열두 명이 매춘으로 생계를 꾸려 가고 있어요."

안내해 준 버디 청년이 덧붙여 말했다.

"버디는 지위가 낮기 때문에 다른 일을 할 수가 없습니다. 그래서 지금은 어떻게든 국민들의 인식을 변화시키고 싶어요. 그러기 위해서 우리가 버디 해방운동을 하고 있는 겁니다."

물어보니 아무래도 마오이스트와도 관계가 있는 듯 했다.

"저는 멤버는 아니지만 마오버디를 지지합니다."

그는 자신은 마오이스트가 아닌 척 했지만 마오이스트들은 겉으로는 항상 이런 식으로 말한다. 마오버디란 마오이스트의 네팔 이름이다.

니콘 카메라를 목에 건 야기사와는 조금 복잡한 표정으로 통역을 중단하고 나에게 이렇게 말했다.

"카트만두에 있을 때부터 그랬는데 마오이스트 멤버로 보이는 사람들은 다들 이런 식으로 말해요. 정부의 탄압이 있을 경우를 대비한 것이겠지요. 이 청년들은 전투가 시작되면 제일 먼저 지하로 숨어들 거예요."

우리는 그날 다시 고라히로 돌아가서 또 다시 연락원을 기다렸다. 며칠이 지나고 드디어 산에서 내려온 마오이스트 연락원이 호텔로 우리를 만나러 왔다. 그는 우리가 사리얀군 시바라트 해방구로 가게 되었다고 전했다.

2001년 8월 26일, 아침 7시에 사륜구동차를 타고 출발했다. 차에 짐을 싣고 있는데 호텔에서 우리를 도와줬던 종업원 청년이 호텔 입구 옆에서 "써-, 써-." 하고 작은 목소리로 부르더니 뭐라고 말했다.

야기사와를 불러 통역을 부탁했는데 청년은 이렇게 말했다고 한다.

"마오버디는 좋은 것만 얘기하고 있지만 마오버디 간부 놈들은 다들 브라만이에요. 말로는 카스트제도를 철폐하겠다고 하는데, 그런 일은 있을 수 없어요. 간부들은 잘난 듯이 우리를 지도할 뿐이죠. 이래서는 카스트제도가 절대로 없어지지 않을 거예요."

하긴 마오이스트가 여자 버디를 집단 구타한 것도 자기들 말을 듣지 않는 사람에 대한 실력행사라고 할 수 있겠다. 그리고 청년의 말대로 마오이스트 간부들은 모두 브라만이기 때문에 인민을 교화하려는 경향이 강하다.

내가 "알았어요. 꼭 기억해 둘게요." 하자 청년은 만족한 듯이 웃었다. 호텔에 머물고 있을 때는 거의 이야기를 한 적이 없었는데, 이 사실만은 꽤 전하고 싶었던 모양이다.

몇 번이나 경찰의 검문을 받고서야 시탈파티라는 마을에 도착할 수 있었다. 여기서부터가 마오이스트의 지배지역이다.

사륜구동차로는 더 이상 갈 수 없다고 해서 내려서 걸어갔다. 마오이스트 연락원과 안내인, 포터를 포함해서 여섯 명이 출발했다. 중간에 있는 작은 마을에서 휴식을 취하기로 하고 우리는 산길을 걷기 시작했다.

조금 지나서 작은 마을을 통과하는데 마을 사람들이 모여 있었다. 휴식도 취할 겸 구경하러 가보니 20대로 보이는 여자가 두 살 정도 되어 보이는 아기를 안고 앉아 있었다. 자세히 보니 아기 턱이 고름 때문에 두 배로 부풀어 올라 있는 것이 보였다. 젊은 엄마는 어쩔 줄 모르는 표정으로 아기의 종기에서 나오는 피를 더러운 천으로 닦고만 있었다. 서네팔 산간 지역에는 의사가 부족하고, 또 마을 주민들은 가난하기 때문에 의료의 혜택을 받을 기회가 거의 없다.

나는 가방에서 약상자를 꺼내 아기의 종기를 소독하고 외용약이 듬뿍 발라져 있는 반창고를 붙여 줬다. 그리고 떨어지지 않게 그 위에 테이프도 겹쳐서 붙였다. 소독약이 쓰라린지 아기가 자지러지게 울었다. 아기 엄마에게 "며칠 동안 이대로 두고 떼지 마세요. 그리고 더러운 천으로 닦는 것은 안 좋아요."하고 주의를 주었다.

그러고 있는데 갑자기 젊은 남자가 나타났다. 그러자 모여 있던 마을 사람들이 일제히 뒤로 물러났다. 피부색이 거무스름하고 코가 높은 남자였다. 다부지고 지적인 분위기를 풍겼는데 그가 나타나자 주위가 한순간에 조용해졌다.

얼굴과 행동거지를 봤을 때 카스트는 브라만이었다. 사복 차림이었지만 꽤 높은 지위의 마오이스트라는 사실을 알 수 있었다. 그는 나무뿌리에 다리를 올리고 손을 무릎에 댄 채 우리를 한동안 바라보더니 이윽고 "일본 이야기를 좀 듣고 싶군요." 하고 말문을 열었다.

"일본에서는 우리를 어떻게 보도하고 있죠?"

"극악무도하고 시대에 뒤떨어진 테러리스트라고 보도하고 있습니다."

그는 '호오' 하면서 웃었다. 말단 마오이스트였다면 이런 이야기를 듣고 불편한 심기가 표정으로 드러났을 텐데 그에게서는 여유가 느껴졌다. 이 남자의 정확한 직책을 알고 싶어서 "당신은 누굽니까?" 하고 물어봤다.

그는 주의 깊게 내 눈을 쳐다봤다.

"내가 누군지 모릅니까?"

"대략적으로는 알겠는데……. 혹시 네팔 사람인가요?"

긴장을 풀려고 던진 농담에 모여 있던 사람들이 웃음을 터뜨렸다. 하지만 그는 끝까지 자신의 신분을 밝히지 않았다. 나중에 연락원에게 넌지시 물어봤더니 고개를 가로저으며 "그는 굉장히 높은 사람이에요."라고만 대답할 뿐이었다. 간부급 인물들은 사진이 나돌지 않기 때문에 누군지 확인할 길이 없다.

우리는 길을 서둘렀다. 목적지까지는 걸어서 이틀이나 걸리기 때문이다.

첫날은 작은 마을의 군납실에서 잤다. 전기가 안 들어왔기 때문에 밤이 되자 주위가 깜깜해져서 볼일을 볼 때도 헤드램프와 촛불의 불빛에 의지할 수밖에 없었다.

다음날은 아침 다섯 시에 출발했다. 걸으면서 마오이스트 연락원과 잡담을 나눴다. 그는 스물아홉 살로 이름은 키르티 바바두르 프운이라고 했다. 남동생이 정부군과의 전투에서 목숨을 잃었다고 한다.

"미국이 아프간이나 이라크에서 전쟁을 일으키면 일본도 곧장 군대를 보내잖아요. 그건 어느 나라를 위한 건가요? 미국을 위한 것이죠? 그렇게 되면 일본이라는 나라는 존재 이유가 없어져 버리잖아요. 우리는 그렇게 되지 않기 위해서 싸우는 겁니다."

그들의 입장에서 보면 미군을 주둔시키고 계속해서 미국 추종 정책을 펼치는 일본은 타락한 나라로 생각되는 듯했다. 1960년대와 1970년대에 있었던 일본의 안보투쟁* 이야기도 해보았지만 현재 일본인이 미국을 추종하는 이유에 대해서는 아무래도 납득할 수 없는 모양이었다.

험준한 산길을 걷고 있는데 우리 앞을 맨발로 걷고 있던

---

* 1960년에 일어난 일본 최대 규모의 시민운동. 1957년에 맺은 미일안전보장 조약을 개정하는 데 반대하여 일어났는데, 개정 내용은 미국과 일본의 군사적 동맹관계를 강화하는 것이었다.

안내인이 멈춰 서서 발목 근처가 신경 쓰이는 듯 만지고 있었다. "왜 그래요?" 하고 묻자 거머리가 달라붙어서 떼고 있다고 했다.

나도 휴식을 취할 때 양말을 벗어보니 빨갛게 부풀어 오른 곳이 있었다. 자세히 보니 그 옆에서 거머리가 한창 피를 빨고 있었다. 아프지도 않고 가렵지도 않았지만 왠지 기분이 나빴다. 이 주변의 거머리는 매우 작고 거무스름해서 풀과 구별이 안 된다. 그래서 휴식시간마다 거머리를 떼어냈다. 하지만 거머리가 없는 길도 있었는데 장소에 따라 다른 것은 일본과 똑같았다.

가던 도중 강이 범람한 곳이 있어서 마을 사람들이 만든 현수교를 건너가야 했다. 벌써 몇 번이나 다리를 건넜는데, 차라리 강을 건너는 게 낫겠다 싶을 정도의 허름한 다리도 있었다.

마을 아이들이 강으로 뛰어들며 놀고 있기에 수영에 자신이 있는 나도 큰마음을 먹고 뛰어내렸다. 엄청난 열기와 땀, 해충에 시달렸기 때문에 공들여서 몸을 씻었다. 야기사와와 네팔인들은 어처구니없다는 표정으로 나를 보면서 바위에 걸터앉아 쉬었다.

출발한 지 이틀째 되는 날 저녁, 드디어 목적지인 시바라토 마을이 보이기 시작했다. 바사르(시장)도 있었다. 기껏 해야 인구 100명 정도의 작은 마을만 지나쳐 와서인지 이런 산

속에 바사르가 있는 것이 이상하게 느껴질 정도였다. 가짜인 것 같기는 하지만 세이코 시계까지 팔고 있었다.

시바라토 마을의 인구는 약 400명이다. 그들 거의 대부분이 밭일을 했고 현금수입은 거의 없었다. 마을 마오이스트 자치정부 대표들과 인사를 나눈 뒤에 시바라토 마을을 안내받았다.

마을을 돌아보던 중에 이 마을 최고령자인 산카르 바스네트를 만났다. 77세라고 했는데 백 살 정도는 되어 보였다. 단체로 줄줄이 지나가는 우리를 길가에 웅크리고 앉은 사람들이 눈을 동그랗게 뜨고 쳐다보았다. 제2차 세계대전도 경험한 산카르 노인의 이야기를 선 채로 들었다.

"자네들 외국인인가? 나는 구룽족이나 따망족인 줄 알았다네. 평소에는 밭일을 하고 물소를 돌보는 일을 하면서 지내지. 옛날 정부 시절에는 싫은 일도 많았어. 밭에 불을 놓으려고 하면(화전 농업) 경찰이 트집을 잡아서 괴롭히고, 뇌물을 내놓으라고 하고. 지금 마오이스트 정부 말인가? 좋지. 뭐, 우리야 어떤 정부가 들어서도 따르지 않으면 안 되지만 말이야."

옆에서 듣고 있던 마오이스트들도 노인의 말에 씁쓸하게 웃었다. 구룽족과 따망족은 몽골계 네팔인을 말한다.

이 시바라토 마을에 주둔하고 있는 마오이스트 한 개 소대를 만날 수 있었다.

군인들은 합해서 서른여덟 명이었다. 그리고 그들 가운데 여군도 여섯 명 있었다. 짙은 녹색 군복을 입고 소총을 들고 있었는데 건강해 보였고 무엇보다 다들 젊었다.

대장은 다른 작전 때문에 부재중이었는데, 대신 부副대장과 만날 수 있었다. 이름은 빈드라로 38세였다. 빈드라라는 이름은 프라찬다 의장과 마찬가지로 마오이스트 이름이고 본명은 아니다. 일본의 과격파 활동가가 닉네임을 사용하는 것과 마찬가지라고 할 수 있다. 언뜻 보기에는 성격 좋은 평범한 아저씨 같은 인상을 하고 있어서 마오이스트가 아니었다면 좋은 농부가 되었을 것 같다. 자녀가 넷인데 장녀는 열네 살이라고 했다.

"무장봉기를 일으킨 해부터니까 군대에 들어온 지는 벌써 5년 정도 되었습니다. 지금까지 몇 번이나 전투에 나갔는지는 기억이 안 나네요. 스무 번 넘게 나간 것은 확실합니다. 군인 수 말입니까? 그렇게 자세한 것까지는 알려드릴 수 없습니다."

하지만 나중에 사이가 좋아지자 몰래 가르쳐 주었다.

"대략 9천 명이 좀 안 될 겁니다."

몇 년 후에 프라찬다 의장이 7~8천 명이라고 발표한 것을 생각하면 빈드라 부대장이 꽤 정확하게 가르쳐 준 셈이다.

마오이스트 군대의 특징 중 하나는 여군이 있다는 점이다. 여군의 처우에 대해 물어 보았다.

"네팔 시골에서는 원래 남자와 여자의 사생활이 없는 공동

생활에 익숙하기 때문에 문제될 건 전혀 없습니다. 여군도 전선에 나갑니다. 남녀문제보다는 카스트의 차이에 따른 문제에 더 신경을 쓰지요. 다만 카스트에 대해서도 그런 신분차별로부터의 해방이 우리의 사명이기 때문에 군대 내에서는 문제가 일어나지 않도록 지도를 철저히 하고 있습니다."

하지만 이 해방구로 오기 전에 나는 호텔 종업원과 카트만두의 학생에게 '마오이스트는 카스트 해방을 주장하고 있지만 간부는 모두 높은 카스트의 사람으로 구성되어 있다'는 말을 들었다. 카트만두의 학생은 마오이스트에게 편지를 썼지만 무시당했다고도 했다. 만에 하나 마오이스트들이 정권을 잡는다고 해도 그들 자신이 높은 카스트에 있기 때문에 카스트 문제 해결이 쉽지 않을 것이다.

군인 대부분이 20대로 젊었다.

"카트만두에 가서 좋은 옷을 입고 오토바이를 타고 놀고 싶다는 생각은 안 드나요?"

스물세 살인 슈디브 소대장에게 물어봤다.

"물론 그럴 때도 있지만 그건 일시적인 생각일 뿐입니다. 그런 욕구를 대신할 것이 있기 때문에 괴롭지 않습니다. 우리는 다른 나라로부터의 원조도 바라지 않습니다. 이것은 우리가 일으킨 전쟁이니 우리끼리 해결할 겁니다."

시바라토 마을에서 잠시 휴식을 취한 뒤 자치정부 대표와 회담을 나눴다.

그의 이름은 테이크 바하도르 바스네트로 서른일곱 살이었다. 일본 배우 구사카리 마사오*와 닮았는데, 그도 역시 브라만 출신이었다. 그런데 재밌게도 불가촉민과 브라만은 생김새 등 신체적 특징이 많이 닮았다. 코가 높고 눈이 부리부리하며 이목구비가 뚜렷하고 팔다리가 길다. 굳이 따지자면 중동계에 가깝다.

테이크 대표는 열일곱 살 때부터 공산주의운동에 참가했을 만큼 확고한 신념을 가진 활동가였다. 말 한마디 한마디에서 지적인 분위기가 묻어났다. 그는 군인은 아니기 때문에 총을 한 번도 손에 든 적이 없다고 했다. 마오이스트 간부 중 한 명이라서 사진촬영은 금지되어 있었다. 게다가 그는 조심성이 많았다. 그래서 흙벽으로 만들어진 비교적 견고해 보이는 작은 집으로 우리를 안내하고는 문을 모두 닫은 후에 이야기를 시작했다.

"우리의 운동은 네팔에서는 첫 번째 혁명운동입니다. 그런 의미에서 너무 늦은 혁명운동이었죠. 마오쩌둥이라는 이름은 일종의 상징으로서 붙인 것뿐이고 깊은 의미는 없습니다. 우리의 목적은 오직 네팔 산촌의 현저한 빈부 격차를 없애는 것 하나뿐입니다. 그리고 이 넓은 세계의 일부에 집중되어

---

* 1952년 생. 일본의 모델이자 배우, 가수, 사회자 등으로 활동하고 있는데, 뚜렷한 이목구비의 이국적인 외모로 인기를 얻고 있다.

있는 부를 가난한 나라와 널리 나눠야 한다고 생각합니다."

단순히 공산주의에 의한 세계혁명을 말하고 있는 것뿐이겠지만 왠지 1960, 70년대로 시간을 거슬러 올라간 것 같은 기묘한 기분이 들었다.

"그렇다면 마오쩌둥의 문화대혁명* 중에 사원이 파괴되었던 사실을 알고 있습니까?" 하고 묻자 "마오쩌둥이 그런 짓을 할 리가 없습니다."라며 화를 냈다. 지식인들을 농촌으로 보내 강제노동을 시킨 사실에 대해서도 "그런 말도 안 되는 말은 하지도 마세요." 하고 일축했다.

아무리 상징적인 의미로밖에 쓰지 않는다고는 하지만 문화대혁명도 모르면서 과연 마오이스트, 마오쩌둥주의자라고 내세울 수 있는 것일까. 마지막에는 "그런 것은 자본주의 국가의 정보조작에 의한 날조입니다. 우리는 일본이나 유럽의 자본주의 국가는 어떻게 되든 상관없습니다. 다른 나라, 예를 들어 아랍 같은 나라에 우리 운동이 전해지면 됩니다." 하고 정색을 하기에 입을 다물 수밖에 없었다. 그들의 입장에서 보면 일본은 미국의 노예로 전락한 나라나 마찬가지인 것이다.

그의 말에도 일리는 있었지만 그렇다고 해도 세계의 역사, 정치를 몰라도 너무 몰랐다. 캄보디아 폴 포트**파의 학살에 대

---

* 마오쩌둥을 중심으로 이루어진 사회주의 운동으로 1966년부터 1976년까지 10년에 걸쳐서 이루어졌다.

** Pol Pot(1928~1998). 캄보디아의 공산혁명 지도자로 반대파 200만 명을 숙

해서 넌지시 물어봐도 그런 일은 모른다고 했다. 카트만두 대학을 나온 마오이스트 간부조차 이러니 '아무래도 위태로운 것 같네' 하고 야기사와와 눈빛을 나눴다.

게다가 '마오쩌둥 정부가 현 중국의 경제발전을 가져왔다'는 둥 말도 안 되는 이야기를 하고, 소련 붕괴에 대해서는 '언뜻 들어본 정도'라고 말했다. 네팔의 빈곤과 지나친 빈부격차에 대해서 어느 정도 알고 있기 때문에 그들이 마오쩌둥이나 폴 포트 같은 잘못을 저지르지 않을까 하는 쓸데없는 걱정을 하지 않을 수 없었다.

이런 사례를 통해 보자면 현 네팔정부의 '문맹정책'은 성공적인지도 모른다. 문맹정책이란 말은 지나치게 높은 문맹률에 대해 내 나름대로 비꼬아서 하는 말이지만, 글자를 읽는다고 해도 애초에 네팔어로 번역된 문헌 자체가 적기 때문에 기본적인 세계정세에 지나치게 무지할 수밖에 없다.

하지만 적어도 프라찬다 의장은 마오쩌둥이나 폴 포트가 일으킨 일들에 대해 알고 있을 테니 부정적인 면은 일부러 알려주지 않는지도 모른다. 세계정세에 무지한 자치정부 대표와 공산주의의 향방에 대해 논의한들 답이 나오지 않기 때문에 나는 일찌감치 비생산적인 이야기를 중단했다.

—

청하였고, 집단농업화 정책을 강제로 시행하면서 자국민들을 잔인하게 학살하였다.

회담을 마친 후, 군인들과 함께 식사를 하기로 했다. 야외에서 40인분의 식사를 큰 솥으로 한 번에 만들고 있었다. 그들은 '달바트'라고 하는 콩이 들어간 스프를 밥에 뿌려서 함께 먹는다. 탄수화물만 있고 단백질이 극단적으로 적다. 맛은 묽은 카레 같은데 맛있지도 맛없지도 않았다. 조리는 마을에서 카스트가 낮은 사람이 담당했다.

"군대에 들어온 덕분에 배부르게 흰쌀을 먹을 수 있게 되었어요."

잡담을 나누던 젊은 군인이 만족스럽다는 듯이 말했다.

군인은 거의 전원이 서네팔 산골의 빈곤층 출신이다. 이 주변은 산간 정글지대이기 때문에 평지가 드물어 밥을 짓기 어렵다. 그래서 옥수수 등의 잡곡을 주식으로 한다.

그날은 시바라토 마을 안쪽에 세워진 흙벽으로 된 곡물창고에서 자게 되었다. 그들은 흙바닥에 짚을 깔고 그 위에 담요를 깔고 자는데, 우리도 옆에서 같이 자기로 했다. 젊은 군인이 와서 담요를 한 장 더 깔아 주었다. 저녁 아홉 시에 잠자리에 들었다. 전기는 물론 이 주변 모든 마을에는 수도와 가스가 들어오지 않는다.

다음날 아침, 아직 어둑한 새벽 다섯 시에 일어났다. 다섯 시 삼십 분에 소대장이 호각을 불었고 야외 체조를 시작으로 팔 굽혀 펴기, 소총 들고 제자리에서 점프하기 등 약 한 시간의 트레이닝을 했다.

군인들의 복장은 제각각이었는데 군복을 입은 사람이 있는가 하면 반바지에 러닝셔츠 같은 가벼운 차림을 한 사람도 있었다. 지금은 정전협상 중이기 때문에 마음이 편안해서일 것이다. 아무래도 여군은 힘이 드는지 숨을 할딱이고 있었다. 소대장이 안 볼 때는 다소 설렁설렁하는 모습이 귀여웠다. 엎드린 자세로 사격연습을 하는데, 탄환이 귀하기 때문인지 정전 중이기 때문인지 입으로 "푸슝 푸슝" 하고 소리만 냈다. 나도 모르게 어린 시절 그렇게 장난치며 놀던 것이 떠올랐다.

트레이닝을 한 후 아침식사를 준비했다. 또 어제 저녁과 같은 달바트였다. 나는 이 여행에서 달바트만 먹어서 질리기 시작했는데 군인들은 만족스럽다는 듯이 먹고 있었다. 옛날에 자주 들었던 '먹을 것이 없어서 흰 쌀밥이 최고의 밥상이었다'는 일본의 40년대 상황이 바로 이랬을 것 같다는 생각이 들었다. 이 달바트도 '된장국에 만 밥'이라고 생각하면 이해가 간다. 여하튼 흰쌀이 귀하기 때문에 그들에게는 달바트가 진수성찬임에 틀림없다.

옆에서 먹고 있는 야기사와에게 이런 이야기를 하자 네팔생활을 오래 해서 달바트에 익숙한 그는 "그런가요? 전 맛있는데요?" 하며 아무렇지 않다는 표정을 했다.

다 먹고 난 후에는 바람이 빠진 공으로 배구를 하면서 놀거나, 고향 마을에 편지를 쓰거나, 두 명이서 교대로 이발을 하는 등 명령이 내려질 때까지 각자 자유롭게 시간을 보냈다.

이 시간을 이용해서 여군 두 사람을 인터뷰했다. 스무 살인 사라다와 열아홉 살인 닐마레였다. 사라다는 옛날 아이돌인 아그네스 럼*과 닮았다. 닐마레는 일본인과 쏙 빼닮은 몽골계로 아직 앳된 소녀같이 보였다.

그런데 두 사람 모두 부끄러운지 얼굴을 붉히며 좀처럼 이야기를 하려 하지 않아서 버디 소녀를 인터뷰했을 때보다 곤란한 상황이 되어 버렸다. 결국에는 소대장을 불러서 그의 입을 통해서 질문하지 않으면 아무 말도 하지 않는 지경에 이르렀다.

야기사와의 말에 따르면 시골의 젊은 여성은 특히 낯을 심하게 가린다고 한다. 그의 부인도 처음 만났을 때는 이런 상태였다고 했다. "그럼 이렇게 대답도 안 해주는 소녀를 어떻게 꼬셨어요?" 하고 물었지만 야기사와는 멋쩍게 웃으며 이야기해 주지 않았다.

둘 다 부끄러워하며 몇 마디 밖에 안 해주었는데 소대장이 이야기를 종합해 준 바에 따르면 다음과 같다.

사라다와 닐마레는 군대에서의 경험이 거의 비슷했다. 전투는 두 명 모두 여섯 번 경험했고, 군대에 들어온 지 아직 6개

---

* 1956년 생. 1970년대 후반에 일본에서 활동한 하와이 출신의 중국계 미국 모델로, 귀여운 외모와 볼륨 있는 몸매로 인기를 끌었다.

월밖에 안 되었다.

"이제 이 생활에 익숙해졌습니다. 전투는 두렵지 않아요. 혼자가 아니니까요. 전투 중에는 어쨌거나 이기고 싶다는 생각밖에 안 해요. 군대에 들어오는 것은 부모님 두 분 다 찬성해 주셨어요. 스물넷이나 다섯까지는 군대에 있을 생각이에요. 그 정도 나이가 되면 결혼하고 싶어요. 결혼하면요? 음……. 군인 생활은 그만둘 거예요."

오전 열 시. 군인들이 열을 맞춰 이동하기 시작했다. 한 사람씩 군은 악수를 나누고 헤어졌다.

포로가 된 경찰관과의 인터뷰를 허락 받아서 군인들과 헤어진 후 우리는 포로가 구류되어 있는 장소로 이동했다.

그렇다고는 해도 금방 갈 수 있는 것은 아니었다. 도보로밖에 갈 수 없기 때문에 또 다시 산에 있는 마을에서 1박을 해야 했기 때문이다. 어디를 가도 마찬가지인데 네팔 북동부의 히말라야와는 달리 작은 산들과 야생 호랑이도 서식하는 정글이 끝없이 이어져 있었다.

그래서 오르락내리락을 반복하며 이동했다. 마오이스트 군인들은 전투력이 그렇게 강하지는 않지만, 이러한 산악지형을 잘 이용해서 게릴라전을 펼치기 때문에 유리하다. 아마도 쿠바 체 게바라의 산악 게릴라전도 참고했을 것이다. 일찍이 일본 적군도 이러한 산악 게릴라전을 벌였는데 그들은 농촌의 지원을 받지 못해서 자멸하고 말았다.

한편 마오이스트들의 자치정부가 있는 서네팔은 호랑이도 서식하는 험준한 정글지대로 교통과 통신상황이 모두 좋지 않았다. 여기는 네팔 국내는 물론 세계적으로도 가장 빈곤한 지역에 해당한다. 마오이스트들은 때때로 주민들을 위협하는 경우도 있는 듯 했지만 기본적으로는 가난한 주민들의 지지를 얻고 있었다.

그렇다 치더라도 포로가 잡혀 있는 장소까지 이동하는 데 또 이틀이나 걸어가야 했기 때문에 우리는 죽는 소리를 했다. 마오이스트들은 낮은 산악지대 정글에서 자랐기 때문에 걸음이 빨라서 겨우겨우 쫓아갔기 때문이다. 그들이 말하는 이틀이면 우리 걸음으로는 족히 사나흘은 걸린다. 억지라는 생각도 들었지만 무슨 방법이 없겠냐고 마오이스트에게 부탁하자 말 두 마리를 끌고 와 주었다. 가까운 농가에서 빌려 온 모양이었다.

그래서 얼마 정도의 루피를 지불하려고 했는데 마오이스트들은 '당신들은 손님이니까' 하면서 받으려 하지 않았다. 그래도 농가가 곤란할 것 같다고 야기사와와 다시 돈을 건네려 했지만 마오이스트들은 절대로 받지 않겠다고 주장했다. 앞으로 이틀은 더 가야 하기 때문에 여기서 멈춰 있을 수도 없고 해서 호의를 받아들이기로 하고 일단 말을 타고 서둘러 출발했다.

그날 밤, 해방구 촌장이 와서 "일본은 네팔의 어느 부근에 있나요?" 하고 물어서 깜짝 놀랐다. 우리를 티벳 근방의 네팔인이라고 생각한 것이다. '일본'이라는 나라 이름도 처음 들었다고 한다. 간신히 설명을 했는데 "그럼 미국이랑 붙어있는 건가요?" 하고 이번에는 더욱 터무니없는 소리를 했다. "세계지도를 본 적이 있습니까?" 하고 묻자 "잠깐 본 적이 있어요."라고 답했다.

네팔은 문맹률이 약 50퍼센트이기 때문에 어쩔 수 없는 면도 있지만, 면전에서 이런 질문을 받았을 때는 무척 놀랄 수밖에 없었다. 이것이 '어쩌면 마오이스트가 정권을 잡을지도 모르겠군.' 하고 생각한 최초의 순간이었다. 그 전까지는 생각도 안 했었는데 말이다. 야기사와에게 이렇게 말하자 "그렇다고 이제 와서 공산주의로 네팔을 단합시킬 수 있을 것 같지는 않아요. 만약에 그렇게 되면 이 나라는 대혼란에 빠질 거예요."라고 중얼거렸다.

다음날 무려 열 시간이나 걸려서 포로가 잡혀 있는 마을에 도착했다. 어두워진 후에 도착했기 때문에 주변이 어땠는지는 잘 모르겠지만 곡물창고를 숙소 삼아 한 개 소대가 주둔해 있었다. 포로는 군대와 함께 행동하고 추적을 피하기 위해 항상 이동시킨다고 했다. 이미 밤이었지만 다음날에는 마을로 돌아가야 하기 때문에 바로 포로들을 인터뷰하게 되었다.

군대 숙소에서 옥수수 밭을 지나자 기둥을 세워 지면에서 띄워 놓은 허름한 곡물창고가 있었다. 그곳이 포로가 수용되어 있는 장소였다. 두 명의 여군이 입구 앞에서 소총을 들고 보초를 서고 있었다. 어렴풋하게 주위 한 면이 옥수수 밭인 것을 알 수 있었다.

원래 곡물 저장을 위해 지은 건물이기 때문에 나무로 만든 허술한 계단밖에 없었다. 조심스럽게 올라가보니 안은 7~8평 정도의 넓이였다. 방 안으로 달빛도 비치지 않아서 안이 바깥보다 더 어둡게 느껴졌다. 처음에는 아무 것도 보이지 않아 당황했지만 조금 있자 촛불 건너편에 포로들이 앉아 있는 모습이 보였다.

인원이 많아서 놀랐다. 당연히 두세 명일 거라고 생각했는데 세어 보니 열일곱 명이나 있었다.

포로 대표는 이들 중에서 가장 계급이 높고 연장자인 프라남 초도리 경위로 서른일곱 살이었다. 아이가 넷 있다고 했다. 서네팔 로르파군 오레리에서 경위로 근무했었다고 한다. 다른 포로들도 다들 같은 경찰서에서 일하던 사람들이었다. 포로로 붙잡혔을 때의 상황을 물어보았다.

"지금부터 꼭 50일 전의 일입니다. 로르파군의 정글을 순찰하던 중에 마오이스트 180명에서 둘러싸여 총격전이 벌어졌습니다. 우리는 71명이었고요. 결국 정글 안에서 도망치게 되었는데 아침 무렵이 되었을 때 마오이스트 측에서 목숨은 살려줄 테니 투항하라고 해서 그 말을 듣고 투항했습니다. 아침 여섯 시 반이었습니다. 71명 전원이 잡혔는데 그 중 한 명이 사망하고, 몇 명이 부상을 당했습니다. 지금은 잡혀 있는 몸이기 때문에 며칠에 한 번 이동하는 것 외에는 하루 종일 특별히 아무것도 안 하고 멍하니 있습니다."

경찰과 마오이스트 모두 포로에 대해서 고문을 행하고 있다는 보도에 대해서도 물어보았다.

"마오이스트들이 우리를 고문하고 있다는 말은 사실이 아닙니다. 다른 포로들은 모르겠습니다. 우리들 경찰 측에서 고문을 하고 있다는 말도 소문으로 들은 적은 있지만 저는 모릅니다. 경찰이 마오이스트들을 죽였다는 이야기도 저는 모릅니다."

그러자 내 뒤에 있던 마오이스트 소년 군인이 소리쳤다. "거짓말 하지 마. 우리들 앞이라서 말 못하는 것뿐이잖아!" 그 말에도 일리가 있었다. 네팔 정부 측에 의한 폭행, 암살사건은 공공연한 비밀이었기 때문이다.

"가장 하고 싶은 일은 가족을 만나는 겁니다. 먹는 것은 일시적인 것이기 때문에 그렇게 필요하다는 생각은 안 듭니다. 어찌됐든 빨리 가족과 만나서 아이 얼굴을 보고 싶습니다."

암흑 속에서 보이는 여윈 얼굴을 통해서 두 달이 다 되어가는 긴 감금생활을 느낄 수 있었다.

마지막으로 정부 관계자와 만나면 한시라도 빠른 해결을 원한다는 메시지를 전해 줬으면 한다고 초도리 경위가 눈물

맺힌 얼굴로 간청했다. 그러자 경위 뒤에 있던 젊은 경관이 말했다. "정부가 우리를 생각해 줄 리가 없어요. 이렇게 말해 봤자 소용없다고요."

한숨인지 뭔지 모를 목소리가 새어 나와 무거운 분위기가 감돌았다. 하지만 인터뷰를 끝내고 사진을 가족에게 보내 줄 테니 연락처를 달라고 하자 다들 표정이 밝아지더니 진지한 얼굴로 종이에 주소를 적기 시작했다. "이들을 어떻게 해줄 수 없을까요?" 하고 경위와 동갑인 자라코마 고문에게 물어보았다.

"얼마 전에도 30명을 해방시켜 줘서 말이지. 우리 동료들도 많이 잡혀 있단 말이야. 정부와 이야기가 잘 진행되기를 바랄 수밖에 없다네."

그나저나 이렇게 가족들과 떨어져 자유를 빼앗긴 포로들을 실제로 눈앞에서 보니 말로 표현할 수 없는 감정으로 가슴이 무너질 것만 같았다.

다음날 아침 드디어 마오이스트의 해방구를 떠나는 날이 되었다.

말에 짐을 싣고 군인들, 그리고 포로들과 작별인사를 했다. 이번 여행을 하는 동안 항상 우리를 보살펴 주었던 자라코마 고문이 "장거리 이동도 많았는데 정말 고생 많으셨습니다." 하고 예의 바르게 인사했다. 나는 아니라고 답하며 말을 준비해 준 일 등에 대해 감사의 뜻을 전했다.

자라코마 고문은 다른 인텔리 간부들과는 달리 초등학교 밖에 못 나왔지만 고생을 많이 해서 세상 물정을 잘 아는 사람이었다. 그래서인지 따뜻한 마음으로 유연하게 대응해 주었다. 그런 그가 고마워 거듭 감사의 뜻을 표하자 그는 웃으면서 겸손하게 대답했다.

"저는 많이 못 배운 사람이니까요."

"언젠가 또 살아서 만나요."

인사를 나누고 우리는 포터들과 함께 마을을 뒤로 했다. 그날 저녁에는 출발할 때 정부 측의 최종 확인을 받은 시타르 파티에 돌아갈 수 있었다. 그곳에는 이미 마중 차량이 나와 있었다.

산을 내려와 마을 산기슭에 다다르자 계곡 아래에서 어떤 젊은 여자가 우리 쪽을 향해 크게 손을 흔들고 있었다. 야기사와와 함께 손을 흔들면서 "우리 중에 아는 사람이라도 있나?" 했더니 포터 청년이 말했다. "그 아이에요. 상태가 좋아졌어요."

자세히 보니 기억이 났다. 출발하던 날 이곳을 지나갈 때 간단한 처치를 해준, 턱이 부어서 울고 있던 아기의 엄마였다. 그녀가 손가락으로 가리키는 곳을 보자 피를 흘리며 축 늘어져 있던 그 아기가 나무 아래에서 신나게 놀고 있었다. 심각하던 턱의 고름이 그렇게 간단한 처치만으로 나아 있었다. 아이

엄마가 활짝 웃으며 우리를 향해 힘차게 손을 흔들고 있었다.

우리도 손을 흔들어 그에 답했다.

후기 2005년, 마오이스트는 절대군주제를 선언한 갸넨드라 국왕에 대항하기 위해 의회와 화해하고, 다음해에는 정전합의를 한 뒤 민주화운동을 일으켰다. 그 결과 2008년에 군주제가 폐지되었고 마오이스트들의 대표인 프라찬다가 총리가 되었다.

네팔 전역을 통일한 후 240년 동안이나 계속되었던 군주제의 폐지는 학살사건에서 시작된 궁정 내 부패에 의해 일어난 자멸이었지만, 철저한 항전을 주장하던 '테러리스트 집단' 마오이스트의 방침 철회와 의회정치 참가는 일종의 충격으로 세계에 보도되었다.

빈곤층의 압도적인 지지를 받으며 총리가 된 프라찬다는 먼저 마오이스트 군인들의 정부군 편입을 실행하려고 했지만, 정부군 쪽의 카리스마적인 존재였던 카타와르 육군참모총장의 반대에 부딪혔다. 그리고 프라찬다는 카타와르 해임을 둘러싼 다른 당과의 대립으로 인해서 8개월 만에 총리 자리에서 물러나게 되었다.

그 후로 열일곱 차례나 총리선거가 치러지며 정정불안이 계속되었는데, 2011년 2월 마오이스트는 좌파 중에서도 비교적 온건파인 마오이스트 통일 마르크스·레닌주의파의 카날이 총리로 취임함으로써 정정불안이 어느 정도 일단락되었다. 8월에는 프라찬다의 측근 바부람 바타라이가 총리로 임명되며 마오이스트가 또 한 번 정권을 잡았지만, 그 결과 마오이스트가 세 개 분파로 나뉘게 되었다. 네팔에서는 공산당도 몇 가지로 나뉘기 때문에 구 여당을 포함해서 이 분파활동을 어떻게 단합시킬 것인가가 앞으로의 네팔의 향방을 결정할 열쇠가 될 것이다.

1996년부터 10년간 계속된 내전으로 네팔군 사망자는 약 1만 4천 명이나 되고, 마오이스트 사망자는 정확하게 알려지지 않았지만 우리가 인터뷰한 군인의 3분의 1 정도가 그 후의 전투로 사망했다고 한다. 한 가지 분명한 사실은 당시 스무 살이었던 여군 사라다가 사망자 중 한 사람이라는 것이다.

5
마피아 영화의 허와 실

마피아의 사격 연습 흔적

이탈리아 마피아와 코르시카 민족주의

이탈리아
칼비
아작시오
프랑스
코르시카 섬
나폴리
칼라브리아 지방
팔레르모
코를레오네
레조디 칼라브리아
시칠리아 지방

마피아에 대한 세상 사람들의 이미지는 영화 〈대부〉에 의해 만들어진 부분이 적지 않을 것이다. 마리오 푸조의 소설을 프란시스 포드 코폴라 감독이 영화로 만든 이 작품은 '마피아 영화'라는 새로운 장르를 만들어낼 만큼 큰 인기를 끌었다. 나도 영화 〈대부〉의 매력에 빠진 사람 중 한 명이라서 여러 번 반복해서 보았다.

하지만 후카사쿠 긴지의 조폭영화에 묘사된 야쿠자가 실제 야쿠자와는 다르게 미화된 것처럼 〈대부〉의 마피아도 진짜 마피아의 모습과 비슷한 듯 하면서도 다르다.

실제로 1969년에 출판된 『대부』 원작을 읽은 보나노 패밀리 2대 보스인 빌 보나노는 게이 탈레스와의 인터뷰에서 "이 책은 아버지 세대의 향수가 묻어난다."라고 말했다. 보나노 패밀리는 실재하는 뉴욕 5대 마피아 패밀리 중 하나로 빌 보나노는 영화 주인공인 마이클 코르레오네의 실제 모델이라고 한다.

하지만 영화 주인공인 마이클 코르레오네와 실제 마피아 보스였던 빌 보나노는 정반대의 인생을 살았던 것으로 알려져 있다.

〈대부〉에서 그리고 있는 마피아는 다들 명품 양복을 빼입고 호화로운 저택에 살며, 이동할 때는 리무진을 타고, 비행기는 퍼스트 클래스만 이용한다. 또한 정재계에 강력한 연줄이 있고 마치 사업가처럼 행동한다. 주인공 마이클은 대부호로 강력한 힘을 등에 업고 바티칸까지 압박한다.

하지만 1969년 당시 실제 보나노 패밀리는 FBI의 공세에 시달렸으며, 2대째인 빌에 이르러서는 도청을 피하기 위해 가끔씩 이용하던 공중전화에 넣을 동전조차 없을 정도로 궁핍한 생활을 했다. 그럼에도 불구하고 그는 사람들의 눈을 의식해서 명품 양복을 새로 맞춰 입고 이동할 때는 퍼스트클래스만 이용했으며 집 앞마당에서 선탠을 하고는 골프를 치다가 탔다고 말했다. 그리고 스스로 재판을 받으러 갔다. 그렇게 하지 않으면 힘을 잃었다고 다른 패밀리가 얕잡아 보기 때문이다.

그 후 빌 보나노는 어쩔 수 없이 은퇴하게 되었고, 실의에 빠져 사막 마을 투손에서 검소한 여생을 보내다가 2008년에 사망한 것으로 보인다. 이것이 현실사회의 마이클 코르레오네(빌 보나노)의 슬픈 말로였다.

그 후 보나노 패밀리는 조직을 만든 보나노 일족을 배제한

다른 조직원에게 실권을 넘겼다. 현재도 살인, 마약, 강도, 불법거래 등의 범죄활동을 계속하고 있는 것으로 보이는데 2003년 '최후의 대부'라고 불리던 요셉 마시노가 체포되자 점점 세력이 약해지고 있다.

하지만 그들은 결코 소멸된 것이 아니며 다음 세대의 조직원들이 현재도 뉴욕 등 미국 어딘가에서 활동하고 있다. 2011년에는 FBI가 뉴욕시, 뉴저지 주, 로드아일랜드 주에서 일제 검거를 실시해 이탈리아계 마피아 조직원으로 보이는 127명을 체포했다.

마피아 영화라고 하면 이탈리아에서는 2008년 도쿄국제영화제에서 공개된 〈고모라〉가 같은 해 칸느 국제영화제에서 그랑프리를 수상해 유명해졌다.

〈고모라〉는 이탈리아 나폴리를 무대로 활동하는 지역 마피아인 카모라를 밀착 취재한 논픽션 소설을 영화화한 작품이다. 원작 『죽음의 도시 고모라』*는 이탈리아에서 120만 부 이상의 판매고를 올렸고, 세계 40여 개국에서 번역 출간되었다.

『죽음의 도시 고모라』라는 제목은 구약성서에 나오는 '부패한 도시 고모라'를 가리킨다. 그리고 또 하나 참고할 만한

---

* 원제는 Gomorra. 국내에서는 『고모라』(로베르토 사비아노 저/박중서 역, 문학동네, 2009)라는 제목으로 발간되었다.

것은 Gomorra의 앞 글자 'Go'를 'Ca'로 바꾸면 '카모라'가 된다는 사실이다. 즉, 나폴리가 마피아 조직 카모라에 휘둘린 것에 대한 이중적인 비꼼이 제목에 숨겨져 있다.

저자인 로베르토 사비아노는 카모라로부터 암살 예고 메시지를 받았고, 현재도 이탈리아 경찰의 보호를 받고 있다. 이란의 고 호메이니로부터 마찬가지로 암살을 예고 받은 영국의 작가 살만 루시디가 "그는 나보다 더 위험한 상황에 처해 있다."라고 말했을 정도로 위험한 처지다.

마피아 같은 범죄조직은 일본의 야쿠자를 비롯해 중국, 러시아 등 큰 나라에는 반드시 있다고 해도 과언이 아니다.

그 중에서도 유럽, 특히 이탈리아계 마피아가 주목을 받는 이유는 영화의 흥행에 의한 것이지만, 나는 그 뿌리인 이탈리아 마피아에 대해 흥미를 가지고 있었다. 그들은 왜 '마피아'라고 하는 추상명사가 새롭게 만들어질 만큼 강대해졌을까.

이탈리아 마피아와 마찬가지로 활발하게 활동하고 있는 마피아가 유럽에 또 존재한다. 그들은 일본 만화 〈고르고13〉에 나와서 일본에서도 이름이 알려진 프랑스의 코르시카 마피아이다.

사실 이 코르시카 마피아도 영화화되었는데 진 핵크만이 주연하고 최우수 작품상과 감독상 등 5개 부문에서 아카데미상을 수상한 영화 〈프렌치 커넥션〉이 그것이다. 프렌치 커넥션이라는 것은 남프랑스와 미국을 오가는 마약 밀거래 루트를 말하는데, 무대는 마르세이유지만 실제 프렌치 커넥션은 코르시카 마피아가 암약하고 있었다는 사실이 공공연한 비밀이 되어 있다. 한편 이탈리아 마피아의 미국 · 유럽 간 마약 밀거래 루트는 '피자 커넥션'이라고 불렸다. 미국 내에 있는 피자집 앞에서 마약을 밀거래했기 때문이다.

세계에서 가장 유명한 범죄조직인 이탈리아 마피아. 그리고 알려지지 않은 코르시카 마피아의 실정은 어떤 것일까.

당초에는 그다지 특별한 관심을 갖고 있지는 않았지만 〈대부〉의 현실을 조금이라도 알고 싶어서 나는 마피아를 주제로 여행을 떠나게 되었다.

2007년 10월, 로마에서 기차를 타고 나폴리 역에 도착했다. '죽기 전에 나폴리를 보고 죽으라'는 말 때문이었을까? 나폴리에 대한 환상을 가지고 있던 나는 왠지 모를 긴장감에 휩싸여 있었다.

그런데 나폴리 역 밖으로 나오니 버스 소음이 심했고, 좁은 길에 밀수품과 조잡한 물건을 늘어놓은 가판대가 줄지어 있어서 마치 아시아 같은 분위기였다. 역사적인 건축물이 들어서 있는 로마에서 이곳으로 왔는데 같은 이탈리아라고 생각할 수 없을 정도였다.

줄지어 있는 노점 한편에서 남자들이 다리가 하나만 달린 간이 테이블을 펼쳐 놓고 대낮부터 당당하게 도박을 하고 있었다. 나란히 있는 세 개의 컵 중 하나에 작은 돌을 넣고 컵을 이리저리 옮겨 놓은 후 돌이 어디에 들어 있는지를 맞추는 전형적인 내기 도박이었다. 열 명 정도 모여 있는 사람들 속에 섞여서 나도 구경을 했다.

한참 보다보니 테이블을 둘러싼 사람들 중 두세 명이 바람잡이라는 사실을 알 수 있었다. 물론 사기 도박이기 때문에 컵을 재빨리 움직이면서 넣은 돌을 다시 잽싸게 손가락 사이에 끼운 뒤 다른 컵에 넣는다. 그런데 일부러 그 손기술을 구경꾼들에게 보이도록 해서 내기에 참여하도록 유인하려는 것이었다.

먼저 바람잡이 A가 50유로에서 100유로 정도를 걸고, 돈을 잃은 다음 심하게 낙담한 척 한다. 옆에서 구경하는 사람들에게는 돌을 손가락에 끼워서 숨기는 사기 수법을 일부러 보이게 하기 때문에 주변 사람들은 '사기당하는 걸 모르는군.' 하고 돈을 잃은 바람잡이 A를 동정하게 된다. 조금 있다가 이번에는 바람잡이 B가 내기에 참가해서 사기를 간파하고 돈을 엄청나게 따는 것처럼 연기하기 시작한다.

이렇게 되면 지켜보던 사람들도 혹해서 하나둘 내기에 참가한다. 사기 수법을 봐서 알고 있기 때문에 컵 돌리는 사람의 손을 보면서 최종적으로 돌을 넣는 컵에 걸면 되는 것이다. 하지만 구경꾼들이 돈을 걸기 시작하면 사기꾼은 이때라는 듯 진짜 사기를 시작한다.

'진짜 사기'란 보이지 않는 사기를 말한다.

일부러 보이게 하는 사기에 한 단계 더 어려운 사기를 얹는 것이다. 그래서 이길 수가 없다. 일반 구경꾼들이 내기에 져서 싹 빠져 나가면 다른 바람잡이가 등장해서 재빨리 내기에 돈을 걸고 또 이기기 시작한다. 그러면 역시 돈을 딸 수 있을 것 같은 생각에 새로운 구경꾼들도 섞여서 내기에 참여한다. 이것을 끝없이 반복하는데 관객이 없어지면 또 바람잡이 A부터 시작하는 것이다.

내가 그 모습을 계속해서 지켜보자 바람잡이 중 한 명이 이탈리아어와 영어로 "당신도 한 판 어때?", "남자잖아?"라며 말을 걸어 왔다. 나폴리 역에는 50미터 간격으로 이런 간이 테이블 도박이 열리고 있었다.

순찰 중인 경찰이 다가오자 하나밖에 없는 테이블 다리를 발로 차서 재빨리 접은 다음 금세 가까운 골목으로 들어가 숨어 버렸다. 그들이 골목에 숨는다는 사실은 일개 여행자인 나조차 알 수 있을 정도였다. 경찰도 당연히 알고 있을 텐데 형식적인 순찰만 하고는 돌아갔다. 테이블과 테이블 사이에서 때때로 바람잡이 역할도 하는 파수꾼이 어슬렁거리다가 신호를 보내서 경찰이 돌아갔다고 알려 준다.

'어디선가 본 적이 있는데.' 하며 한동안 그 광경을 지켜보고 있었는데 어디서 봤는지 금방 떠올랐다. 그것은 나의 고향인 오사카 니시나리에 있는 일본에서 가장 큰 빈민가 가마가

사키의 공원 주변에서 흔히 볼 수 있던 광경이었다.

올해 여름 내가 가마가사키를 걷고 있을 때도 길거리에서 주사위 도박판이 벌어졌는데 주최자는 지역 야쿠자였다. 어떻게 야쿠자인지 아냐면 내 친척 중 한 사람이 가마가사키의 야쿠자 2인자라서 주사위 사기 이야기를 들었었고, 고등학교 때부터 가마가사키에 자주 다녀서 이런 실정도 어느 정도 알고 있었는데 결정적으로 컵을 돌리는 사람의 팔뚝에 문신까지 있었기 때문이다. 겉모습부터 그쪽 사람이라는 티가 나는 것이 가마가사키 야쿠자다. 길에서는 주사위 도박을 하는 경우가 많은데 건물 안에서는 거액의 비밀 경마나 야구 도박 등이 벌어진다.

내가 다가가서 자세히 보려고 하자 망을 보던 졸개가 '시케! 시케!' 하고 신호를 보냈다. 그러자 남자는 바로 컵과 주사위를 감췄다. 시케라는 것은 '시케루', 즉 숨기다 또는 숨는 것을 가리키는 은어일 것이다. 그대로 모르는 척하며 그 자리를 떠나자 젊은이들이 날카로운 눈빛으로 쳐다보며 나에게 부딪히듯 스쳐 지나갔다. 야생동물의 위협과 비슷했다. 나는 체격이 크고, 그 당시에는 머리도 짧았기 때문에 공안 같은 것으로 착각했을 것이다. 잊고 있었던 그때의 광경이 이탈리아 나폴리에서 떠올랐다.

조금 떨어진 곳에서 도박 현장을 카메라로 찍으려고 했지만 망보는 사람에게 들켜서 주시당하고 있었기 때문에 단념

했다. 그들은 나폴리 마피아, 카모라의 말단 구성원이었다.

대부분의 이탈리아 마피아는 공공사업에 관여하고 있는데 그중에서도 특히 카모라의 영향력이 크다. 그들의 본업은 앞서 말한 그런 시시한 사기만이 아닌 것이다.

2008년 5월 나폴리의 쓰레기가 제대로 처리되지 않고 길거리에 방치되어 약 4,500톤이나 되는 쓰레기를 길거리에서 태운 사건은 일본에서도 보도되었다. 이것은 카모라가 쓰레기 처리 관련 공공사업과 지역 기업에 깊은 영향력을 행사하고 있다는 사실과 관련이 깊다. 쓰레기 처리를 청부받은 카모라가 쓰레기를 불법투기하는 것이 일상화되어 있기 때문에 그들의 행동에 곤혹스러워 하던 나폴리시가 쓰레기 처리장 몇 군데를 폐쇄한 일을 계기로 시작된 소동이었다.

실비오 베를루스코니 전 총리가 나폴리로 가서 사태를 진정시키려고 애쓴 덕에 일단은 수습되었지만 실비오 베를루스코니 또한 마피아와 관계가 깊다고 알려져 있다. 이탈리아에서 마피아가 가진 권력은 미국 마피아와 비교할 수도 없다. 2012년 1월 10일 이탈리아의 세 마피아 조직 전체 수익은 연간 총 1,000억 유로에 달하는데, 이는 이탈리아 국내총생산GDP의 7퍼센트에 해당한다고 한다. 지역 방송에서도 '마피아는 이탈리아 최대의 비즈니스'라고 인정할 정도다. GDP의 7퍼센트를 차지한다고 알려진 이탈리아 마피아의 엄청난 수익을 생각하면 그들이 국정에 영향력을 행사하는 것도 이상하지 않다. 나폴리에서는 살인사건이 일상다반사로 일어나고 치안이 안 좋다는 사실은 관광객들 사이에서도 유명하다. 게다가 카모라는 저널리스트에 대한 암살 예고도 서슴지 않는다.

이탈리아에는 나폴리의 카모라, 남부 칼라브리아의 응드랑게타, 시칠리아의 마피아 혹은 코자 노스트라라고 불리는 세 개 조직이 있다. 이 세 개의 조직도 몇 개의 패밀리로 나뉘는데 각각의 패밀리끼리 싸움을 반복하고 있기 때문에 같은 지역 마피아라 해도 사이가 좋지 않다.

원래 '마피아'는 시칠리아 섬에 있었던 범죄조직을 가리키는 말이었는데 이제는 일반적으로 쓰이게 되었다. 즉, '마피아'는 정확히 말하면 시칠리아 범죄조직을 가리키며 이탈리아에서는 카모라, 응드랑게타라는 각 지역 조직의 이름을 사용한다. 세계적으로는 영화 〈대부〉 등에 의해 '마피아'라는 이름이 범죄자집단의 총칭처럼 사용되게 되었다.

나는 한동안 나폴리에서 체재한 뒤, 차를 타고 이탈리아 최남단에 해당하는 칼라브리아로 향했다. 칼라브리아 주는 부츠 모양 이탈리아 반도의 발부리에 해당한다. 이탈리아의 밀라노, 피렌체, 로마, 나폴리 등은 잘 알려져 있는데 남부는 우리에게 거의 알려져 있지 않다.

그도 그럴 것이 칼리브리아는 이탈리아 남부 중에서도 특히 가난한 지역이다. 실업률은 항상 30퍼센트가 넘는다. 먼저 레조칼라브리아로 들어가 차를 주차시켜 두고 산책을 하러 나섰는데, 먼지 많은 어두운 거리만 보일 뿐 인상에 남는 것이 하나도 없었다. 빈곤층이 많아서 오락도 발달하지 않았기 때문에 둥근 공 하나로 즐길 수 있는 축구가 인기인 것도 이해가 갔다.

『마피아 전쟁』(다케야마 히로히데 저)에 따르면 응드랑게타가 이탈리아에서 유명해진 이유는 유괴 비즈니스 때문이라고 한다. 이 지역은 유괴를 사업화해서 자금원으로 삼고 있는 것으로 알려져 있다. 수법은 이탈리아 북부의 부자를 유괴해서 아스프로몬테라는 산악지대의 아지트로 끌고 간 다음, 몇 년 동안 감금하면서 몸값을 점점 끌어올리는 것이다. 한때는 교황 요한 바오로 2세도 유감을 표했을 정도로 심각한 문제였다. 현재는 경찰의 철저한 단속으로 인해 그 기세가 한풀 꺾였지만 1980년대부터 1990년대까지는 왕성하게 활동했다.

최근에 응드랑게타는 이탈리아 내에서 최대의 세력을 자랑하게 되었고 국외로까지 활동 거점을 넓히고 있다. 2007년에는 독일 서부 공업도시인 뒤스부르크에 있는 고급 이탈리안 레스토랑 앞에서 응드랑게타 조직원 여섯 명이 사살되는 사건이 일어났다. 돈 세탁을 위해 독일을 반복해서 오갔던 응드랑게타 내부에서 싸움이 벌어졌는데, 보복 공격의 손길이 독일에까지 미쳤기 때문에 일어난 사건이었다. 사건의 주범격인 남자는 응드랑게타의 본거지 산루카 마을에 잠복해 있다가 체포당했다.

칼리브리아에서는 또 한 곳이 오래 전부터 유괴 마을로 알려져 있는데 '프라티' 마을이 그곳이다. 나는 시칠리아로 건너가기 전에 본토 남부의 프라티 마을에 가보기로 했다.

칼리브리아에서 차로 아스프로몬테 산 속까지 올라갔다. 이탈리아 최남단은 아스프로몬테 산맥을 중심으로 우산을 펼친 것처럼 퍼져 있다. 웅드랑게타는 이 산악지대 어딘가에 유괴한 인질을 감금하는 것이다.

가는 길에 웅드랑게타와 관련된 비리사건이 보도되었던 작은 마을을 지나갔다. 그중에는 시장이 웅드랑게타 조직원이라고 알려진 마을도 있다고 한다. 산악지대의 산등성이를 지나가는 길은 범인과 접촉해서 몸값 교섭을 하거나 인질을 풀어주는 장소로 사용되기 때문에 '유괴 도로'라고 불린다. 차를 타고 달려보니 들은 대로 이런 일들을 하기에는 최적의 장소였다.

먼저 험준한 산악지대이기 때문에 사람이 거의 다니지 않는다. 또, 고도가 낮고 산림이 무성하기 때문에 안개가 잘 껴서 시야 확보가 어렵다.

주변에 아무것도 없는 갓길에 사람이 타지 않은 차가 멈춰서 있는 모습이 자주 눈에 띄었다. '유괴 도로'라는 선입견 때문에 별로 기분 좋게 보이지는 않았지만, 마침 버섯 철이었기 때문에 대부분은 버섯 채취를 하러 온 사람의 차일 듯했다.

능선 꼭대기까지 올라가자 예수 조각상이 세워져 있었다. 그 조각상을 곁눈질하면서 반대쪽으로 내려갔다. 이 예수 조각상 앞에서 석방된 인질도 있다고 한다. 부츠 모양 이탈리아 반도의 발목 뒷부분 쪽에 해당하는 응드랑게타의 본거지로 들어갔다.

산을 넘자마자 노면 상태가 심각하게 나빠졌다. 산에서 떨어진 크고 작은 바위가 도로 위에 널려 있었다. 도로가 반쯤 무너진 곳도 있었다. 아스팔트 포장은 되어 있었지만 물결치듯이 기복이 심하고 균열 또한 심각했다. 산사태가 일어난 곳도 그대로 방치되어 있어서 아스팔트길이 모래바닥이 되어 있는 지경이었다. '여기가 진짜 이탈리아인가.' 하는 의문이 들 정도였다. 도로 정비가 엉망이었다.

산을 넘는다고는 하지만 이곳은 일단 간선도로다. 이 길 말고 다른 길로 프라티 마을에 가려고 하면 해안선을 돌아 크게 우회해야만 한다. 그 험한 지리적 위치가 '버려진 마을'이라는 인상을 강하게 심어 주었다.

이 산악지대의 상징이기도 한 카파라고 불리는 기암을 흘깃거리며 계속해서 내려가자 드디어 작은 마을이 보이기 시작했다. 그곳이 프라티였다.

마을이 가까워지자 스쿠터를 탄 소년들이 계속해서 스쳐 지나갔다. 두 명, 세 명, 개중에는 네 명이 탄 스쿠터도 있었다. 크게 갈지자로 운전하면서 놀고 있는 것 같았다. 놀이 삼아 마을 주위를 스쿠터로 돌고 있는 모양이었다.

차 한 대가 겨우 지나갈 만한 좁은 도로를 지나 마을 중심부에 들어서자 마침내 사람들이 번잡하게 오가는 장소가 나왔다. 그 주변이 마을 중심부일 것 같아서 차를 세웠다. 마을의 사교장이기도 한 바bar가 어디에 있는지 지나가는 노인에게 물어보니 "어디든지 다 있지." 하고 대답했다. 결국 아무런 정보도 얻지 못한 셈이었다. 어쩔 수 없이 차를 세워둔 곳에서부터 걸어서 찾아다녔다.

처음으로 발견한 바 앞에는 평일 낮인데도 사람이 많았다.

갑자기 아시아인이 들어오자 바의 여주인과 그 아들로 보이는 점원이 놀란 표정으로 쳐다보았다. 나는 커피를 주문하고 일단 지도를 펼친 다음 길을 물었다. 그러자 그들의 얼굴에서 경계심이 사라지더니 나중에는 미소까지 지어 주었다.

"어디에서 왔나요?" 하고 묻기에 "일본에서 왔어요."라고 대답하자 손님들이 "나카무라, 나카무라." 하며 입을 모았다. 그들에게 가장 친근한 일본인은 이 지역 축구팀인 레지나에 소속된 전 일본 국가대표 나카무라 슌스케 선수인 것이다.

프라티는 칼라브리아에서 가장 악명 높은 마을로 알려져 있다. 이곳은 바바로 패밀리라고 하는 마피아 일족이 지배하고 있으며, 인구는 3천 명 정도인데 그중에서 전과자가 400명이나 되고 성인 남성의 70퍼센트가 범죄자라고 한다. 1980년대에는 부시장과 시장이 각각 살해당했고 그 후로 시장이 된 인물은 전과자였다. 바바로 패밀리는 유괴와 마약 정제, 매춘을 주요 사업으로 삼고 있다. 또한 프라티에서 호주로 이민 가는 사람이 많기 때문에 호주에서도 범죄 사업을 하고 있다고 한다.

이야기를 더 하고 싶었지만 통역이 동행하지 않았기 때문에 나는 커피 한 잔만 마시고 프라티를 떠나기로 했다. 이렇게 된 김에 통역을 불러서 차분히 이야기를 듣고 싶었다. 칼라브리아주에서 카페리를 타고 시칠리아로 건너갔다.

일찍이 시칠리아와 이탈리아 본토 사이에 다리를 놓을 계획이 있었다. 다리를 놓게 되면 총 길이 4킬로미터 이상인 일본의 아카시 해협 대교를 뛰어넘는 세계에서 가장 긴 현수교가 되었을 텐데, 2006년에 계획이 백지화되었다. 가교를 만들기 위해 정부가 용지 매입에 나서자 이 거대한 공공사업에 눈독을 들인 지역 마피아가 토지 가격을 올리기 위해 간섭하기 시작했던 것이다.

시칠리아 제2의 도시 카타니아에 있는 호텔에 체크인하고 방에서 별 생각 없이 텔레비전을 틀었는데 긴급 속보가 나오고 있었다.

헬기가 떠있는 영상에 이어 복면을 쓰고 소총으로 무장한 특수부대 대원들이 뛰어다니는 영상이었다. 처음에는 미국 뉴스라고 생각했는데 화면 아래 자막에는 이탈리아어로 '시칠리아의 주요 도시 팔레르모 근교'라고 나와 있었다. 하얗게 칠한 커다란 집 주위를 복면을 한 수많은 경찰관들이 둘러싸고 있었다.

그것은 시칠리아 마피아의 보스 살바토레 로 피콜로가 체포되는 순간이었다.

'바로네(남작)'라고 불렸다는 보도도 있었지만, 내가 카타니아에서 고용한 통역사에게 듣기로는 '도쓰쵸 로 피콜로'라는 별명으로 불렸다고 한다. '도쓰쵸'의 의미를 물어봤는데 시칠리아에서 자란 통역사도 "잘 모르겠어요. 팔레르모 쪽의 속어가 아닐까요?"라고 했다. 시칠리아는 시코쿠*보다 크기 때문에 카타니아와 팔레르모의 방언이 전혀 다르다.

복면을 한 경찰관이 로 피콜로의 손에 수갑을 채운 채로 연행하는 장면이 화면에 나왔다. '남작'이라는 별명에 걸맞게 수염을 기른 로 피콜로는 꽤 미남이었다.

함께 체포된 아들 산드로 로 피콜로는 아직 서른 둘 밖에 안 되었는데 이미 살인죄로 종신형을 선고받았다. 산드로는 체포되면서 "사랑해요, 아빠."라고 외쳤다고 한다.

나중에 체포현장에서는 로 피콜로가 개인적으로 쓴 '십계'가 발견되었다. 거기에는 '동료의 아내에게 손대지 마라.', '바와 클럽에 가지 마라.', '혼자서 다른 동료와 만나서는 안 된다.'

---

* 四国. 일본 열도를 구성하는 4개의 섬 중 가장 작은 섬으로 혼슈 남서부 지방과 규슈 지방으로 둘러싸여 있다. 면적은 1만 8,795제곱킬로미터다.

등의 계명이 적혀 있었다고 한다. 마피아는 비밀유지를 위해 옛날에는 문서를 하나도 남겨두지 않았는데, 그런 의미에서로 피콜로는 지금까지와는 다른 스타일의 리더라고 할 수 있다.

그의 '남작'이라는 별명은 한편으로는 전근대적인 이미지를 환기시킨다. 시칠리아를 포함한 남이탈리아 일대는 아직도 근대사를 실제로 옮겨 놓은 것 같은 '잊혀진 땅'이다. 지명수배되고 나서 24년 동안 로 피콜로가 시칠리아 섬에서 계속 잠행할 수 있었다는 사실을 통해서도 이를 알 수 있다.

로 피콜로의 체포현장인 팔레르모 근교는 아직 수사가 진행되고 있어서 정신이 없었기 때문에 나는 통역사와 의논해서 로 피콜로보다 20년이나 긴 43년간 도주를 계속해 온 전 보스 베르나르도 프로벤자노가 은신했던 집을 방문하기로 했다. 프로벤자노가 체포된 것은 2006년이었다.

프로벤자노는 '마피아의 고향'이라고 불리는 코르레오네 마을 출신으로 그가 은신하던 장소도 코르레오네 마을 근교였다. 은신처를 방문하면서 코르레오네 마을에 들러서 주민들에게 이야기를 듣기 위해 먼저 그쪽으로 가기로 했다.

코르레오네 마을은 영화 〈대부〉로 유명해졌는데 〈대부〉의 주인공들은 코르레오네라는 성을 썼다. 시칠리아에 실제로 존재하는 코르레오네 마을 출신 마피아는 영화보다 더 냉

혹하고 잔인한 것으로 알려져 있다. 원작자인 마리오 푸조는 그 점을 염두에 두고 자신의 소설에 그들을 등장시킨 것이다.

코르레오네 패밀리 중 특히 악명 높았던 보스로는 루치아노 리지오, 살바토레 토토 리나가 있다. 두 사람 모두 시칠리아를 세상에 알린 극악무도한 마피아인데, 그중에서도 토토 리나는 1992년 마피아 검거에 주도적인 역할을 한 검찰과 판사를 폭사시켰다.

특히 파르코네 판사를 살해할 때는 공항에서 팔레르모 시내로 이동하던 판사 부부와 호위 차량을 폭탄을 이용해 고속도로 채로 날려 버린 것으로 유명하다. 이 대담한 살해 방법에 대해 이탈리아 곳곳에서 비난의 목소리가 거세졌고, 그는 사건 다음 해인 1993년에 체포되었다.

토토 리나에 의해 코르레오네 패밀리의 위치가 확고해졌는데 그들의 특징은 잔학무도함과 철저한 비밀주의였다. 동료들 간에 무슨 일이 벌어져도 쉬쉬해 버리고 결코 겉으로 드러나지 않게 하는 것이다. 같은 마피아끼리도 자기 패밀리의 조직원을 밝히는 일은 없었다고 한다.

시칠리아가 마피아의 상징처럼 여겨지는 이유는 코르레오네 패밀리의 비밀주의와 잔혹한 수법 때문이다. 판사를 고속도로째로 날려버리는 방법은 지금까지의 마피아에게서는 찾아볼 수 없는 것이었다. 이 사건으로 토토 리나는 체포되었지만 주민들은 물론 다른 패밀리에게도 공포를 심어 주는 데는 성공했다고 할 수 있다.

두 명의 보스가 붙잡힌 뒤 새롭게 보스가 된 사람이 이번에 방문하기로 한 프로벤자노다. 그는 지명수배된 후로 43년 동안이나 체포되지 않았는데, 이는 이탈리아 마피아 중에서 최장 기록이다.

프로벤자노는 토토 리나 같은 흉포한 보스와 비교하면 비교적 온화하고 정치가적인 성향을 가진 사람이라는 평가를 받고 있다. 주목받는 것을 싫어하고 가능한 한 싸움을 피한 덕에 43년 동안이나 도망칠 수 있었다.

그는 은신처에 숨어서 성서를 이용한 암호문을 타자기로 친 후, 그 종이를 접어서 극히 제한된 조직원들에게만 전달하게 했다. 우편, 전화, 인터넷은 일체 사용하지 않았다. 통신 수단이라고는 오직 타자기로 암호문을 친 편지뿐이었다.

전 이탈리아 총리 베를루스코니와도 친밀한 사이로, 베를루스코니가 기업가에서 정치가로 화려한 변신을 꾀한 배경에는 프로벤자노가 관련되어 있었다는 소문도 있다. 이탈리아에서 가장 큰 수익을 올리는 마피아의 지지를 얻는 것은 정치가로서의 약진을 도모하기 위해 필요한 일이었을 것이다.

베를루스코니는 시칠리아 팔레르모의 한 검사에 의해 '돈 세탁과 관련된 마피아 모임에 참가했다'는 등의 이유로 몇 차례나 마피아 관련 소송 사건에 연루되었는데, 모두 공소시효 등의 이유로 기소까지 이어지지는 않았다. 다른 각료들도 마피아와 관계가 있는 사람이 적지 않다고 하는데 비밀결사 프리메이슨*의 멤버이기도 한 베를루스코니는 특히 그런 소문이 끊이지 않는 정치가다. 총리로 재임하던 시절에는 자신이 재판을 받지 않도록 하기 위해 법률까지 바꿨을 정도였다. 미성년자와의 매춘 의혹까지 보도되었는데도 불구하고 사임은 하지 않았다. 베를루스코니가 사임한 이유는 그리스의 재정위기에서 비롯된 이탈리아의 경기 불황 때문이었다. 마피아와의 유착관계나 비리, 미성년자와의 매춘과 같은 스캔들보다도 경제 불안이 원인이 되어 사임했다는 사실이 이탈리아라는 나라를 상징적으로 보여주는 듯하다.

이런 이탈리아의 상황을 감안해보면 프로벤자노가 시칠리아에서 43년간이나 도망생활을 할 수 있었던 사실에 대해서도 놀랍다기보다는 오히려 필연적인 느낌마저 들었다.

코르레오네는 시칠리아의 주요 도시 팔레르모에서 60킬로미터 정도 내륙으로 들어간 곳에 있는 인구 1만 명 정도의 마을이다. 마을의 중심인 광장에 가보았는데 생각보다 번화했고 호텔과 상점, 레스토랑이 늘어서 있었다. 마침 일요일이라서 교회에서 예배를 마친 마을 사람들이 광장에 모여 있었다.

---

* Freemason. 18세기 초 영국에서 시작된 박애주의 단체로, 세계시민적 박애 · 자유 · 평등의 실현 등을 지향했다. 하지만 비밀 단체의 성격 때문에 외부 사람들에게 그 전모가 밝혀지지 않았다.

코르레오네의 중앙광장에는 작은 공원이 있었는데 이곳은 노인들의 휴식 장소가 되어 있었다. 공원에서 쉬고 있는 세 명의 노인에게 말을 걸었더니 의외로 스스럼없이 응해 주었다.

영화 〈대부〉 이후로 코르레오네는 '마피아 마을'로 전 세계에 알려진 탓에 마을 이름을 바꾸고자 하는 주민들의 움직임도 있었다고 들었기 때문에 노인들이 스스럼없이 인터뷰에 응해 준 것은 예상 밖이었다. 그렇게 전하자

"아니야, 그렇지 않아. 그런 건 옛날 얘기지. 봐요, 저기에도 미국인 관광버스가 서 있잖소."

노인이 가리키는 곳을 보니 광장 구석에 커다란 관광버스가 세 대쯤 서 있는 것이 보였다. 마을에서는 이미 마피아의 이미지를 마을 부흥에 이용하려고 생각을 고쳐먹은 모양이었다.

"나는 토토(리나)랑 소꿉친구라네. 그 녀석은 어려서부터 정말 악동이었지. 하지만 착한 녀석이야. 마피아가 있는 건 이 마을에 인구가 줄어들어서 일자리가 없기 때문이라네. 그게 근본적인 원인이지. 그러니까 관광객은 대환영이야."

노인과 이야기를 나눈 뒤 마을에 있는 바에 들어갔다. '이르 파드리노(대부)'라는 이름의 바였는데 그 이름에 걸맞게 가게 앞에는 마이클 코르레오네 역을 맡은 알파치노의 대형 포스터가 붙어 있다. 이렇게까지 마피아를 상업적으로 이용하

면 확실히 마을 부흥이 될 것 같은 생각이 들었다.

하지만 실제 코르레오네의 이미지는 시칠리아 섬 안에서는 매우 나쁘다. 시칠리아 동부에 있는 카타니아 출신의 통역사도 "사실은 가고 싶지 않아요. 무서워요."라면서 두려워했다. 하지만 막상 마을 안으로 들어오니 사람들이 다들 싹싹해서 통역사도 "의외네요." 하면서 놀라워했다. 나도 그가 지나치게 무서워해서 덩달아 긴장하고 있었는데 긴장이 풀리면서 맥이 빠졌다.

일본인들에게 시칠리아는 작은 섬이라는 이미지가 있는데 실제로는 시코쿠보다도 조금 크다. 그렇기 때문에 동부 카타니아 출신의 통역사는 서부에 있는 팔레르모에 대해서 잘 몰랐다. 잘 모른다기보다는 사실 라이벌로 생각하고 있었다. 팔레르모와 카타니아에는 각각 지역 축구팀도 있다.

마흔 두 살에 독신으로 살고 있다는 바 주인의 이름을 물어보자 '조반니 룻지렛로'라고 했다. 룻지렛로라는 성을 들어본 것 같아서 자세히 물어보니 "삼촌이 마리오 룻지렛로예요."라고 대답했다.

지금으로부터 20여 년 전 작가 도키와 신페이*가 코르레오네를 방문했을 때, 처음 본 그를 집으로 초대해 대접해 준

---

* 常盤新(1931~). 소설가이자 수필가, 번역가로 활동하고 있으며 1986년『머나먼 미국』으로 나오키상을 수상했다.

전파상이 마리오 룻지렛로였다. 바의 주인 조반니는 그의 조카라고 했다. 시칠리아는 큰 섬이지만 코르레오네는 역시 좁았다.

"이 마을이 마피아로든 뭐로든 유명해지면 좋을 것 같아요. 우리 세대는 아버지 세대랑 다르니까요." 조반니가 밝은 목소리로 말했다.

도키와 신페이는 그의 저서에서 "아마 마리오 룻지렛로도 마피아 중 한 명일 것이다."라고 했다. 이는 그만큼 마피아가 깊이 침투해 있으며 어디에든 있다는 뜻일 것이다.

"코르레오네까지 오지 않더라도 카타니아에서 마피아를 쉽게 만날 수 있어요. 여기저기 돌아다니고 있으니까요. 하지만 만나는 건 간단해도 마피아 조직원이냐고 물어보면 당연히 부정할 거고, 이야기도 해주지 않을 거예요."

카타니아 통역사도 그렇게 말했다. 또한 상점이나 바 등 시칠리아에 있는 거의 대부분의 가게는 마피아에게 자릿세를 내고 있다.

바에서는 음악도 〈대부〉 주제곡만 끝없이 흘러나오고 있었다. 조반니는 싹싹하고 친절하며 사람 좋은 전형적인 이탈리아인이었다. 하지만 가게를 나올 때는 커피 두 잔과 달달한 과자만으로 50유로나 내야 했다. 보통은 15유로 정도인데 말이다. 사례비라고 생각하면 아깝지 않지만 역시 '코르레오네 사람'이라는 생각이 들었다.

코르레오네는 산간 분지에 있는데 거기서 낮은 산길을 따라 5킬로미터 정도 내려가면 보이는 농촌 마을에 프로벤자노의 은신처가 있었다.

이 은신처로 이어지는 작은 밭둑길에는 '2006년 4월 11일의 길'이라는 이름이 붙어 있고, 그 아래에는 '마피오소 B 프로벤자노 체포'라고 쓰여 있었다. 프로벤자노가 체포된 날짜가 길 이름이 된 것이다. '마피오소'는 '마피아 조직원'이라는 뜻의 이탈리아어다.

은신처는 이탈리아 농촌에서 자주 찾아볼 수 있는 콘크리트 벽으로 지은 작은 단층집이었고, 집 뒤편에는 콘크리트로 만든 헛간 하나가 있었다. 옆집에 사는 노인은 91세인데 굉장히 활기차게 이야기를 해주었다.

"나는 여기서 나고 자랐는데 프로벤자노가 숨어 있었다는 사실은 전혀 몰랐지. 그가 체포당할 때는 경찰이랑 군대가 와서 큰 소동이 벌어졌다네. 언론에서도 들이닥쳐서 이 마을이 시작된 이래로 가장 북적거렸더랬지."

그는 오랜만에 하는 취재가 반가웠던지 집에 들어와 차라도 한잔 마시고 가라며 초대해 주었다. 처음에는 정말로 몰랐을까 하고 의심했는데 그 모습을 지켜보고 있자니 정말로 몰랐을 것 같다는 생각이 들었다. 차는 정중히 거절하고 근처에 사는 다른 주민의 이야기를 들으러 갔다. 우리가 벨을 누르자 60세 정도의 남성이 밖으로 나왔다.

"예전부터 이곳에 살던 사람들도 있지만, 최근에는 은퇴해서 농촌생활을 하기 위해 이사 온 사람이 많아서 서로 모르는 경우도 많지. 그래서 여기에 프로벤자노가 숨어 있다고 대소동이 일어났을 때는 정말로 놀랐어. 그 당시에는 이 집을 사고 얼마 안 되었던 때라서 난감했지. 그 뒤로 왠지 섬뜩해서 말이야."

그의 안내로 프로벤자노의 은신처를 보러 갔다.

자물쇠가 채워져 있어서 집안으로는 들어가지 못했다. 뒤편에 있는 창고 안에는 아무것도 없었고, 뒤쪽 벽도 무장경찰에 의해 부서져서 뻥 뚫려 있었다. 보이는 것이라고는 목초지와 밭뿐인 한가로운 풍경이었다. 그런데 창고 안에 목을 매달기 위한 밧줄이 아래로 드리워져 있는 것이 보였다. "이건 뭐예요?" 하고 묻자 누군가가 장난을 친 것이라고 했다.

"이 집은 여기서 농사를 짓던 사람 소유였는데 거의 사용하지 않는 눈치였지. 그 사람은 마피아와는 관계가 없는 보통 농부였다네. 하지만 사건 뒤에는 행방이 묘연해져 버렸어. 실제로 마피아에게 집을 빌려주고 있었으니까 그 사람도 뭔가 관계가 있었을 테지. 믿기지가 않는다네."

콘크리트로 된 창고 바닥은 곳곳에 구멍이 뚫려 있었다.

이것도 누군가의 장난인 줄 알았는데 "경찰이 수색하면서 뭔가 묻혀 있지 않나 하고 조사한 흔적이라네." 하고 가르쳐 주었다.

"여기 바닥에 나 있는 구멍은 만약에 경찰이 급습해 오면 도망가기 위해 파놓은 구멍이라고 하더군. 그 외에도 경찰이 집 주변을 꼼꼼히 파냈지. 행방불명이 된 마피아의 시체를 묻어놓지 않았나 하고 말이네. 그래서 섬뜩하단 말이야."

코르시카는 나폴레옹이 태어난 섬으로 유명하다. 프랑스에 속해 있는데 사탑으로 유명한 이탈리아 피사에서 150킬로미터 정도 밖에 떨어져 있지 않아서 프랑스보다 이탈리아 문화의 영향을 더 많이 받아 왔다고 한다.

그래서 대부분의 주민이 이탈리아어를 할 수 있고 그들의 선조 중에는 이탈리아에서 온 사람이 많다. 또한 코르시카에서는 이탈리아어와 비슷한 코르시카어를 사용한다. 다른 지방 사람들은 물론이고 본인들도 스스로를 '코르시카인'이라고 부르며, 본토 프랑스인과는 구별된다.

이 섬의 면적은 일본 시코쿠의 대략 반 정도로 히로시마 현*과 비슷한 크기다. 하지만 인구는 30만 명 정도밖에 안 된다. 같은 면적의 히로시마 현에 약 290만 명이 살고 있으니까 대략적으로 히로시마 현의 10분의 1 정도의 인구밀도다. 섬의 대부분이 험준한 산들과 가파른 절벽에 둘러싸여 있다.

한편, 그 험준한 환경 때문에 자연이 잘 보존되어 있고 유

* 일본 추고쿠 지방에 있는 현으로 면적은 8,477제곱킬로미터다.

럽에서는 리조트지로 알려져 있다. 영국의 다이아나비도 사망하기 직전에 휴가차 이곳을 방문했었다. 그 독특한 문화, 리조트지로서 유명한 점은 일본의 오키나와와 비슷할 것이다.

하지만 코르시카 섬은 일본에 잘 알려지지 않았고, 거의 매주 코르시카 마피아에 의한 테러가 일어난다는 사실 또한 대부분의 일본인은 알지 못한다.

실제로 2008년에 내가 머물렀던 2주 동안에도 은행원의 자택이 박격포 공격을 받는 사건이 있었다. 2008년에 일어난 마피아 관련 주요 사건을 대강 살펴보면 다음과 같다.

- **1월 21일**_코르시카 남부에 있는 사르테라는 마을의 크레디 아그리콜(프랑스 본토 은행) 폭발
- **2월 10일**_제1도시 아작시오 근교에서 건설 중이던 별장 폭발. 같은 날 아라지오에서도 별장의 송전선이 부서짐(양쪽 모두 프랑스 본토에 있는 부호의 별장임).
- **2월 25일**_피에트로세라(아작시오 근교)에서 프랑스인의 별장 폭발
- **4월 1일**_포르트 베키오에서 정치가 쟈니느 시아부리니의 자택 폭발(코르시카 조직과 적대 관계였다는 것이 폭발 이유였음)
- **5월 18일**_코르시카 남부에 있는 코로라는 마을에서 경찰관의 자택이 폭발될 뻔 했으나 미수에 그침. 집 주인이

사전에 폭탄을 발견했기 때문에 경찰이 처리함. 코르시카 경찰은 프랑스 본토 출신자가 많기 때문에 미움 받는 경우가 많음.

- **10월 8일**_아작시오의 ANPE(직업안내소) 파괴

위에 소개한 일련의 사건들은 코르시카 섬의 뉴스를 통역사에게 부탁해서 적당히 조사해 본 것이다.

이러한 폭발 사건은 코르시카 내에서만 연간 50건에서 100건 정도 발생한다. 즉, 프랑스 내에서 폭발테러사건이 일상적으로 일어나고 있다는 뜻인데, 사건이 코르시카 섬 안에서 일어나기 때문인지 일본에서는 거의 보도되지 않는다.

가장 흉악한 사건은 1998년, 아작시오의 극장 앞에서 일어난 코르시카 지사 사살사건이었다.

프랑스의 지사제도는 일본과는 달리 직접선거로 뽑지 않고 국가 관료가 파견되는 형태를 취하고 있다. 그렇기 때문에 지사가 코르시카 민족주의자에게 표적이 된 것이다.

하지만 암살당한 로드 에리냑 지사는 친 코르시카였기 때문에 이 사건은 코르시카 내에서도 비난을 받았다. 30대인 어느 코르시카인 저널리스트는 빈발하는 사건에 대해 이렇게 말했다.

"코르시카의 테러사건은 그다지 알려지지 않았지만, 굉장히 심각합니다. 모든 행정기관, 프랑스 본토 은행, 프랑스 본

토에 사는 부호들의 별장이 주요 타깃입니다. 이러한 테러는 원래 코르시카 독립을 내걸고 있는 코르시카 민족주의자들에 의해 자행되는 것인데 그들이 주로 표적으로 삼는 것은 프랑스 정부의 건물로, 처음에는 재무성이나 관공서를 노렸습니다. 그 후로는 본토에서 온 부자들의 별장을 노리기 시작했는데 먼저 코르시카 독립운동 자금을 별장 주인에게 요구한 뒤 이를 거부하면 별장을 폭파하는 식입니다. 민족주의자에 의한 코르시카 독립운동은 알레리아 사건 이후 분열에 분열을 거듭했기 때문에 현재는 분파가 많아져서 아무도 파악하지 못하는 상황이 되어 버렸습니다."

알레리아 사건이란 코르시카에서 일어난 '농성 사건'을 말한다. 1975년 8월, 코르시카 민족주의 무장 대원들이 아프리카에서 사업을 하다가 돌아온 프랑스 사람이 소유한 와인 저장고를 점령했다. 아프리카에서 돌아온 프랑스인들은 부자가 많은데, 그들이 코르시카의 토지를 돈으로 차례차례 점유했기 때문에 코르시카 민족주의자들이 프랑스 정부에 조건 없는 토지 반환을 요구하기 위해 궐기한 것이다.

이에 대해 프랑스 정부는 철저한 항전으로 응했다. 무장헬기, 기관포를 탑재한 장갑차 네 대 등 1,000명이 넘는 부대를 앞세운 진압작전이 펼쳐졌다. 하지만 진압까지 닷새나 걸렸고 결과적으로 사망자 1명, 부상자 16명이 발생하였다. 그리고 범인은 체포되었다. 코르시카 사상 최악의 사건으로 평가

되는 이 사건을 계기로 코르시카 주민 스스로 민족주의를 버리는 사람이 많아졌다고 한다.

이러한 코르시카 민족주의가 오늘날 왜 '코르시카 마피아'라고 불리게 되었을까.

"코르시카는 높은 실업률 때문에 옛날부터 범죄에 손을 대는 사람들이 있었는데, 오래전에는 산적도 있었습니다. 1970년대에 들어와서 범죄자 조직은 프렌치 커넥션을 주도하게 되었지요. 프렌치 커넥션은 영화 속 이야기라고 생각하는 사람도 있지만 이것은 실제로 있었던 일입니다. 코르시카 마피아는 코르시카와 마르세유를 중심으로 미국 등에 마약을 밀수출해서 돈을 벌었습니다. 그러다가 미국과 프랑스 정부에 의해 적발당해 한때는 궤멸 상태가 되었습니다. 막다른 곳에 몰린 것이지요. 지금 코르시카에서 일어나는 사건들은 독립파와 범죄 조직이 혼연일체가 되어서 일으키고 있다고 볼 수 있어요. 이런 것들을 총칭해서 〈코르시카 마피아〉라고 부르는 것입니다. 하지만 마피아끼리도 때때로 싸움이 벌어집니다. 사상의 충돌이 아니라 이권 등 비즈니스상의 배팅이라든지 주도권 다툼 때문에 싸움이 일어나는 경우가 대부분이에요. 내 친구 중에도 민족주의 운동에 관여하는 사람이 있는데 코르시카인이라면 누구나 아는 사람들 중에 한 명쯤은 민족주의자가 있을 겁니다. 민족주의자들에게 찬성하는 건 아니지만 그들이 어떤 기분인지는 이해할 수 있어요. 코르시카인 대부분이 저와 같은 생각을 하고 있지 않을까요?"

배우 장 르노가 코르시카 민족주의 리더 역할을 한 코미디 액션 영화 〈코르시칸 파일〉*에는 복면을 한 테러리스트들이 일을 끝마치고 재빨리 철수해야 하는 중요한 순간, 누가 어느 차에 타면 좋을지를 몰라서 우왕좌왕하는 장면이 나온다. 이 장면은 내부 분열을 거듭하고 있는 코르시카 민족주의를 비꼬는 것인데, 프랑스에서는 관객들의 폭소를 불러 일으켰다고 한다. 하지만 사정을 잘 모르는 일본 사람들은 이 장면에서 아무도 웃지 않았다는 후문이다.

코르시카 민족주의 조직 중 최대 파벌은 FLNC라는 조직이다. 1975년 무렵에 결성되었으며 무장파 중에서도 가장 과격하다고 알려져 있는데, 1990년대에 들어와서 내부 항쟁으로 분파가 생기면서 경계선이 애매해진 채로 오늘날에 이르고 있다고 한다.

이렇게 분파된 민족주의자들은 한 사람이 몇 개의 그룹에 소속되어 있는 상태다. 프랑스 본토 부호의 별장에서 '혁명세'라는 명분으로 자금을 받아 챙기던 민족주의자들은 경찰의 단속으로 활동이 막히자 본래의 목적을 잃은 채 현재는 단순히 돈을 노린 협박사건을 일으키고 있는 실정이라고 한다.

---

* L'Enquête corse(CORSICAN FILE). 알랭 베르베리앙 감독의 2004년 작으로 국내에서는 개봉되지 않았다.

한편 범죄 조직도 프랑스 정부의 집요한 단속에 시달리자 민족주의 조직인 척하며 살아남기 위해 애쓰게 되었다고 한다. 범죄조직의 이러한 움직임은 코르시카 외부 사람들로서는 판별하기 어려운데, 심지어 한 사람이 양쪽을 겸하는 경우도 있다. 그래서 프랑스 본토에서는 그들을 총칭해 '코르시카 마피아'라고 부르게 된 것이다.

일본에서도 폭력단 대책법이 만들어졌을 무렵 우익과 야쿠자의 경계가 애매해졌던 시기가 있었는데 코르시카의 상황이 이와 많이 닮아 있다. 코르시카인인 어느 대학생은 "코르시카에는 테러가 많아서 안심할 수가 없어요. 빨리 섬을 나가고 싶어요."라고 말했다.

코르시카에는 관광을 제외하고는 이렇다 할 산업도 없어서 실업률이 높은 실정인데 섬 주민들은 프랑스 정부의 우대 정책을 통해 본토를 잇는 페리를 저렴하게 이용하는 등의 혜택을 받고 있다. 게다가 코르시카는 본토에 비해 세금도 낮게 책정되어 있다.

그래서 많은 주민들은 프랑스로부터의 독립을 원하지 않는다. 어떤 프랑스 국내 통계를 보면 독립을 원하는 코르시카 주민은 16퍼센트 정도에 불과하고, 80퍼센트 이상의 주민은 프랑스로부터의 독립을 원하지 않는다는 사실을 알 수 있다. 이러한 사실을 통해서도 살펴볼 수 있듯이 코르시카의 민족주의 운동은 고립되어 있는 상황이다.

그런데 흥미로운 사실은 코르시카의 독립을 바라는 이들은 오히려 프랑스 본토에 사는 사람들이라는 것이다.

같은 조사를 프랑스 본토에서 몇 차례에 걸쳐 시행한 결과, 코르시카의 독립에 찬성한다고 답하는 프랑스인은 3분의 1 정도이고 때로는 50퍼센트 가까이 될 때도 있다. 프랑스인 중에는 거의 매주 폭탄 테러가 일어나는 코르시카를 '민폐 섬'이라고 생각하는 사람도 적지 않은 것이다.

이러한 프랑스 본토 사람들의 감정을 코르시카인들도 좋게 생각하지는 않는다. 그래서 프랑스 본토 사람들에 대해 쌓인 안 좋은 감정이 '민족주의에 찬성하는 건 아니지만 기분은 이해할 수 있다.'라는 의견으로 집약되어 결과적으로 민족주의와 테러리즘을 반쯤 용인하는 형태로 이어지고 있다고 할 수 있다.

하지만 코르시카인들도 그저 견디기만 해 온 것은 아니다. 이전부터 우수한 젊은이들은 프랑스 본토로 옮겨가서 군인과 경찰 관료가 되는 등 행정기관에서 일하고 있다. 코르시카인이 군인이나 경찰 관료를 동경하는 것은 나폴레옹 시절부터 이어져 온 전통으로 '항상 코르시카 출신 각료가 한 사람은 있다'고 할 만큼 코르시카인들의 중앙 지향은 두드러진다. 코르시카 출신으로 파리 시장이 된 사람도 있다. 이렇게 경찰 관료나 행정기관에 있는 코르시카인들은 코르시카 섬 안에서 일어나는 형사사건이나 부패에 연루되어 있다는 소문이 있다.

그래서인지 코르시카 지사 암살사건으로 체포되었던 용의자가 무죄로 풀려나는 등 아직까지 재판이 교착상태에 빠져 있다.

이러한 상황으로 미루어 볼 때 코르시카 섬 안의 범죄는 섬에 남을 수밖에 없었던 코르시카 사람들에 의해 일어나고 있다는 사실을 알 수 있다. 코르시카 사람들의 이야기를 듣고 있으면 코르시카 지상주의도 있을 테지만, 굳이 따지자면 '섬에서 생활하기 위해 테러를 일으키고 있다'는 인상을 받게 된다.

가능하면 테러 사건을 일으키고 있는 코르시카 민족주의자들과 직접 만나 이야기하고 싶었던 나는 내가 할 수 있는 범위 안에서 최선을 다해 접촉을 시도했다. 하지만 한정된 체재 기간 때문에 한계가 있었다. 그들을 알고 있다는 사람과도 접촉해서 만남을 주선해 달라고 부탁해 보았지만 거절당했다.

"일본인이 코르시카의 일을 이해할 리도 없고, 그들은 나서는 것을 싫어하기 때문에 무리입니다."

시칠리아와 마찬가지로 어둠의 세계를 취재하는 것의 어려움은 이런 데 있다. 일본에서도 현역 야쿠자에게 그들의 돈벌이 수단을 물어보는 것은 쉽지 않지만 마피아는 일본 야쿠자보다도 '오메르타(침묵의 법규)' 의식이 강하다. 같은 조직원끼리도 서로 모르는 경우가 있을 정도로 비밀주의를 관철하는 마피아는 보통 사람처럼 아무렇지 않게 다니기 때문에 그냥 만나기만 하는 것은 간단하지만 마피아 조직원으로서 만나는 일은 굉장히 어렵다. 《죽음의 도시 고모라》를 쓴 사비아노는 마피아가 관여하고 있는 가게에서 일을 하는 등 그 관계를 만드는 것만으로도 몇 년의 공을 들였다고 한다.

하지만 코르시카 마피아는 어딘지 모르게 목가적인 면도 있고, 자신들만의 신조도 있기 때문에 그들과의 만남을 기대했지만 허무하게 시간만 흘러갈 뿐이었다.

귀국일이 다가와 코르시카 마피아와의 접촉을 반쯤 포기하고 있을 때 만나 주겠다는 연락을 받았다.

장소는 칼비라고 하는 코르시카 굴지의 리조트지 근처였고 상대는 전 민족주의 운동의 리더였던 노인이라고 했다. 지금은 민족주의 운동에서 은퇴했기 때문에 만나줄 수 있다는 것이었다.

하지만 만날 수 있다는 연락이 온 것도 갑작스러웠고 약속된 시간까지 몇 시간밖에 남지 않았다. 칼비는 코르시카 섬 안에서도 벽지에 있기 때문에 동행해 줄 전문 통역사를 섭외할 시간도 없었다. 어쩔 수 없이 통역 경험은 없지만 외국인 용병부대에 소속되어 있어서 프랑스어를 알아듣고 일본어와 스페인어, 그리고 영어를 조금 할 줄 아는 현지인을 데려가기로 했다. 깊은 이야기는 할 수 없겠지만 인터뷰를 하지 못하는 것보다는 낫다는 생각에 유럽에서는 대중적인 승용차인 오펠을 타고 서둘러 칼비로 향했다.

칼비에서 통역사와 합류한 후 내륙을 향해 매우 험준한 산길을 한 시간 정도 올라가자 커다란 민가 한 채가 보였다. 부잣집으로 보이는 벽이 하얀 집이었다. 그 집에서 상반신을 드러낸 우람한 체격의 노인이 나왔다. 가슴에 털이 많이 나 있어서 굉장히 남자다운 인상을 주었다.

집으로 들어가니 두 정의 구식 총이 벽에 엑스 자 모양으로 걸려 있었다. 1700년대 후반에 활약한 코르시카 독립 영웅 파스카리 파리오 시대에 사용되었던 소총이라고 했다. 안쪽에 있는 방에는 수십 정의 소총이 놓여 있는 것이 보였다. 독립 영웅 파리오의 초상화도 벽에 걸려 있었다.

총 컬렉션을 보고 "멋지네요."라며 칭찬을 했더니 안쪽에서 진품 코르트와 발터P38을 가지고 나왔다.

미제 코르트는 드물지 않게 볼 수 있지만 독일제 발터P38은 흔히 볼 수 없는 것인데, 애니메이션 〈루팡 3세〉에 나와서 일본에서도 유명해진 권총이다. 자세히 보니 손잡이 부분에 하켄크로이츠*가 새겨져 있었다. 제2차 세계대전 당시 코르시카에 침략해 온 독일군에게서 빼앗은 물건이라고 했다. 프랑스는 우리나라와 마찬가지로 총기 취급이 원칙적으로 금지되어 있지만 그런 것은 신경 쓰지 않는 눈치였다. 그래서 얼렁

* 독일 나치즘의 상징인 갈고리 십자가 모양

뚱땅 “이 발터P38을 들고 사진을 찍게 해주세요.” 하고 부탁했는데 역시나 거절당했다.

나는 X씨를 노인이라고 생각했는데 나이를 물어보니 아직 59세라고 했다. “하지만 활동은 이제 젊은이들에게 맡겼다네.” 하면서 지금은 유유자적한 생활을 하고 있다고 말했다.

“요즘 젊은이들의 행동과 우리들이 했었던 운동은 전혀 다르다네. 그러니까 한마디로 이렇다 저렇다 말할 수 없지.”

X씨는 먼저 이렇게 말을 꺼냈다. 확실히 그가 활동하던 시절에는 보다 사상 투쟁의 성격이 강하고 사상자가 나오는 투쟁이 많았다.

“그렇지만 민족주의 운동 멤버들이 범죄를 저지르는 한 마피아라고 불려도 어쩔 수 없는 것 아닙니까?”

“범죄 자체가 목적은 아니라네. 코르시카의 자주 독립을 위해 우리는 철저하게 항전을 해왔던 거지. 마약을 밀수입하는 놈들이야말로 진짜 마피아라네. 그놈들은 이탈리아 녀석들과 이권 다툼만 하고 있어. 그런 놈들이랑 같은 취급을 당하는 것이 가장 기분이 나빠. 하지만 문제는 코르시카에 일자리가 없다는 것이지. 그래서 마약 밀거래가 어쩔 수 없는 면도 있다네. 빈곤이 가장 큰 원인이니까.”

X씨는 그 후로 파스카리 파리오 등 코르시카 독립운동의 역사에 대해 이야기할 뿐, 자신이 해 온 일에 대해서는 무엇 하나 말해 주지 않았다.

X씨가 차를 끓이려고 자리를 비웠을 때 옆에서 듣고 있던 현지인 안내자가 속삭였다. "저렇게 애매하게 말하지만 그는 이 주변에서 두려움의 대상이에요. 체포 경력도 있고 경찰이 아직도 마크하고 있으니까 직접적인 이야기는 할 수 없는 거지요."

X씨는 코르시카의 실태에 대해 이렇게 설명했다.

"코르시카인은 나폴레옹의 전통에 따라서 프랑스 본토로 옮겨 가서는 정치기구에 강하게 파고들었다네. 지금도 대신들 중 두 명 정도는 반드시 코르시카 출신이지. 드골*의 경호를 코르시카인이 담당한 적이 있었을 만큼 정치와는 관계가 깊다네. 코르시카에 대한 우대 정책은 관료로 진출해 있는 코르시카인들의 적극적인 노력 덕분이라는 말이 사실이라네. 하지만 섬에서 나가버린 코르시카인들은 코르시카 섬 주민들에게는 더 이상 상관없는 사람들이지. 섬에서는 변함없이 프랑스 정부에게 버림받았다고 느끼는 주민들이 많다네. 프랑스인이 가지고 있는 코르시카인에 대한 편견이나 차별이 심해서 그런 점에 대해서는 나도 분노를 느낄 때가 있어. 그래서 코르시카 섬 주민들 중에는 삐뚤어진 녀석들이 많아. 실업률도 높아서 범죄에 빠져드는 젊은이들도 적지 않지."

---

* 샤를 드골(Charles De Gaulle, 1890~1970). 프랑스의 군인이자 정치가로 제5공화국 초대 대통령을 지냈다.

그래서 섬 안에서 테러사건이 빈발한다는 것이다. 그리고 그것을 해결하는 것이 코르시카 민족주의라고 했다. 그리고 코르시카인이라는 자부심을 가지는 일이 중요하다고 강조했다.

'애국 교육이 지금의 일본을 구한다.'는 일본의 논조와 어딘가 비슷했다.

"폭탄을 설치하는 것을 테러라고 하던데, 우리는 실제로 누구 하나 상처 입히거나 죽이지 않았다네. 코르시카 마피아가 스페인의 ETA나 이탈리아 마피아와 다른 점은 사람을 죽이지 않는다는 것이지. 전에 프랑스인의 별장을 폭파했을 때는 거기 사는 사람을 일부러 불러낸 다음에 폭파시켰어. 그만큼 인명에는 신경을 쓰고 있다네."

프랑스 군과 정면충돌까지 갔던 1975년의 알레리아 사건, 그리고 1998년의 코르시카 지사 암살 사건에 의해 민족주의 운동은 코르시카 주민들로부터 지지를 잃었다. 그렇기 때문에 누군가의 목숨을 빼앗는 테러는 하지 않으려고 조심하고 있다고 한다.

코르시카에서 산 지 30년 정도 된 어떤 일본인은 이렇게 말했다.

"나도 아는 코르시카 마피아가 많은데 다들 착해요. 집에 놀러올 때는 정장을 갖춰 입고 100유로도 넘는 샴페인을 가지고 와요. 그리고 일본 야쿠자보다 똑똑해요. 그들의 주장에는 일리가 있어요. 정말로 코르시카를 위해서 활동하고 있는 것이 확실해요. 마피아라고 하기보다는 옛날 의적에 가까운 느낌이에요."

내가 느끼기에도 이탈리아 마피아는 패밀리 간의 이권 다툼, 돈벌이 지상주의에서 오는 트러블이나 충돌 때문에 사건을 일으키는 경우가 대부분이다. 코르시카도 남부와 북부는 언어가 다른데 시칠리아 정도로 큰 섬에서는 더 현저하게 다르다. 타고난 민족성과 역사도 있지만 이러한 지리적 이유도 있어서 시칠리아에서는 집안이나 패밀리의 이해관계를 가장 중요하게 생각하고, 일부러 사람들에게 공포심을 심어 주는 잔인한 사건을 일으키는 듯하다.

한편, 코르시카 마피아는 역사적으로 코르시카 독립을 지향하는 경향이 강한 점도 있어서 테러사건을 일으키더라도 주민의 지지를 잃을 만한 무모한 짓은 하지 않는다. 코르시카 인구가 시칠리아의 15분의 1 이하라는 사실도 원인 중 하나로 작용할 것이다. 코르시카 마피아들은 지역의 '숨은 대표자'와도 같은 존재다. 자신의 이익뿐 아니라 지역의 권익을 생각하기 때문이다.

취재를 마친 나는 칼비에서 통역사와 헤어지고, 혼자서 차로 어두운 산길을 달려 아작시오로 향했다. 코르시카 섬 안에는 고속도로가 없지만 모든 차들이 일본에 비해 빨리 달린다.

익숙하지 않은 산길이라서 앞서가는 차의 후미등에 의지하며 시속 140킬로미터로 산길을 달려서 돌아 왔다.

시칠리아와 코르시카, 두 섬에 있는 마피아의 단편을 조금 접했을 뿐이지만 이번 여행이 종반으로 향하면서 어렴풋하게만 알던 사실들이 점점 명확해져 왔다.

어려서부터 나는 '야쿠자를 왜 근절하지 못할까?' 하는 의문을 품고 있었다. 이는 일본인뿐 아니라 인간이 가지는 보편적인 '겉과 속'이라는 이면성 때문이며, 야쿠자의 세계는 그중에서 '속'의 세계라고 나름대로 생각하고 있었다.

야쿠자를 철저하게 단속하고 궤멸상태로까지 몰아감으로써 발생하는 것은 야쿠자의 마피아화라는 말이 있다. 그들은 시노기シノギ라고 불리는 비합법적인 일을 하면서 다이몬*을 내걸고 '우리는 극악무도한 집단이다.'라고 표명해 왔다. 하지만 경찰 관료가 야쿠자를 궤멸시키려고 사력을 다해 만든 폭력단 대책법과 폭력단 배제조례에 의해 그들은 더 이상 간판을 세울 수 없게 되었다. 그들이 간판을 내린다는 것은 야쿠자를 그만두는 것을 뜻하는 것이 아니라 통일성을 잃고 뿔뿔이 흩어져 지하로 숨어드는 것을 의미한다. 그래서 모순적으로 보이지만 마음대로 활개를 치게 하는 편이 단속하기 편하다는 말도 있다.

---

* 야쿠자 일가를 나타내는 문장

사회적 무법자는 어느 세계에서나 반드시 생겨난다. 이는 쓰레기에 꼬이는 파리를 전부 없앨 수 없는 것과 마찬가지인데, 사실 나도 그런 사람이었고 또 내 주변에는 그런 사람이 많았다. 그런 무법자들을 집단으로서 인지하고 어떤 일정한 관리하에 두는 편이 현명할지도 모른다.

야쿠자로부터 '인의仁義'가 없어진 지 오래라는 말이 있는데, 이는 일본의 고도 경제 성장 시기와 관련이 있는 듯하다. 고도로 성장한 자본주의 사회에서는 야쿠자 또한 자신들을 철저하게 사업화하지 않으면 안 되게 되었고 그들을 바라보는 일본 사회의 변모도 영향을 주었을 것이다.

이 여행의 마지막 장소인 코르시카에서 나는 내가 어려서부터 어렴풋이 생각하던 것이 조금씩 풀리는 듯한 기분이 들었다. 아작시오의 불빛은 아직 보이지 않는다. 시속 140킬로미터를 유지한 채, 나는 신중하게 커브가 많은 깜깜한 도로를 달리고 있었다.

6

안타까운 월타족

전쟁 전의 월타 가족

일본과 러시아로 갈라진 북방 소수 민족 이야기

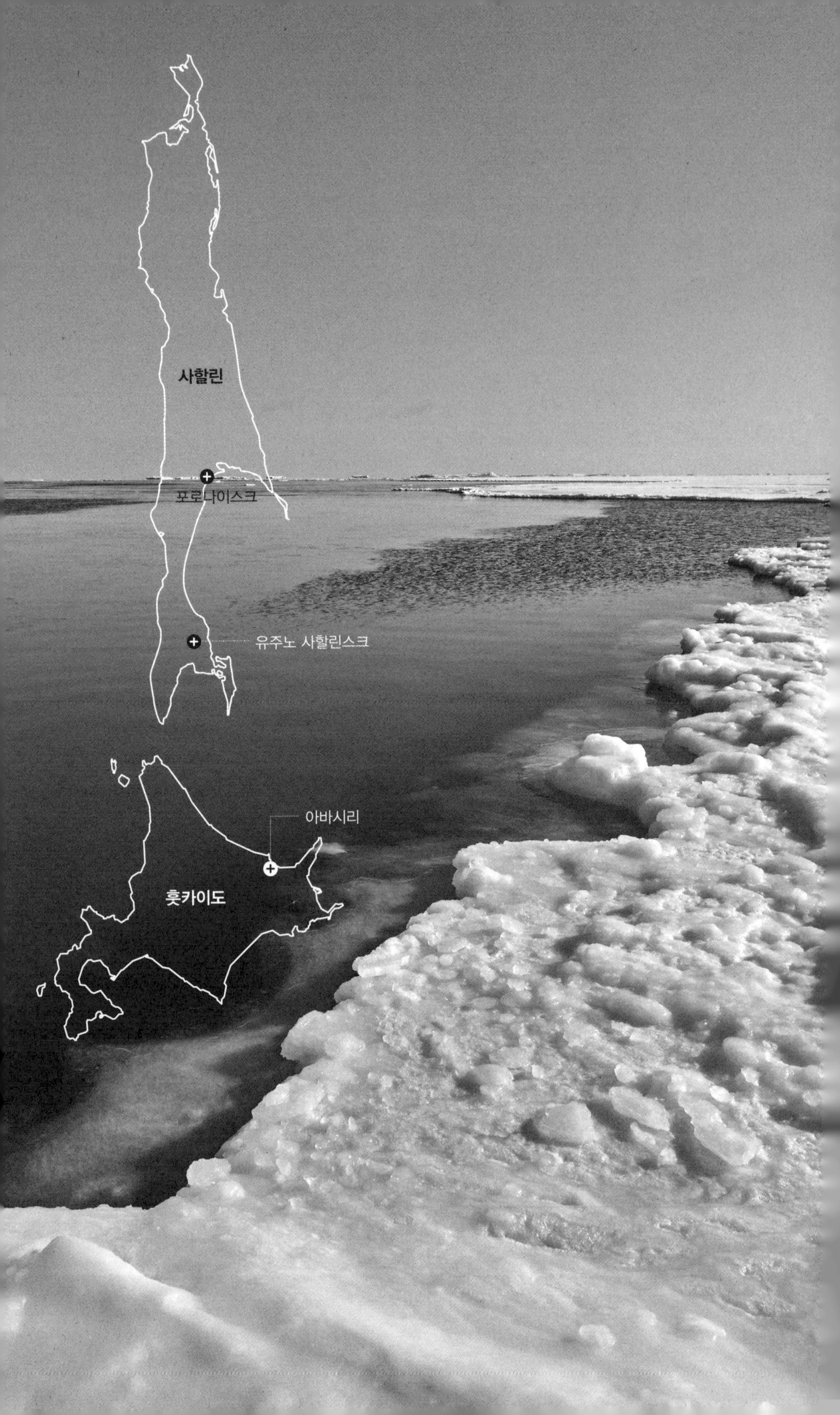
사할린
포로나이스크
유주노 사할린스크
아바시리
홋카이도

들뜬 구름의 행방을
들뜬 구름의 행방을
바람의 기분을 묻는다.

《땅거미 나름土蜘蛛 次第》

2008년 어느 날 한밤중의 일이었다. 나는 카메라맨 친구에게 처음으로 북방 소수 민족 길랴크인의 이야기를 들었다. 그가 홋카이도를 취재하고 돌아온 지 얼마 안 되었을 때였다.

"아이누족과는 또 다른 북방민족인데 홋카이도 현지에서는 모르는 사람이 없을 정도로 유명한 것 같아. 아바시리에 길랴크인 기념관도 있는 모양인데 여긴 이미 폐관되었을지도 몰라. 취재 중에 지역 사람과 잡담하면서 잠깐 들은 정도라서 그 이상 자세한 건 모르겠지만 네가 관심 있어 할 것 같아서 알려 주는 거야."

그 이야기를 들으면서 나는 서둘러 메모를 했다. 지금도 그때의 메모를 가지고 있는데 거기에는 '길기크'라고 틀리게 적어 놓았다. 그만큼 익숙하지 않은 이름이었기 때문일 것이다.

그 후로 언젠가 기회가 있으면 이 낯선 북방 소수 민족을 취재하고 싶다는 생각으로 민족학과 문화인류학적인 관점에서 쓴 문헌을 가능한 한 많이 훑어보려고 노력했다.

그러다가 '길랴크'는 러시아인이 멋대로 붙인 이름으로 멸시에 가까운 의미가 담겨 있어서 현재는 '니부흐' 또는 복수형으로 '니부히'라고 부르는 것이 일반적이라는 사실을 알게 되었다. 길랴크는 말하자면 이뉴잇을 '에스키모', 피차별부락민을 '쇠백정, 비인'이라고 부르는 것과 같은 것이다.

그리고 니부흐(길랴크)와 비슷한 북방 소수 민족 중에 '오로코'라고 하는 사람들이 있다는 사실도 알게 되었다. 그들도 니부흐와 비슷한 이유로 현재는 '윌타'라고 불리고 있다. 대략적으로 말해서 사할린 남방에 많은 윌타(오로코)는 과거부터 일본과 관계가 깊다고 알려져 있다.

주로 러시아와 역사적 관계가 깊었던 니부흐에 대해서는 체호프*가 〈사할린 섬〉이라는 보고 기사에서 다룬 적이 있는데, 전부 이야기하자면 길기 때문에 일부를 요약하면서 인용해 보려고 한다.

---

* Chekhov Anton Pavlovich(1860~1904). 러시아의 소설가이자 극작가

단, 유의할 점은 체호프의 보고 기사는 중앙아시아 출신의 한 작가가 유배지인 사할린을 취재하기 위해 섬에 가서 살짝 엿보면서 느낀 바를 기술한 것으로 100년도 더 된 기록이라는 사실이다. 간결하게 니부흐를 설명한 글로서는 의미가 있지만 현재는 편견으로 판명된 부분도 많다.

> 길랴크인은 땅딸막하고 우람한 체격을 가지고 있으며 키는 보통보다 작고 아담한 편에 속한다. 그들의 체격과 강하고 다부진 근육은 긴장감 넘치는 자연과의 끝없는 투쟁을 연상시킨다.
>
> 몸은 깡마른 근육질로 피하지방이 없다. 뚱뚱하게 살이 찐 길랴크인은 찾아볼 수 없다. 누가 봐도 지방이 전부 체온 유지에 소비되고 있는 것이다. 그렇게 생각하면 왜 길랴크인이 음식에서 그렇게 많은 지방을 섭취하려 하는지 이해할 수 있다. 기름진 바다표범 고기와 연어, 철갑상어와 고래의 비계, 피가 뚝뚝 떨어지는 고기 등을 날것째로 먹거나 말려서 먹거나 한다. 대개는 냉동시켜서 많은 양을 섭취하는데 이런 식습관 때문에 깨물근 근처가 매우 발달하였고 모든 치아가 심하게 닳아 있다.
>
> 그들은 오로지 육식만 하는데 때때로 집에서 식사를 하거나 술잔치를 벌일 때는 고기와 생선에 만주 마늘과 딸기를 곁들인다. 네베리스코이 제독의 증언에 따르면 길랴크

인은 농업을 굉장한 죄악으로 여겨서 땅을 파거나 무언가를 심거나 하는 사람은 반드시 죽는다고 생각하는 듯하다.

길랴크인은 결코 얼굴을 씻지 않기 때문에 인류학자들조차 그들의 진짜 피부색을 단언하지 못할 정도다. 속옷도 빨지 않으며 털가죽으로 된 의복이나 신발은 마치 방금 죽은 개에게서 벗겨낸 것 같은 모양이다. 길랴크인들은 '윽' 소리가 날 정도로 숨 막히는 악취를 풍기며, 그들의 주거지가 근처에 있으면 말린 생선이나 썩은 생선 찌꺼기 등의 불쾌하고 때로는 참기 힘들 정도의 냄새가 나기 때문에 금방 알 수 있다. 러시아의 해군 제독 쿠르젠슈테른은 건조장 가까이에서 3센티미터 정도의 두께로 지면을 뒤덮고 있는 엄청난 수의 구더기를 발견했다. 겨울이 되면 부뚜막에서 나오는 눈 따가운 연기와 남자들은 물론이고 여자와 아이들까지 함께 피워대는 담배 연기로 작은 집은 온통 자욱해진다. 길랴크인의 병이나 사망률에 대해서는 그 무엇도 밝혀지지 않았는데, 이런 좋지 않은 위생 상태가 그들의 건강에 영향을 끼치지 않을 수 없었을 것이다.

길랴크인의 성격에 대해서는 다양한 저자들이 각양각색으로 해석하고 있는데 한 가지 점에 있어서는 모두 일치한다. 그것은 그들이 호전적이지 않아서 전쟁이나 싸움을 좋아하지 않고 모든 이웃들과 평화롭게 잘 지내는 민족이라는 점이다. 낯선 사람이 오면 그때마다 붙임성 있게 맞아

들인다. 만약 그들이 사할린을 음울한 느낌으로 묘사한다면 그것은 이민족을 섬에서 내보내기 위함일텐데, 고작 이 정도가 길랴크인들에게는 최고의 저항이다.

그들이 거짓말을 하는 경우는 장사를 할 때나 의심되는 인물 또는 위험인물이라고 생각되는 사람과 이야기할 때밖에 없는데, 거짓말을 하기 전에는 서로 눈빛을 주고받는 등 완전히 아이 같이 티가 난다.

길랴크인은 무언가를 부탁받았을 때 반드시 지킨다. 지금까지 길랴크인이 도중에 우편물을 버렸다든지 다른 사람의 물건을 써 버린 일은 한 번도 없었다. 그들은 용감하고 습득이 빠르며 쾌활해서 친해지기 쉽고 권력자나 부자와 함께할 때도 전혀 어려워하지 않는다. 자신의 위로 일체의 권력을 인정하지 않는데 그들 사이에는 '윗사람', '아랫사람'의 개념조차 없는 듯하다.

사할린에서 섬의 장관은 무서울 정도의 절대적인 권력을 가지고 있는데 어느 날 내가 장관과 함께 가미아름단에서 아르코베에 갔을 때의 일이었다. 맞은편에서 오고 있던 한 길랴크인이 주눅 든 기색도 없이 명령조로 "멈춰!" 하고 외치더니 오는 길에 자신의 흰 개를 보지 못했냐고 물었다.

자주 언급되고 또 기록으로도 남아 있는 사실은 길랴크인 사이에서는 가부장제도 또한 존중받지 못한다는 것이다. 아버지는 자신이 아들보다 윗사람이라고 생각하지 않으며 아들도 아버지를 전혀 존경하지 않고 제멋대로 산다. 노모도 가정 내에서 코흘리개 여자아이 이상의 권력을 가지고 있지 않다. 보시냑이 쓴 바에 따르면, 아들이 친어머니를 발로 걷어차 집 밖으로 쫓아냈는데 누구도 말리려 하는 사람이 없는 상황을 여러 번 보았다고 한다. 한 가족 내에서 남성은 모두 같은 위치에 있다. 따라서 만약 길랴크인에게 보드카를 대접하게 된다면 가장 나이 어린 남자아이에게도 권해야만 한다.

한편, 가족 중 여성은 할머니든 어머니든 젖먹이 아이든 간에 모두 마찬가지로 권리가 없는 인간이며, 내버리거나 팔아먹거나 발길질해도 상관없는 물건 또는 가축처럼 냉대 받는다. 길랴크인은 개는 귀여워하지만 여성에게는 절대로 관대한 표정을 짓지 않는다. 결혼은 하찮은 것으로 여겨서 술잔치보다 중요하게 받아들여지지 않는다. 종교적이거나 미신적인 의식은 전혀 행하지 않는다.

길랴크인은 창이나 작은 배, 때로는 개와 다른 사람의 딸을 교환한 뒤 자신의 작은 집에 데려와 곰 가죽 위에서 함께 잔다. 일부다처제도 인정되는데 여성이 남성보다 확연히 숫자가 많은데도 불구하고 널리 보급되지는 않았다. 길랴크인들이 여성을 대하는 태도는 하등동물이나 물건을 대하는 것보다 더 극단적이고 야만적이다. 그래서 어떤 의미에서는 노예제도보다도 더 열악한 실정이다. 시렌크의 증언에 따르면 길랴크인은 때때로 아이누 여자를 노예로 끌고 온다고 한다. 그들 사이에서 여성은 명확하게 담배나 무명과 같이 거래의 대상이 되고 있는 것이다.

그 옛날 길랴크인의 고향은 사할린뿐이었는데 나중에 남부에서 아이누인에게 압박을 받자 대륙 가까운 쪽으로 이동했다. 그런데 이 아이누인 또한 일본인에게 압박을 받아 이동해 온 것이었다.

그들이 사는 곳에는 법정 따위가 없기 때문에 재판이 무엇을 의미하는지도 모른다. 길랴크인들이 오늘날까지 도로의 기능을 전혀 이해하지 못하는 사실만 보더라도 그들에게 우리를 이해시키는 일이 얼마나 어려운지 알 수 있다. 그들은 도로가 이미 완비되어 있는 곳에서조차 변함없이 밀림 속을 걸어간다. 그들의 가족과 개가 열을 지어 도로 바로 옆의 진창을 겨우 겨우 건너가는 것을 자주 볼 수 있다.

《사할린 섬》, 추오코론신샤

당시 러시아인이 니부흐(길랴크)를 어떻게 생각했는지를 알 수 있는 귀중한 기록이지만 예컨대 '일본인에게 밀린 아이누인이 북상했기 때문에 길랴크인들이 대륙 가까이까지 밀려났다.'라는 부분은 현재 오류로 밝혀졌다.

게다가 니부흐들이 불결하다는 것도 근대적인 위생관념

으로는 그렇게 보일지 몰라도 '자연과 공존하는 생활'이라는 관점에서는 반드시 비위생적이라고 볼 수 없다. 북방 툰드라 지대는 습지대이기 때문에 여름에는 모기와 파리가 대량으로 생겨난다. 그래서 구더기가 보기에 충격적이라고 할지라도 자연과 공존하는 생활을 하는 이들에게는 불결의 상징이라고 할 수 없다.

또한 '방금 죽은 개에게서 벗겨낸 것 같은' 가죽을 사용하는 것은 니부흐들의 무두질 기술이 간소하고 소박했기 때문이다. 현재 민족박물관 등에 전시되어 있는 니부흐들의 모피는 안쪽에 주름이 잡힌 울퉁불퉁하고 소박한 형태를 하고 있다. 또한 이것은 여담인데 무대연출가인 길랴크 아마가사마는 스스로 니부흐임을 밝히고 있지만 니부흐 출신이 아니다.

한편 일본인은 니부흐나 윌타를 어떻게 기록하고 있을까.

'홋카이도'라는 이름을 붙인 사람으로 알려진 탐험가 마쓰우라 다케시로는 체홉이 방문하기 30여 년 전인 1869년 무렵에 가라후토*를 걸어서 답사했다. 그 시절에 윌타족과 만났던 일을 마쓰우라는 이렇게 기록하고 있다.

> 해변가에는 나를 구경하러 나온 오로코(윌타)들이 여러 명이 있었는데 다들 송어, 아메마스, 연어, 바다표범을 선

---

* 사할린 섬의 일본식 명칭

불로 가져다 주었다. 그 친절한 모습에 실로 감탄했다. (호로나이 강을 내려오니) 양쪽 물가에 오로코 수십 명이 서서 다양하고 색다른 소리를 내며 즐거워했고, 삿대로 작은 배를 부려 강 중간 정도까지 마중하러 와서는 여러모로 보살펴 주었다.

마쓰우라 다케시로는 아이누와도 깊은 교류를 나눴기 때문인지 그들에 대해 비교적 호의적으로 기술하고 있다. 하지만 1930년에 발행된 『가라후토 요람』은 '오로코족'을 이렇게 기록하고 있다.

일반적으로 무지몽매하고 태만하며 서너 살에 이미 담배를 피우고, 대여섯 살에는 술과 친하게 지내는 자도 있다. 그런 생활이 괴로워지면 다른 사람을 원망하거나 동족 간에 서로 시기하고 미워한다.

제2차 세계대전이 끝난 후인 1956년의 어떤 기록에도 "일반적으로 무지하고 태만하며 흉포하고 술과 담배를 즐긴다. 이웃사랑도 결여되어 있으며 동족 간에 불화가 끊이지 않는다(홋카이도 교육사)."라고 기록되어 있다. 이것은 『가라후토 요람』을 참고 · 인용한 것으로 여겨지는데 '흉포'라는 단어가 추가되어 있다.

또한 『실용 가라후토 안내』(이하라 다쓰고로 저, 고지마오모리토, 1909년)에는 "느리고 둔해서 아무리 보아도 오래 이어질 인종은 아닌 듯하다."라고 되어 있고, 윌타족에 대해서는 "생활 상태는 길랴크인과 비슷하거나 아니면 그보다 열등해서 딱한 인종이 아닐 수 없다."라고 설명하고 있다.

하지만 일본인 모두가 그렇게 생각하는 것은 아니다. 도요하라(현 유주노사할린스크)의 여학교 교사로 있었던 야치쇼분은 『가라후토 후부츠쇼』(시치쵸쇼인, 1944년)에 이렇게 기록했다.

> 나는 작년에 그림 친구인 히로타 다카오 군과 함께 오로코의 집에서 잔 적이 있는데 그들의 기호품을 잘 알았던 우리가 소주와 정종을 가지고 갔더니 매우 기뻐했다. 그들은 우리에게 월귤과 산딸기를 잔뜩 대접해 주었다.
>
> 그들은 모두 친절하고 침착한 인상을 준다. 무턱대고 공손하게 행동하거나, 마음속으로는 싫어하지만 겉으로는 웃어 보이는 그런 의례적인 행동은 하지 않는다. 진실성이 있고 자신이 생각하는 그대로 행동해서 기분이 안 내키면 하루 종일 말을 하지 않는다. 그들의 천성 안에는 논쟁이나 잘난 척, 혐오는 둥지를 틀 장소가 없는 듯하다. 그 뿐만이 아니다. 세상의 모멸과 반항심, 원한 등의 부정적 감정은 그들의 미소와 만나면 모두 사라질 듯하다. 그들의 생활이

> 처음에 우리들에게 와 닿았던 것은 솔직함이다. 그 솔직함이 모든 것에 자극과 생기를 준다. 단순하고 간소한 그들의 세계는 그 솔직함에서 필연적으로 생겨나는 것이라고밖에 말할 수 없다.

또한 도쿄제국대학에서 교편을 잡았던 음악가 다나베 히사오는 1927년에 저술한『섬나라의 노래와 춤』에서 가라후토에서 북방 원주민들과 있었던 에피소드를 이렇게 소개하고 있다.

> (축음기 모양의 녹음기를 가지고 갔더니) 처음에는 이 기계를 두려워해서 좀처럼 가까이 다가오려 하지 않았는데, 내가 시범을 보이고 앞에서 부른 노랫소리가 다시 기계에서 흘러나오는 것을 보고는 굉장히 재미있어 하더니 모두 경쟁적으로 녹음에 참가해 주었다. 그런데 그들은 손뼉을 치면서 노래하기를 즐겨서 축음기의 녹음 나팔 앞에다가 입을 대고 노래를 하다가 노래에 흠뻑 빠져 유쾌해진 나머지 손뼉을 치면서 일어서서 춤을 추기 시작했다.

그런데 일본에서는 오로코를 가리켜 오로촌이라는 말을 쓴다. 오로촌은 '오로촌 라면'과 아바시리에 있는 '오로촌 불축제'* 등을 통해 그 이름을 알리게 되었다. 하지만 라면은 물론이고 지역 활성화를 위한 이벤트의 하나인 불축제 또한 관광용으로 만들어진 것으로 그들의 전통적인 축제와는 관계가 없다. 오로촌은 실제로 존재하는 다른 민족의 명칭이다.

그들은 러시아와 중국의 국경 부근에 사는 민족으로 일본인과의 접점은 거의 없다. 한편 윌타(오로코)는 사할린 남부에 많이 사는 북방 소수 민족으로 니부흐와 마찬가지로 일본과 관계가 깊다. 또한 아무르강 유역에는 오로치라고 하는 소수 민족이 살고 있는데, 러시아인들이 북방 소수 민족을 뭉뚱그려서 모두 '오로촌'이라고 부르던 것을 일본이 그대로 답습한 것으로 알려져 있다.

니부흐와 윌타는 모두 사할린 부근에서 서로 영향을 주고받으면서 생활하던 유목민이다. 육지에서는 수렵을, 바다나 강에서는 고기잡이를 하면서 살았고 땅을 갈아엎는 농경은 토지에 대한 모독이라고 생각해서 결코 하지 않았는데, 이는 체홉이 기술한 그대로다.

그들은 여름에 생활하는 집과 겨울에 생활하는 집이 따로 있어서 각각 때에 맞추어 매번 새로 짓는다. 여름이 되면 어업 등에 종사하기 위해 '여름 가옥'을 지어 그곳에서 살고, 겨울이 오면 여름 가옥을 해체하고 반지하에 겨울용 집을 짓는다.

---

* 홋카이도 아바시리 시의 축제 중 하나. 원주민들의 영혼을 위로하고 풍년을 기원하기 위해 전통의상을 입은 북방소수민족이 불을 둘러싸고 북소리에 맞춰서 춤을 춘다.

또한 족외혼 부계씨족, 즉 아버지 쪽으로 연결되어 있다고 생각되는 사람과의 결혼을 금하고 있다. 근친혼을 피하고 각 부족의 결속을 다지기 위해서일 것이다.

현재 니부흐의 인구는 아무르 강 유역과 사할린에 각각 2천 명씩 총 4천 명 정도 된다.

윌타는 사할린 섬에만 살고 있는데 다 합해도 3백 명 정도밖에 되지 않는다. 두 민족 모두 최근에는 러시아인이나 조선족과의 혼혈이 많아지고 있다.

특히 니부흐는 '옛날 아시아계 민족'으로 알려져 있으며 3세기 무렵부터 번성한 오호츠크 문화의 후예라고 불리고 있다. 14세기 중반의 중국 역사서 《원사元史》에는 '길리미吉里迷'라고 소개되어 있으며, 부근에 사는 어떤 소수 민족과도 연결점이 없는 독자적인 언어를 가지고 있다. 즉, 굉장히 오래된 계통을 가진 민족으로 여겨진다.

니부흐와 윌타는 수렵방법이 서로 다르다. 니부흐는 바다표범 등의 바다짐승 사냥과 고기잡이를 주로 하고, 육지에서의 수렵은 모피를 팔 목적으로 담비 등의 작은 동물을 잡는 정도다. 즉, 그들은 바다나 강에 의존하며 사는 민족이라고 할 수 있다. 또 항상 몇 마리의 개와 함께 생활하고 겨울이 되면 개썰매를 만들어서 이동할 때 사용한다. '우리의 선조는 개'라는 전승이 니부흐들 사이에 남아 있을 정도로 개와의 인연이 깊다.

한편, 월타는 바다와 강에서 고기잡이도 하지만 육지에서의 수렵도 자주 한다. 니부흐가 개를 키우는 데 반해, 월타는 순록을 사육한다. 여름에는 해안가나 강가에 세 채에서 열 채 정도의 촌락을 만들어 고기잡이에 전념하지만, 가을이 되면 산림 속에 방목하고 있던 순록 무리를 모으기 위해 강을 거슬러 올라가 숲으로 들어간다. 그리고 겨울 동안에는 순록에게 썰매를 끌게 하거나, 순록을 타고 곰이나 야생 순록, 담비나 여우같은 작은 동물을 사냥한다. 야생 순록을 잡을 때는 사육하는 순록을 미끼로 사용하는 경우도 있다고 한다.

나중에 사할린 중부 마을인 포로나이스크의 향토박물관의 스베타라나 관장을 인터뷰했을 때 니부흐와 월타의 차이점을 묻자 재미있는 이야기를 들려 주었다.

"잘 알려져 있는 것은 니부흐는 개를 키우고 월타는 순록을 키운다는 것인데 그 외의 것을 말하자면 인종이라고 할까 얼굴 생김새가 다릅니다. 살색도 다르고요. 니부흐는 거무스름하고 월타는 하얀 피부를 가지고 있습니다. 전설에 따르면 니부흐는 삼나무(또는 잎갈나무)에서 태어났고, 월타는 자작나무에서 태어났다고 하는데, 이 이야기는 피부색에서 나온 것입니다. 현지 사람들은 대개 얼굴 생김새로 니부흐와 월타의 차이를 판단할 수 있는데 지금은 러시아인이나 조선족과의 혼혈이 많아져서 그들을 구분하기가 좀 애매해지고 있습니다."

스베타라나 관장은 니부흐로, 확실히 피부가 조금 검은 편이다. 하지만 니부흐 중에서도 피부가 하얀 사람이 있기 때문에 어지간히 익숙한 사람이 아니면 구별하지 못한다고 한다.

또한 민족 특유의 문양을 가지고 있는데, 예를 들어 윌타는 하트 모양과 비슷한 문양을 옷 등에 자수로 새겨 넣는다. 현재는 이런 문양을 넣은 옷을 축제 등의 특별한 때만 입기 때문에 실제로 그것을 볼 기회는 거의 없다.

그들이 사는 사할린 섬은 남북으로 뻗은 총 길이 약 1,000킬로미터에 이르는 길고 가느다란 섬이다. 북방 소수 민족은 이 섬을 '물고기 모양'이라고 말하는데, 확실히 남단에 꼬리지느러미가 있는 기묘한 물고기처럼 보이기도 한다.

러시아와 일본은 옛날부터 이 물고기 모양을 한 섬을 둘러싸고 영토 다툼을 반복해 왔다.

에도 시대의 탐험가로『마미야 해협』의 저자로 잘 알려진 마미야 린조는 에도 시대인 1809년에 이 섬의 명칭을 '기타에조'라고 했다. 그 후에 '가라후토'로 명칭이 바뀌었는데 이 무렵부터 섬을 둘러싸고 러 · 일 간에 사소한 분쟁이 잦아졌다.

메이지 유신이 일어나자 불안정한 국내 정세의 영향으로 홋카이도 전역의 통치가 최우선이라고 생각한 메이지 정부는 1875년에 가라후토(사할린)를 포기하는 대신 쿠릴 열도*를 일본 영토로 삼기로 정한 〈가라후토 · 쿠릴 교환조약〉을 러시아와 체결했다. 이 시점에서 일본은 가라후토의 영유권을 일단 포기했다.

하지만 약 30년 뒤인 1904년에 러일 전쟁이 발발했다. 형세가 유리하게 돌아가고 있다고 생각한 일본은 전쟁이 시작된 다음 해에 가라후토로 침공해서 모든 지역을 제압하고 다시 한 번 일본의 지배하에 두게 되었다.

러일 전쟁 후에 맺어진 포츠머스 조약**에 의해 일본은 북위 50도선 이남을 영토로 삼았고, 제2차 세계대전이 종전을 맞이하기까지 40년간 가라후토는 러시아와 일본이 분할 지배하기에 이르렀다.

이 북위 50도의 국경선은 러 · 일 간에 중요한 의미를 가졌지만 옛날부터 섬 안을 종횡무진하며 살았던 니부흐와 윌타들에게는 아무 상관없는 이야기나 마찬가지였다.

그런데 전쟁이 일어나기 전까지는 일본에서 거의 찾아볼 수 없었던 니부흐와 윌타가 왜 전쟁이 끝나고부터 사할린에서 홋카이도로 옮겨 와서 살게 되었을까.

러일 전쟁 후 가라후토의 북위 50도선을 기준으로 남쪽을 영토로 삼았던 일본은 50도선에서 100킬로미터 정도 아래 강

---

* Kuril. 러시아 사할린 주에 속한 열도로 총 길이 약 1,300킬로미터에 이른다. 캄차카 반도와 홋카이도 사이에 크고 작은 약 56개의 섬으로 이루어져 있다.

** Treaty of Portsmouth. 1905년 러일 전쟁을 종결시키기 위해 러시아와 일본이 미국 포츠머스에서 맺은 강화 조약으로, 정식명칭은 '러일 양국 강화 조약'이다.

어귀에 있는 작은 마을 시스카(현 포로나이스크시) 교외에 북방 소수 민족들의 마을인 '오타스의 숲'을 만들었다.

그전까지 유목민으로 자유롭게 사할린 전역을 오가며 살고 있었던 다섯 북방 소수 민족인 니부흐(길랴크), 윌타(오로코), 우리치(산다), 에벤키(키린), 야쿠토를 모아서 '오타스의 숲'이라는 촌락을 새롭게 만든 것이었다. 인구는 150명 정도로 당시 사할린 남부에 있던 북방 소수 민족의 3분의 1을 모은 것으로 추정된다.

이 오타스의 숲은 포로나이 강 하구의 모래톱에 만들어져서 시스카까지는 3킬로미터 정도 떨어져 있었기 때문에 당시에는 배편으로밖에는 오갈 수 없었다.

이런 불편한 곳에 만들어진 오타스의 숲은 머지않아 가라후토 제일의 관광명소가 되었다.

당시 오타스의 숲을 방문한 가수이자 소설가인 야마가와 아케미는 "나는 가라후토에 가기로 정한 뒤부터 이곳 오타스의 숲으로 건너오는 것이 가장 큰 목적이라고 말할 수 있을 만큼 이곳을 동경하고 있었다."라고 말하며, 그곳에 살고 있는 '본토인本土人'들의 인상을 이렇게 기록하고 있다.

> (북방 소수 민족의 아이들을 불러서 과자를 나눠 주자) 한 명 한 명이 다 '고맙습니다.'라고 말했지만 표정에는 변화가 전혀 없었다. 그들은 약간 동물처럼 보이는 각지고 탁한 큰 눈

을 가지고 있으며, 피부는 남자나 여자나 갈색 빛이다. 웃음이라는 것은 역시 문명인의 것이라는 사실을 여실히 보여주는 것 같았다. 나는 개나 고양이의 웃는 표정을 본 적이 없다.

아마도 그들을 방문한 일본인 중 상당수가 그런 눈으로 북방 소수 민족을 보았을 것이다. 이 야마카와의 발언과 비교하면 서두에 소개한 체홉의 기록은 당시로서는 상당히 괜찮은 편이었다는 사실을 알 수 있다.

기타가와 겐타로는 이 오타스의 숲 근처에서 태어나서 나중에 일본으로 귀화했다.

겐타로는 시스카 근처의 사치 촌락에서 1926년 무렵에 태어났다. 태어난 해를 정확히 알지 못하는 것은 이 세대의 북방 소수 민족에게서 흔히 볼 수 있는데, 생년월일을 정확히 아는 것을 그다지 중요하게 생각하지 않았기 때문이다.

당시에 겐타로의 의붓아버지인 기타가와 고르고로는 다른 윌타와 마찬가지로 고기잡이와 수렵, 순록 사육으로 생계를 꾸리고 있었다. 겐타로의 친아버지도 아주 가까이에 살고 있었지만 고르고로에게 아들이 없었기 때문에 겐타로가 자연스럽게 양자로 가게 되었다.

1930년 북방 소수 민족 아이들을 위한 학교인 '본토인 교육소'가 오타스에 설립되었다. 의붓아버지 고르고로는 겐타로를 학교에 보내야 했기 때문에 그때까지 살고 있던 사치에서 오타스의 숲으로 옮겨갔다. 겐타로는 그 무렵의 일에 대해 이렇게 말했다.

"(양자지만) 양자라고 해서 차별 같은 건 하지 않았습니다. 일본인과는 달라서 그런 것은 전혀 신경 쓰지 않으니까요. 오타스는 모래땅에 부락이 형성되어 있었는데 길랴크나 오로코의 집이 열두세 채씩 있고 키린, 야쿠트, 산다 등의 소수 민족도 살고 있었습니다. 서로의 부락이 떨어져 있었지만 평범하게 알고 지냈어요. 단, 시집갈 나이의 여자를 교환하는 것만은 피했지요. 집은 통나무로 만들었는데 통나무와 통나무 사이에 툰드라(이끼)를 넣어서 틈새를 막기 때문에 겨울에도 따뜻했어요. 전등은 시스카에 가지 않으면 볼 수 없었기 때문에 램프 불을 켜고 살았지만요. 초봄인 3월부터 5월쯤까지 돗카리(바다표범의 홋카이도 방언)를 잡고, 여름에는 송어, 가을에는 연어, 겨울에는 순록과 나무 쥐(다람쥐), 담비, 수달을 잡아서 생계를 꾸렸습니다. 참으로 여유로웠지요. 전쟁이 없었으면 지금도 그렇게 느긋한 생활을 하지 않았을까요?"

그런데 1942년 어느 여름날, 갑자기 오타스 학교에 겐타로를 비롯한 윌타와 니부흐 젊은이들이 소집되어 신체검사를 받게 되었다. 모두들 그 당시에는 도무지 무슨 일인지 알지 못했는데 얼마 지나지 않아 약 20명이 제1기생으로 합격해서 군사훈련을 받게 되었다.

그들을 징집한 것은 일본 육군 소속의 특무기관이었다. 사할린의 특무기관은 북위 50도선 소비에트 국경의 첩보활동, 즉 스파이 활동을 위해 이들을 징집하고 배치한 것이다.

북위 50도선 부근은 혹한의 툰드라 지대로 일본의 첩보원들만으로는 길을 헤맬 수밖에 없는 곳이었다. 하지만 니부흐나 윌타는 수렵을 위해 국경부근의 산림지대로 자주 다녔기 때문에 지형을 숙지하고 있었다.

그래서 나가노 학교 특1기 출신의 엘리트로 당시 28세였던 오기 사다오 대위가 니부흐와 윌타를 징집하기로 결정하고 일단 신체검사와 군사훈련을 받게 한 것이었다.

그 후 윌타인 겐타로와 친구들은 일단 집으로 돌려보내졌는데 이듬해인 1943년 다시 소집된 뒤 본격적으로 국경 부근에 배치되었다. 활동 내용은 국경 부근 경비와 소비에트군의 움직임을 탐색하기 위한 첩보활동이었다.

비슷한 시기에 소비에트 측에서도 니부흐와 윌타를 이용한 첩보활동을 활발하게 진행하고 있었다. 국경 부근에서는 민간인 옷을 입은 소비에트 스파이가 빈번하게 모습을 보였고 또 틈을 봐서 50도선을 넘어 일본에 잠입하기도 했다. 언제든지 전 군사력을 끌어올려 북위 50도선을 돌파하고 침공할 수 있도록 소비에트군이 만반의 준비를 하고 있었던 것이다.

그래서 일본의 첩보원들도 겐타로 등의 젊은 북방 소수 민족들을 차례로 징집하고 국경 부근에 배치했던 것이다.

극한의 벽지라는 험한 조건 때문에 오랜 기간에 걸쳐 어떻게든 평화를 유지해 온 극동의 섬은 이렇게 가라후토와 사할린 양쪽으로 나뉘어 나중에는 '스파이 접전 섬'이라고 불리게 되었다.

겐타로는 처음에 서해안의 국경 부근에 배치되었다. 항상 하사관 한 명에 윌타와 니부흐가 두세 명, 그리고 현지에 사는 일본인 사냥꾼을 포함한 대여섯 명이 한 조가 되어 활동했다.

당시의 북위 50도선 국경은 50킬로미터 폭으로 벌목한 흔적이 남아 있었고 나무의 크기가 확연히 달랐기 때문에 금방 국경이라는 사실을 알 수 있었다. 겐타로는 그 시절의 일을 다음과 같이 회상했다.

"높다란 나무 위에 올라가서 망원렌즈로 건너편 상황을 살피기도 했었지. 물론 군복 같은 건 안 입고 그 지역 사람 복장을 하고서는 식재료 따위를 넣고 걸어 다녔다네. 소련 스파이가 넘어왔다는 정보가 들어오면 갑자기 바빠져서 밤낮으로 잠도 안자고 국경 부근에서 망을 보곤 했었지. 군대에서 오로코와 길랴크를 쓴 이유는 산에서 잘 걷고 소비에트 측에 잡혀도 군인이 아니기 때문에 국경을 넘어가서 정보를 캘 수 있었기 때문이라네. 소비에트 측도 마찬가지로 오로코와 길랴크를 썼으니까.

나는 당시에 일본 군인으로는 일할 수 없었는데 그 대신에 특무기관에서 일할 수 있어서 명예롭고 기뻤다네. 일본인이 되고 싶었으니까. 하사관이 '남방에서는 고사족*이 나라를 위해 일하고 있으니까 너희들도 지지 말고 열심히 해라.'라고 했던 말을 지금도 잊지 못해. 나는 지기 싫어하는 성격이라 절대로 지고 싶지 않았지."

홋카이도에 사는 사사키 야스하루 씨는 당시 가라후토에서 하사관으로서 첩보반 한 팀을 이끌었다. 2010년 여름, 90세의 고령인 사사키 씨는 홋카이도에서 여전히 건강하게 살고 있었다. 나는 사사키 씨를 방문해 당시 사할린 섬의 일을 물어보았다.

"나는 초등학교 4학년 때 가라후토로 이사했는데 그대로 현지 징병을 당해 군인이 되었다네. 처음에는 산포대에 가서 대포를 옮기는 일을 했지. 그 일을 1년 정도 한 뒤에 도쿄 나가노학교에 들어가 9개월 동안 스파이 훈련을 받고서 하사관이 되어 가라후토로 돌아왔지."

"오타스의 숲에 간 적이 있나요?"

"아아, 오타스의 숲 말인가? 왠지 그리워지는군……."

사사키 씨는 느닷없이 큰 소리로 노래를 부르기 시작했다.

별똥별인가 호로나이 강

---

* 高砂族. 대만의 원주민을 말한다.

강의 흐름에 수염을 깎으면
오로촌 소녀도 한눈에 반하네.

"이런 노래를 자주 불렀었지. 당시에는 길랴크와 오로코를 모두 오로촌이라고 불렀다네. 우리들 사이에서는 그다지 신분의 구분이 없었지. 내가 하사관으로 인솔하던 시절에는 이미 일본인과의 구분도 별로 없었어. 일본제 고무신에 한텐*을 입으면 곧잘 일본인으로 오해 받을 정도였으니까. 그들은 아이누보다도 일본인과 아주 닮아서 말이야. 임무는 국경 부근 경비였어. 말하자면 침입해 온 러시아 스파이를 잡는 거라고 할 수 있지. 국경수비는 군대가 하는데 스파이를 발견하면 바로 죽였다네. 하지만 우리는 군대가 아니니까 금방 죽이지는 않고 붙잡아서 심문을 하는 역할을 했지.

반드시 세 명 이상이 함께 순찰을 했는데 오로촌이 길을 안내해 주곤 했어. 불은 절대로 피우지 않았지. 잡은 스파이는 대부분 조선족이나 오로촌이었어. 흥분한 나머지 그대로 죽이고 만 일도 있었지만 가능한 한 잡아서 심문했다네. 상대방 정보를 얻고 싶었으니까. 잡으면 눈을 가리고 최대한 여기저기 걸어서 방향 감각을 잃게 한 뒤에 데리고 왔어. 하지만 러시아 스파이는 교묘해서 일본인의 모습을 하고 있었으니까

* 일본의 짧은 겉옷 중 하나

당당하게 돌아다니면 스파이인지 알 수가 없었지. 그래서 상당히 많은 정보가 누설되었을 거야."

"길 안내를 했던 니부흐나 월타에 대해서 뭔가 기억나는 점은 없나요?"

"아, 맞다. 지금은 니부흐, 월타라고 부른다고 했던가……. 뭐, 아무튼 그들은 대단했지. 나는 주로 아사타로와 오가와 폰드노라는 녀석을 데리고 다녔어. 아사타로는 20대여서 젊었고, 폰드노는 40대로 관록이 있었지. 나는 특히 같은 또래인 아사타로와 사이가 좋아서 곧잘 '아사, 아사.' 하고 불렀다네. 그들은 자연인이라서 굉장했어. 우리는 감탄하면서 뒤에서 녀석들을 따라다니기만 하면 됐지. 사격을 하면 무조건 백발백중이었단 말이야. 게다가 날씨도 잘 맞췄어. 내일은 비가 올 거라고 해서 어떻게 아냐고 물었더니 '새의 울음소리로 알 수 있다'고 하더군. 한번은 뜬금없이 '이틀 전에 스파이가 이곳을 지나갔다'고 말하는 거야. 어떻게 아냐고 물어봤더니 '발자국이 남아 있다'고 했지. 나는 봐도 전혀 모르겠는데 말이야. 자세히 보면 조금 파여 있는 것 같기도 한 정도였으니까. 녀석들은 이끼를 밟은 흔적으로 이틀 전에 세 명이 그곳을 지나갔다는 걸 알았지. 아무튼 녀석들이 없었으면 우리는 아무 대책도 없었을 거라네."

나는 이 에피소드를 듣고 『데루스 우잘라』(알세니에프 저/하세가와 시로 역, 동양문고 헤이본샤)를 떠올렸다.

1907년 경 러시아 탐험가인 알세니에프는 데루스 우잘라라는 나나이족 노인의 안내를 받으며 사할린 저편 러시아 본토 우스리 지방을 탐험했다. 그 탐험기인『데루스 우잘라』는 구로사와 아키라* 감독에 의해 러 · 일 합작으로 영화화되었다. 나나이족은 니부흐나 윌타와 같은 북방 소수 민족으로 현재도 사할린과 러시아 본토 쪽에서 살고 있다.

이 탐험기 중에 나나이 노인 데루스는 숲속에 남아 있는 모닥불 흔적을 보고 다음과 같은 사실을 유추해냈다.

> 여기에서 몇 번이나 모닥불을 피웠는데 최근에는 사흘 전에 한 사람이 모닥불 근처에서 밤을 보냈다고 했다. 중국인 노인이었는데 그는 밤에 잠을 자지 않았고, 아침이 되어서도 강을 건너지 않고 다시 되돌아갔다.

발자국으로 한 명이라는 사실을 알아차리고 땅이 파인 모양으로 앉아 있었다는 사실, 그리고 야영하는 방식으로 중국인이라는 사실을 파악하는 정도라면 경험이 풍부한 탐험가인 알세니에프도 설명할 수 있었다. 하지만 모닥불을 쬔 것이 '노인'이라는 사실은 알 수 없었다.

---

* 黒澤明(1910~1998). 일본을 대표하는 영화감독으로《라쇼몬》,《7인의 사무라이》 등의 작품으로 국제영화제에서 인정받았다.

"왜 이곳에 있던 것이 노인이라고 하는 거죠?" 알세니에프가 묻자 나나이 노인은 "자네는 몇 년이나 산을 다녔으면서도 정말로 모르겠나?" 하고 어처구니없다는 표정을 지었다.

그리고 야영한 중국인이 버리고 간 낡아 빠진 신발을 집어 들더니 이렇게 말했다고 한다.

"젊은이는 발끝으로, 노인은 발뒤꿈치로 걷는다네."

사사키는 이어서 이런 이야기를 했다.

"그리고 분명히 기억나는 건 평상시처럼 북위 50도선 국경 부근을 정찰할 때의 일이었지. 녀석들은 걷는 게 정말 빨라서 우리가 겨우 따라갈 정도였다네. 지쳐서 슬슬 돌아갈까 하던 차에 오가와 폰드노가 '곰이다!' 하고 소리쳤지. '곰을 잡아와도 됩니까?'라고 물었는데, 그곳은 국경 부근이라서 발포가 금지되어 있었다네. 게다가 전투 이외의 일로 사격을 하는 것은 군기위반이고. 설마 '곰을 쏴도 됩니까?'라는 질문을 받으리라고는 생각도 못했던 터라 말문이 막혀 고민하고 있었더니, 상사인 사토 하사관이 '좋소, 잡아 오시오.'라고 하더군. 그러자 폰드노가 갑자기 사라져 버렸어. 찾아보니 벌써 사격 자세를 취하고 있더군. 곰은 강 건너에 있는 모양이었는데 우리 눈에는 보이지도 않았다네. 한 발을 쏘고는 '머리에 맞았다. 손에 느낌이 왔다.'라고 했는데 전혀 모르겠더군. 그러더니 폰드노가 금세 팔뚝 두께 정도의 나무 두 그루를 주워 오더니 그걸 강에 띄우고 그 위에 올라타는 거야."

"그 말씀은 통나무 두 그루 위에 말 타듯이 탔다는 말입니까?"

"아니지, 아니야. 얇은 나무 두 그루를 띄워두고 요령 좋게 서서 탔어. 그리고 얇은 나뭇가지를 손에 잡고 그걸 작대기 삼아서 휘청휘청 하면서 반대편 물가로 건너가 버렸지. 그 모습을 보고는 정말이지 깜짝 놀랐다네."

나는 '설마 그런 일이 가능하겠어?' 싶었지만 『데루스 우잘라』를 읽었기 때문에 어쩌면 가능할지도 모른다고 생각했다.

"그래서 한동안 기다렸는데 아무리 기다려도 오질 않는 거야. 날도 어두워지기 시작해서 어쩔 수 없이 상관과 둘이서 숙박지에 돌아왔는데 괜찮을지 굉장히 걱정이 되더군. 그런데 다음날 아침에 1킬로그램 정도 되는 고깃덩어리와 곰 가죽을 들고 돌아왔어. 아무래도 총으로 쏜 곰을 가지고 마을에서 나눈 다음에 돌아온 것 같았지. 폰드노가 가지고 온 고기를 군인들과 함께 나눠 먹었는데, 나는 곰 고기는 왠지 기분이 나빠서 많이 안 먹었다네."

거기까지 말하고는 사사키 씨가 이렇게 중얼거렸다.

"아무튼 오로촌을 만나면 사과하고 싶어. 그들에게는 우리의 전쟁 같은 건 상관없는 일이었으니까. 아사타로는 특무기관에 협력했다는 이유로 시베리아로 보내져서 영양실조로 죽었다고 들었고, 폰드노는 어떻게 됐는지도 모른다네. 특무기관의 오오기 대위는 우리한테는 구름 위의 사람 같은 존재였는데 오오기 씨도 미안한 일을 했다고 했었지. 그분도 이미 돌아가셨지만……."

일본의 패전이 발표되고 이틀 뒤인 1945년 8월 17일, 소련군은 북위 50도선을 돌파해서 침공한 뒤 사할린 남부를 모두 점령했다.

그 이틀 동안의 혼란 가운데 니부흐, 윌타, 조선족은 첩보활동의 비밀을 지키기 위해 일본군에 의해 학살당했다고 한다. 그 숫자는 수십 명 정도라고 하는데 자세한 것은 밝혀지지 않았다. 당사자의 상당수가 이미 죽었기 때문이다.

기타카와 겐타로는 탐사활동에서 돌아와 주둔지에서 처음으로 일본의 패전을 알았다고 한다.

패전 직후 일본 영토였던 남사할린의 주민들은 어딘가로 도망을 가야 할지 머물러야 할지 몰라 혼란을 겪었다고 한다. 오타스에서 사람들을 지도하던 어느 일본인이 윌타와 니부흐들에게 '당신들은 여기서 태어났으니까 여기에 남는 편이 좋겠다'고 말했지만, 소비에트군의 50도선 돌파 소식에 살기를 띠고 있던 북방 소수 민족들은 '우리를 두고 도망가는 건가'라면서 그 일본인을 죽이려 들었다고 한다.

하지만 그토록 혼란스러운 상황 속에서는 누구라도 일본으로 철수하는 일이 쉽지 않았을 것이다. 일단은 여기저기로 도망치기 시작했지만 다들 어쩔 수 없이 되돌아왔다. 첩보활동을 나갔던 겐타로도 배치된 곳에서 고향 오타스로 돌아가기로 했다.

얼마 지나지 않아 겐타로를 비롯해 특무기관에 있던 사람들은 모두 호출당해 유주노사할린스크 형무소에 수감되었다. 오타스에 있던 윌타 여성 첩보원 안나가 특무기관에 협력한 사람들을 소비에트 측에 밀고했다는 사실을 나중에 들었다고 한다.

패전의 충격으로 일본군 병사들과 장교들은 차례로 자백했지만 니부흐와 윌타들만은 우직하게 침묵을 지켰다. 누구보다 일본인이 되는 것을 꿈꾸던 그들에게 특무기관에서 주입시킨 '적에게 잡혀도 절대로 자백하지 마라.'라는 명령은 절대적이었던 것이다. 그중에는 심문의 고통으로 "천황폐하에게 물어봐라." 하고 외치는 바람에 미친 사람 취급을 받은 이도 있었다고 한다.

겐타로 역시 끝까지 침묵을 지켰기 때문에 2개월 동안 독방에 들어가게 되었다. 그는 그때의 일을 이렇게 회상했다.

"일본을 원망스럽게 생각한 적도 있었지만, 시간이 지나면서 태어난 시기가 나빴다고 생각하게 되었고 마음도 차분해졌지."

특무기관 사람들은 보통 3년에서 15년 정도의 형을 선고받았다. 완고했던 겐타로는 8년형을 선고받고 강제수용소로 보내졌다. 일본에 협조했다는 이유로 강제수용소로 보내진 니부흐와 윌타는 모두 40명 정도였다.

겐타로는 강제수용소에서는 일본인으로 생활했다. 무엇보다 일본을 위해 일해 왔기 때문에 그대로 일본인으로 살고 싶었던 것이다. 그래서 강제수용소에서 나가도 된다는 소식을 들었을 때 겐타로는 망설임 없이 일본으로 가기로 결정했다. 겐타로는 그때의 심경을 이렇게 전했다.

"부모와 형제가 사할린에 있는데 일본으로 간다는 것이 이상하게 들릴지도 모르지. 하지만 나는 자유를 원했어. 군인으로 징집당하고부터 10년 동안이나 자유를 속박당했기 때문에 어떻게 해서든 자유를 얻고 싶었다네. 하바롭스크에 갔더니 러시아인 담당자가 부모님이 사할린에 있으니까 돌아가지 않겠냐고 묻더군. 내가 오로코라는 사실을 알고 말이야. 하지만 부모 형제가 있는 곳으로 돌아갔다가 또 다시 강제수용소로 들어가게 되면 어떻게 하나 생각하면 무서워서 말이지. 그래서 일본에 가기로 결심했다네.

하바롭스크에 있던 친척에게 나이든 부모를 버리고 가느냐고 책망도 받았지만, 그게 아니라 홋카이도라는 곳에 가서 부모님을 기다린다고 말했어. 길랴크인 우에무라 아사타로가 오타스로 돌아간다고 하기에 부모님께 편지를 써서 100루블과 사진을 건네고서 전해달라고 부탁해 두었지. 그때는 처음으로 일본에 간다는 사실이 무척 기뻐서 앞일에 대해서는 걱정하지 않았다네. 그 후에 일어날 일 같은 건 생각할 수조차 없었어."

오타스로 편지를 가져가 달라고 부탁받은 친구 우에무라 아사타로는 전 첩보부의 하사관 사사키 야스하루에게 '아사'라고 불리던 니부흐 젊은이였다.

그는 겐타로의 편지와 함께 무사히 오타스로 돌아갔지만 강제수용소에서의 고단한 삶 때문인지 그 후 1년 정도 살다가 죽었다. 강제수용소에서 죽었다고 한 것은 사사키의 착각이었지만 강제수용소에서의 가혹한 생활이 죽음을 불러온 것은 확실하다고 할 수 있을 것이다.

그리고 1955년, 마이즈루 항을 통해 처음으로 일본 땅을 밟은 겐타로는 지인과 함께 먼저 돌아와 있던 형을 찾아가서 토목공사 일을 했다. 윌타가 할 수 있는 일은 여전히 한정되어 있었기 때문이다.

그리고 3년 후에는 일본 적십자사를 통해서 의붓아버지 고르고로 등 친척 여덟 명을 사할린에서 모셔와 아바시리로 거주지를 옮겼다. 모요로 패총을 발견해서 지역 명사로 유명세를 탔던 요네무라 기오에의 조력 덕분에 어렵사리 일본 국적도 얻을 수 있었다.

이런 식으로 일본으로 들어온 니부흐와 윌타들은 모두 60명 정도라고 알려져 있다. 그들의 대부분은 홋카이도에 흩어져 살았는데, 특히 아바시리에 많이 살았다.

겐타로는 그 이유에 대해 '매년 유빙이 흘러와서 아름답고,

강이 흘러가는 모습이 오타스 풍경과도 비슷하니까.'라고 말했다.

"멀리까지 오시느라 고생이 많으셨네요. 이건 중요한 문제라고 생각하기 때문에 물어봐 주면 나도 기뻐요."

82세인 다나카 료 씨는 조용하지만 힘 있는 목소리로 이렇게 말했다. 그는 갖가지 병에 시달리고 있었다. 하지만 그가 천천히 힘 있게 말하는 내용은 아주 분명했다.

오사카 출신인 다나카 씨는 젊은 시절에 홋카이도로 건너가 아바시리 땅에서 고등학교 교사로 살아 왔다. 홋카이도의 남쪽 끝에서 고등학교 교사로 살았던 그는 기타가와 겐타로와의 교류를 그린『겐다누 어느 북방 소수 민족의 드라마』(현대사출판회, 1978년)를 출판하고 마이니치 출판문화상을 수상했다.

그 후 그는 윌타협회 회장, 유주노사할린스크 교육대학교 교수를 역임했는데, 이 모든 생활은 기타가와 겐타로와 아바시리에서 만났던 일이 계기가 되었다.

"근처에 오로코 사람이 있다고 하기에 재미삼아 가본 것뿐이었어요. 당시에는 아직 윌타가 아니라 오로코라고 불렀죠. 근처에 살던 사람은 고르고로라는 노인이었는데 일본 이름은 기타가와 고로라고 하더군요. 그는 이미 은퇴해서 세와(축제에 사용하는 목상)를 만들면서 윌타의 주술사로 생활하고 있었어요. 아바시리의 축제인 오로총 불축제에 주술사로 불려가고는 했지요. 그 축제는 관광객들에게 보여 주기 위해 하는 것이었는데, 생계를 위해서 축제 주술사 일을 받아들인 거죠. 그때부터 이따금씩 찾아가게 되었습니다. 세상 돌아가는 이야기도 자주 하고 함께 술도 마시곤 했어요. 겐타로는 그 당시에 토목 작업원으로 현장을 여기저기 돌아다녀서 그의 존재는 알고 있었지만 좀처럼 만날 기회가 없었지요. 그러던 어느 날 언제나처럼 고르고로의 집에 놀러갔는데, 거기에 휴가를 받아서 공사현장에서 돌아와 있던 겐타로가 있었지요."

다나카 씨는 고르고로와 겐타로를 통해서 일본에서 사는 북방 소수 민족들, 일본과 소련 양국에 농락당해 온 그들의 인생과 깊은 인연을 맺게 되었다. 얼마 지나지 않아 그들이 홋카이도에 온 경위를 듣고는 분노를 느꼈다고 한다.

"그들은 원래 사할린에서 평화롭게 살고 있었는데, 일본이 무리하게 소비에트와의 전쟁에 그들을 떠밀어 넣었어요. 전쟁에서 지자 이번에는 전범 취급하며 시베리아로 보내버렸죠. 해방이 되었지만 고향인 사할린으로 다시 돌아갈 수도 없어서 국적도 없는데 일본으로 영구 귀국해야 했죠. 그런데도 일본 군인이면 당연히 받는 군인연금이나 유족연금은 일절 못 받았습니다. 수용소에 들어가 있었기 때문에 가지고 있는 자금도 당연히 거의 없었고, 학력도 낮고, 이곳에 대한 지식도 없기 때문에 그들은 계속해서 육체노동을 하면서 살아 왔죠. 이들의 이런 비극을 알려야만 한다고 생각했습니다."

다나카 씨는 그 후로 니부흐와 월타의 전후국가배상 청구 운동에 일생을 바쳤다.

다나카 씨와 겐타로는 공산당 소속 의원과 스즈키 무네오 의원 등 몇 명의 국회의원과 함께 정부에 '니부흐와 월타에 대한 전후국가배상청구'라는 상신서를 제출하고 보상을 받기 위해 평생을 걸고 싸웠다.

하지만 일본 정부는 퉁명스러운 답변을 해왔다.

"매우 유감스럽고, 안타깝기 그지없지만 일개 특무기관이 현지인을 징집하는 일은 있을 수 없다는 것이 원칙입니다. 그렇기 때문에 군인연금이나 유족연금도 지불할 수 없습니다."

현재 대부분의 피해자는 이미 사망했다. 유족연금을 직접 청구한 유족도 거의 없다. 하지만 다나카 씨는 이제는 한에 가까운 집념으로 아는 의원을 통해 현재도 정부에 월타와 니부흐에 대한 전후배상을 계속해서 요구하고 있다.

"월타도 아닌데 왜 이렇게까지 전후배상에 신경을 쓰는 겁니까?" 다나카 씨에게 물었다.

"그건, 뭐랄까. 겐(겐타로)에 대한 우정이라고나 할까요? 처음에는 아이누와 만났죠. 그 뒤로도 사할린에는 열 번도 넘게 가봤어요. 사할린에서 나이 든 니부흐와 월타를 만나면서 이건 어떻게든 해결하지 않으면 안 된다고 생각했죠. 그 후로 다들 차례차례 돌아가셨지만 우리의 원통함을 풀어 달라고 저 세상에서 호소하고 있는 것 같은 기분이 들어요."

다나카 씨가 홋카이도와 사할린에 북방 소수 민족의 위령비를 세우는 운동을 위해 애쓴 덕분에 지금은 양쪽 모두에 작지만 제대로 된 위령비가 세워졌다.

"같은 소수 민족이라도 고사족이나 대만에서 징집당한 사람은 한 사람 당 200만 엔의 배상금을 지불받았죠. 남쪽에서 싸운 사람에게는 배상을 하고 북쪽에서 싸운 소수 민족에게는 아무것도 해주지 않은 것을 알고는, 전쟁 후 그들의 고생을 아는 사람으로서 가만히 있을 수가 없었습니다. 이 사실을 당신들 젊은이들이 모르는 것은 어쩌면 당연한 일인지도 모르죠. 하지만 이런 일이 있었다는 사실, 일본과 소비에트라는 대국의 싸움으로 인해 많은 북방 소수 민족이 억울하게 홋카이도와 사할린, 시베리아의 강제수용소로 흩어져 죽음을 맞이했다는 사실만은 알아 줬으면 좋겠습니다."

대만에서 나온 배상금이란 일본군을 위해서 싸우다 죽은 사람과 그 유족, 그리고 중증 부상자를 대상으로 일본 정부에서 지불한 조위금을 말한다. 모든 대만계 일본 군인에게 지불한 것은 아니었으며 당시 일본 은행에 맡겼던 예금이 흐지부지 사라지는 등 여전히 많은 문제가 남아 있다. 하지만 사할린 출신의 북방 소수 민족에 대해서는 일본 정부가 전혀 상대도 해주지 않고 있다.

그렇지만 다나카 씨의 집요한 추궁으로 그 후 니부흐인 나카무라 이치로(니부흐 이름: 이가라이누)의 유족에 한해서 일본 정부가 유족연금을 지불한 사실이 알려졌다.

이 나카무라 이치로라는 니부흐는 겐타로의 친한 친구였다.

나카무라는 군무원으로 특무기관에 협력했다는 이유로 시베리아로 보내져서 가혹한 강제노동에 시달린 탓에 강제수용소에서 병사했다. 겐타로는 전쟁이 끝난 후 사할린에서 홋카이도로 이주해 살았던 나카무라의 친어머니를 찾아가서 강제수용소에서의 이치로의 마지막 모습을 전해 주었다. 그 후 나카무라 이치로는 야스쿠니 신사에 모셔졌다.

그런데 어째서 니부흐인 나카무라 이치로의 유족에게만 유족연금이 지불된 것일까. 정부에서는 이에 대해서 어떠한 발표도 하지 않았기 때문에 다나카 씨도 그 이유를 아직까지 알지 못한다고 했다.

육체노동을 하면서 다나카 씨와 함께 국가배상청구를 계속한 겐타로는 윌타 이름인 '다힌네니 겐다누'라는 이름을 밝히고, 아바시리에서 이곳 유지가 세운 북방 소수 민족 자료관 〈쟈카 도후니〉의 관장으로 일하게 되었다. 쟈카 도후니는 윌타 말로 '보물을 간직한 곳'이라는 뜻이다. 그곳에서 겐타로는 의붓아버지 고르고로의 뒤를 이어 목상을 만들면서 견학 온 사람들과 이야기를 나누며 지냈다.

몇 번인가 결혼 이야기도 나왔는데 항상 결정적인 순간에

'오로코'라는 이유로 없었던 이야기가 되고 말았다. 쉰 살이 넘어서 이해심 있는 니가타 지방 여성과 결혼했지만, 서로 잘 맞지 않아서 결국 술에 빠져 지내는 일이 많아졌다고 한다.

그는 '소수 민족이 일본에서도 가슴을 펴고 살 수 있으면 좋겠다'고 말하곤 했는데, 1984년 7월 8일 저녁 무렵 자신이 세운 〈쟈카 도후니〉의 소파에서 죽음을 맞이했다.

이후에도 자료관 〈쟈카 도후니〉는 다나카 료와 겐타로의 여동생, 그리고 자원 봉사자들에 의해 운영되어 왔는데 2010년 말에 결국 폐관되었다.

"당신 도대체 뭘 물어보러 온 거요?"

89세의 노인은 나에게 그렇게 몇 번이고 물었다. 그의 곁에는 덩치 큰 아들이 나를 감시하듯이 앉아 있었다. 거의 보이지 않는 눈으로 노려보는 이 윌타 노인에게 나는 어떻게 대답해야 좋을지 망설일 수밖에 없었다.

홋카이도 동부에 있는 마을에 왔다.

전쟁 중에 사할린에서 특무기관에 협력했다는 이유로 시베리아에 보내진 북방 소수 민족 윌타들 중 마지막 생존자인 노인이 있다는 이야기를 들은 나는 며칠이나 걸려서 그의 자택을 찾아냈던 것이다. 구 소비에트의 명부에 그는 이렇게 기재되어 있었다.

1921년, 오타스 출신. 1945년 10월 6일, 극동 군사 회의 판결로 체포되어 러시아 형법 제58조 제4항에 의거 8년간 수용소에 수감됨. 1953년 11월 27일, 석방. 1993년 1월 27일, 명예회복.

아직까지 월타인 사실을 숨기고 시베리아로 돌아와서 사는 이 노인이 폭로할 만한 것이 뭐가 있을까 하고 그를 찾는 여행을 하는 내내 생각했다. 다나카 씨는 "그를 만나도 아무 말도 안 해줄 거예요. 그런 걸 제일 싫어하는 사람이니까요." 라고 말했다.

하지만 어떻게든지 그의 이야기를 듣고 싶었다. 그래서 며칠이나 걸려서 그의 집을 찾고, 큰마음을 먹고 방문한 것이다.

하지만 그에게서 나온 것은 격렬한 거절의 말이었다.

"당신 도대체 뭘 물어보러 온 거요?"

그의 말 한마디 한마디와 침착하지 못한 태도를 통해 스스로가 월타라는 사실을 가족들에게도 숨기고 있었다는 사실을 알 수 있었다. 그의 아들들과 손자를 앞에 두고 나는 도저히 '월타'나 '오로코'라는 말을 입 밖으로 꺼낼 수 없었다. 그래서 할 수 없이 "시베리아에서 고생을 하셨다고 들어서 그 이야기를 들으러 왔습니다."라고만 말했다.

그는 안심한 표정으로 고쳐 앉고는 이야기를 꺼냈다.

"뭐야, 전쟁 이야기 말이지? 전쟁 중에는 가라후토에 있었는데, 특무기관에서 스파이를 했었다네. 그리고서 시베리아로 보내졌지."

고령인 탓도 있겠지만 이야기가 부드럽게 진행되지 않았다. 그의 기록을 보고 월타라는 사실을 알고 있었지만, 확실히 하기 위해서 이야기 중간에 "아바시리의 기타가와 겐타로 씨를 아십니까?" 하고 물었다.

"그 녀석은 이미 죽었다네. 벌써 다들 죽어 버렸지."

"시베리아 수용소에 보내졌던 일에 대해서 러시아 정부가 명예회복을 시켜 주었다는 사실을 알고 계십니까?"

"그래, 알고 있어. 누구한테 들었는지는 잊어버렸지만."

그리고 니부흐인 나카무라 이치로, 말더듬이로 유명했던 월타 오노 마사오의 이름을 꺼내자 "이 녀석도 저 녀석도 다 죽어버렸지. 아무도 없어."라고만 중얼거렸다.

이 정도 이야기를 들었다는 사실만으로도 만족해야 할 것 같았다. 화제를 바꾸기 위해서 "시베리아에서는 어떤 노동을 하셨나요?" 하고 물었다.

"시베리아에서는 통나무를 나른다든지 여러 가지 일을 했지. 한번은 쌓아놓은 통나무가 떨어져서 가슴을 강타한 적도 있었어. 정신을 차려보니 러시아인 감시원 옆에 나동그라져 있었다네. 강 건너에는 꽃이 많이 피어 있었지. 예쁘구나, 아름답구나 하면서 바라보고 있었는데 그러다가 번득 정신을 차려보니 러시아 감시병 옆에 누워 있더군. 모닥불 옆에 날 눕혀 놓았던 거지. 그걸 보면서 '아, 꿈이었구나.' 하고 깨달았다네. 그때 나는 죽을 뻔했던 거야."

그는 60년 동안 자신의 뿌리를 감춰 왔다. 지금은 이 정도로 물러서야 한다고 판단하고 '시베리아로 보내진 윌타 중 마지막 생존자'인 노인의 집을 떠나기로 했다.

집을 나오기 직전에 그 윌타 노인에게 나는 마지막으로 이렇게 물었다.

"고향 오타스에 돌아가고 싶지는 않나요? 가라후토도 지금은 쉽게 여행할 수 있게 되었잖아요?"

노인은 단호하게 말했다.

"그렇게 생각한 적은 없다네. 고향이 그리웠던 적도 없고."

현재 일본에 사는 니부흐와 오로코의 자손들은 그 뿌리를 미련 없이 버리고 홋카이도를 비롯해서 사이타마, 요코하마, 치바 등으로 옮겨가서 새 생활을 하고 있다.

아이누와 마찬가지로 관동 부근으로 많이 이주한 이유는 홋카이도와 가깝고 일자리가 많기 때문이다. 일본에서 그 출신 성분이 알려지면 취직, 결혼이 불리해지기 때문에 그들이 나서서 자신의 뿌리를 밝히는 경우는 거의 없다. 우리는 길랴크나 오로코라고 불리던 사람들의 자손과 일본 어딘가에서 스쳐 지나갔을지도 모른다. 북방 소수 민족의 자손들은 일본에서 계속 살아가기 위해서 어쩔 수 없이 출신을 숨겨야만 하는 것이다.

일본 상공을 통과한 비행기는 금세 고도를 낮추기 시작하더니 두터운 구름 속으로 돌진했다.

시계를 보니 나리타를 출발한 지 한 시간 반도 안 되었다. 사할린은 도쿄에서 두 시간 정도, 정기편이 다니는 홋카이도 신치토세 공항에서 한 시간 정도면 갈 수 있다.

이동 시간은 사전에 조사해서 알고 있었지만 실제로 몸으로 체험해보니 너무나 가까워서 어리둥절해졌다. 사할린은 '절망에 가까운 섬'이다.

유주노사할린스크에 도착한 다음날, 나는 20시 30분에 출발하는 야간열차 '사할린 호'를 타고 북위 50도에서 가까운 포로나이스크로 향했다. 유주노사할린스크에서 포로나이스크까지의 거리는 350킬로미터로 보통 6시간 정도 걸린다.

세가이라고 하는 78세의 한국계 러시아인 통역사가 동행해 주었다. 그는 부산 출신의 재사할린 3세로, 일제강점기에 태어나서 자랐기 때문에 지금도 한국어보다 일본어를 더 잘한다.

사할린 섬의 중간 정도에 위치해 있는 포로나이스크시의 인구는 1만 7천 명 정도다. 교외에 사는 사람들을 포함해도 2만 6천 명 정도밖에 안 된다. 북방 소수 민족은 유주노사할린스크에서는 만날 일이 거의 없는데, 포로나이스크로 들어가면 비교적 많이 만날 수 있다.

포로나이스크에 들어가서 처음으로 만난 것은 포로나이

스크 향토박물관의 스베타라나 산키 관장이었다. 그녀는 일본어 번역도 하고 있는 작가 우라지미르 미하이로비치 산기의 친척으로 니부흐 출신이다. 그녀에게 소수 민족의 최근 상황을 물어 보았다.

"현재 소수 민족은 포로나이스크에 500명 정도 있습니다. 민족 구성으로는 니부흐가 250명, 윌타가 150명, 나나이가 100명 정도이고요. 니부흐는 사할린 전역, 아무르 강 유역도 포함하면 4천 명 정도 있는데 윌타는 사할린에만 살고 3백 명 정도밖에 없습니다. 단, 전체적으로 러시아인이나 조선족과의 혼혈이 많아져서 순수한 북방 소수 민족은 숫자가 줄어들고 있습니다. 사할린에서 북방 소수 민족이 처해 있는 상황을 말씀드리자면, 현재로서는 문제라고 할 만한 것이 없습니다. 일본에서는 니부흐나 윌타가 출신을 숨기고 산다고 들었는데, 러시아에서는 모두 당당하게 말하니까 그런 점에서도 민족적인 차별은 없다는 사실을 알 수 있을 겁니다. 걱정스러운 점이 있다면 북방 소수 민족의 문화가 점점 사라져간다는 점이지요. 그래서 국가와 사할린 주에서 프로젝트 사업을 진행하고 있는데, 북부 노글리키 주변에서 전통적인 방법의 어업이나 순록 사육을 부활시켰습니다. 그 외에도 러시아 기업과 주정부 등의 후원을 받아서 어망 같은 도구나 겨울철을 대비한 스노모빌을 구입하고 있습니다. 이 박물관도 그들의 후원으로 운영되고 있지요."

"그런데" 하고 스베타라나 관장이 말을 끊더니 나에게 이런 질문을 했다. "일본에서는 소수 민족에 대한 차별이 심하다고 들었는데, 정말인가요?"

나는 신중하게 대답했다.

"눈에 보이는 차별은 없습니다. 단지 일본 국민성의 영향도 있고 해서 북방 소수 민족의 자손들은 사실상 출신을 숨기고 산다고 할 수 있습니다. 출신을 숨기는 이유는 출신이 밝혀졌을 때 취직과 결혼을 하는 데 불리해지기 때문일 겁니다. 그런 의미에서는 차별이 뿌리 깊다고 할 수 있겠죠."

"이곳에서도 예전에는 약간의 차별이 있었습니다. 예를 들어, 북위 50도선보다 남쪽에 있던 소수 민족들은 일본 이름을 사용하고 있기 때문에 공직에서는 일하지 못했습니다. 하지만 1990년대에 들어와서 전범의 오명을 쓰고 있던 소수 민족들도 정부가 명예를 회복시켜 주었기 때문에 그 이후로는 공직에서 일할 수 있게 되었습니다. 정부는 소수 민족을 위해 집이나 교회를 지어 주거나 일자리를 알선해 주기도 했는데 일본과는 사정이 좀 다르군요."

스베타라나 관장은 결혼해서 '산기'라는 성을 쓰고 있지만 결혼 전 성은 '미나토'였다. 한자로는 '湊'다. 일본 성이기 때문에 명예회복이 되기까지 공직에 나설 수 없어서 고생했다고 한다.

스베타라나 관장의 주선으로 다섯 명의 소수 민족이 모였다. 모두 일본 성을 가지고 있었고 이런저런 사정으로 일본과 관계가 깊은 사람들이었다. 한 명씩 간략하게 소개하자면 다음과 같다.

[월타] 야마카와 이치로, 77세
기타가와 유리, 47세

[니부흐] 오쿠다 나가쓰구, 74세
라이샤(오쿠다의 부인), 58세
미나토 히데코(오쿠다의 여동생), 67세

홋카이도에서 이미 '시베리아에서 돌아온 최후의 월타'와 만나기는 했지만 그에게서는 이야기를 제대로 듣지 못했기 때문에 왠지 개운한 느낌이 들지 않았다.

그래서 이렇게 당당하게 월타와 니부흐를 만날 수 있다는 사실이 기뻤다.

나중에 포로나이스크를 걷다가 만난 러시아인으로 보이는 사람들도 "저희 엄마는 월타예요.", "저는 니부흐의 핏줄을 이어 받았어요."라고 당당하게 자신의 출신을 이야기했다. 일본에서는 터부에 가까운 존재이기에 그런 작은 일에도 감동을 받게 된다.

그들의 생김새는 일본인과 매우 닮았다. '아이누보다도 일본인과 가까운 외견적 특징을 가지고 있다.'는 문헌자료도 보았고 이야기도 들었지만 실제로 보니 놀랄 만큼 닮아 있었다.

그래서 딱히 특징을 손꼽기가 어렵지만 굳이 말하자면 니부흐와 윌타 모두 눈이 동그란 사람이 많다고 할까? 니부흐 중에도 피부가 하얀 사람이 더러 있지만 윌타의 피부가 대체로 희다는 것은 확실한 듯하다. 내가 발견한 점은 그 정도인데 그들끼리는 처음 만나도 외견상의 특징만으로 어느 쪽인지 안다고 한다.

남성들은 과묵하고 여성들은 수다스러운 사람이 많다고 들었는데, 확실히 남성들은 적극적으로 먼저 말을 하지 않는다. 노인들은 다들 간단한 일본어를 할 수 있었는데 부끄러워하며 말을 거의 하지 않았다. 최연소자인 기타가와 유리는 특히 과묵했다. 그와는 북위 50도선까지 같이 가게 되었는데, 내가 먼저 묻지 않는 이상 거의 아무 말도 하지 않았다. 그는 기타가와 겐타로의 조카뻘이었다. 하지만 겐타로와는 만난 적이 없어서 잘 모른다고 했다. 기타가와 유리는 박물관에서 근무하며 화석과 표본 등을 정리하는 일을 하고 있다. 전쟁으로 사망한 북방 소수 민족의 위령비가 가까이 있는데 그것도 그가 관리하고 있다고 했다.

각자에게 이야기를 들었는데 그들은 시베리아로 보내진 세대의 자녀 세대이기 때문에 전쟁 전 생활에 대한 자세한 이야기는 들을 수 없었다. 하지만 기타가와 유리보다 윗세대는 젊은 시절에 바다와 강에서 물고기를 잡고, 뭍에서는 사냥을 했다고 하는 것을 보니 전통적인 생활을 하던 마지막 세대에 해당하는 것 같다.

니부흐인 오쿠다 나가쓰구의 아버지는 종전 직후 살해당했다. 오타스에서 대표를 역임했기 때문에 입막음으로 일본군에 의해 살해당한 것이 아니냐는 이야기가 있다고 했다.

"아홉 살 때 종전을 맞이했는데, 종전 당일인 8월 15일에 아버지 모모타로가 살해당했습니다. 저는 그 무렵에 어린아이였기 때문에 도요하라 쪽으로 가족들과 함께 피난을 떠났습니다. 그런데 오타스에 남아 있던 사람이 수로에서 머리에 총을 맞고 죽어 있는 아버지를 발견했습니다. 우리가 오타스로 돌아갔을 때는 이미 매장된 후였고요. 소비에트군이 국경을 넘어온 것은 17일이었기 때문에 아버지는 아무래도 일본군에게 살해당한 것 같습니다. 하지만 아버지를 왜 죽였는지는 알 수가 없었습니다. 소비에트 군인이 포로나이스크로 와서 제일 먼저 '모모타로는 어디에 있나.' 하고 물어서 소비에트 군인이 어떻게 아버지 이름을 알고 있나 하고 놀랐던 기억이 납니다. '총을 맞아 죽어서 매장했다.'고 말하자 어디에 묻었는지 물어보더군요. 안내를 했더니 아버지의 무덤을 파헤쳤습니다. 그렇게 아버지의 죽음을 확인하고는 그대로 돌아갔지요. 그 후로 어머니와 섬 안에서 거처를 이리저리 옮기다가 북쪽에 있는 노글리키라는 마을에서 어망을 엮는 일을 시작했습니다. 그 후로 30년간 노글리키에서 이 일을 하면서 마스터 칭호를 받았습니다."

"오쿠다 나가쓰구라는 이름은 일본 이름인데 러시아나 니부흐 이름도 있습니까?"

"아니요, 오쿠나 나가쓰구라는 이름밖에 없습니다. 제가 태어났을 때 엄청난 눈보라 때문에 집 지붕이 날아가 버려서 어머니와 눈에 파묻혀서 죽을 뻔 했습니다. 그런데 우연히 지나가던 사무라이가 우리를 구해 주고는 오래 살라고 '나가쓰구長次'라는 이름을 지어 주었다고 들었습니다."

"사무라이라니, 무슨 의미로 하는 말입니까?"

"사무라이는 사무라이지요."

통역사에게 물어보니 아무래도 '용기 있는 일본인'이라는 의미인 듯했다.

"나는 아직 젊었고 어머니를 두고 갈 수 없었기 때문에 사할린에 남았는데, 형인 오쿠다 히로는 일본으로 갔습니다. 왓카나이에 살고 있다고 들었는데 이미 세상을 떠났을 겁니다. 형은 일본으로 간 지 얼마 안 되어서 연락이 끊겨 버렸기 때문에 지금도 소식을 알 수 없습니다. 일본에 있는 다른 사람에게 듣기로는 홋카이도에서 가라후토견 사육사로 유명해져서 형이 훈련시킨 개가 일본 남극 탐험대와 함께할 개로 뽑혔다고 합니다. 하지만 소문이기 때문에 정말인지 아닌지는 모르겠습니다."

이처럼 가족이 홋카이도로 옮겨 갔지만 소식이 끊겨버린 사람도 적지 않았다.

"이런 사태가 벌어진 것은 전쟁 탓이니까 일본 정부로부터 배상금과 유족연금을 받고 싶습니다. 러시아에서도 연금을 받고 있지만 한 달에 1만 1천 루블(약 3만 3천 엔) 밖에 안 되기 때문에 생활하기 어렵습니다. 페레스트로이카* 이후로 자유로워졌지만 생활은 점점 어려워지고 있습니다. 또 형과 가족도 찾고 싶습니다. 이미 세상을 떠났다면 성묘라도 할 수 있으면 좋겠습니다."

나는 다소 짓궂지만 이런 질문도 했다.

"그건 저도 지당한 말씀이라고 생각하지만 일본뿐 아니라 구 소비에트의 책임도 있는 거 아닙니까? 북방 소수 민족들을 강제수용소에 보내고, 국제법을 무시한 채 강제노동을 시킨 구 소비에트 정부야말로 더 큰 잘못을 한 것이 아닐까요? 왜 일본 정부에게만 요구하고 지금의 러시아 정부에게는 요구하지 않는 겁니까? 그 점을 명확하게 하지 않으면 일본 국민을 납득시키지 못할 것 같습니다."

이 말에 대해서 스베타라나 관장은 이렇게 대답했다.

"러시아 정부는 1990년대에 들어와서 명예를 회복시켜 주었지만, 일본은 아무것도 해주지 않았습니다. 게다가 러시아

* 1985년 4월 옛 소련의 고르바초프 공산당 서기장이 실시한 개혁정책의 총칭

정부에 요구하려고 해도 우리의 힘만으로는 아무것도 할 수가 없고요. 변호사를 세워야 하는데 우리에게는 그럴 힘이 없습니다. 또 증거가 되는 공문서도 남아 있지 않고요."

"그건 일본 쪽도 같은 상황입니다. 먼저 당신들이 살고 있는 러시아 정부를 움직이지 않으면 이 문제는 해결되지 못하는 것이 아닐까요?"라고 말하자 통역사가 "우에하라 씨, 제가 한마디만 해도 될까요?"라고 했다. 나는 인터뷰를 일단 중단하고 통역사의 이야기를 들었다.

"저도 우에하라 씨 말에 일리가 있다고 생각하는데요, 러시아는 다민족국가라서 청원서를 낸다 하더라도 절망적이에요. 강제수용소에 넣은 것은 잘못된 일이었다고 명예회복을 해줌으로써 그들의 무죄를 증명해 주는 정도밖에 보상해 주지 않죠. 그래서 가능하면 일본 정부가 도와줬으면 하는 마음일 겁니다. 저는 이 사람들의 통역을 몇 번 해봤는데 정말로 불쌍해요. 강제수용소로 보낸 러시아도 나쁘지만 무슨 방법이 없을까요?"

하지만 일본의 북방 소수 민족 문제는 다나카 료와 겐타로가 평생을 바쳐 노력했음에도 불구하고 흐지부지 종언을 맞이하고 있다. 희생자가 소수라는 점과 구 소비에트의 벽이 있었다는 점 등 여러 가지로 그 원인을 생각해 볼 수 있겠다.

하지만 대부분의 소수 민족이 일본에서 자신의 출신을 밝히지 않는 특수한 일본 내의 상황이 그 근저에 있다는 것은 분명하다.

'일본은 섬나라니까.'라고 설명해 버리면 간단하지만 왜 일본인들은 항상 이민족을 강제적으로 일본인과 동화시키려고 하는 것일까. 동화지구에 대한 융화운동, 조선반도의 창씨개명, 그리고 이 북방 소수 민족들.

겐타로뿐 아니라 더 많은 사람이 스스로의 출신을 밝혔다면 일본인은 더 다양한 '일본인'을 알 수 있었을 것이다. 그랬다면 보상문제도 더 많은 사람들이 이해해 주지 않았을까. 러시아에 살고 있는 전 특무기관 소속의 니부흐와 윌타를 비롯해 일본에 살고 있는 생존자와 유족들에게 조금이라도 좋으니 보상을 해줬으면 좋겠다는 생각이 들었다. 이러한 문제는 일본뿐 아니라 세계 곳곳에 존재한다. 실제로 내가 그들처럼 국가의 폭력에 의해 고향에서 쫓겨났다면 다나카 씨처럼 계속해서 책임을 추궁하지 않으면 분이 풀리지 않을지도 모른다.

겐타로와 같은 시대에 같은 입장으로 태어났다면 나는 어떻게 살았을까. 이렇게 '만약에'를 생각한다 한들 별 뾰족한 수가 없다는 사실은 잘 알고 있지만, 역시 그렇게 자문하지 않을 수 없었다.

니부흐와 윌타들을 인터뷰한 다음날, 나는 차를 전세 내서 북위 50도선까지 가보기로 했다. 포로나이스크시에서 100킬로미터 정도 떨어져 있는데 비포장도로가 대부분이어서 편도로 두 시간 이상 걸린다. 통역사와 겐타로의 조카인 기타가와 유리가 동행했다.

당일 아침 포로나이스크시에 하나 밖에 없는 외국인용 호텔로 차가 왔는데 구소비에트 시대의 국산차인 '라다'였다. 그 차를 보고 통역사와 나는 놀랐다. 현재 사할린을 달리는 대부분의 자동차는 일본차이기 때문이다.

라다는 전에 불가리아에서 로마를 취재할 때도 탄 적이 있는데 승차감이 굉장히 안 좋았다. 자동차 전세비를 너무 아꼈나 하고 후회스러운 마음이 들었지만 어쩔 수 없었다. 통역사가 "왜 일본차를 안 샀어요?"라고 러시아인 운전사에게 묻자 "국산이 좋아서요."라고 대답했다. 운전석에 러시아 국기가 꽂혀 있는 것만 보아도 이 운전사는 꽤나 국가주의자인 것 같았다.

포로나이스크를 떠나 북쪽으로 올라가서 구 일본군의 최전선이었던 가미시즈카, 게톤, 고톤 등 일본이 지배하던 시대부터 존재했던 작은 마을을 넘어가면 이윽고 북위 50도선이 나온다. 이 부근까지 오면 사람이 없는 삼림지대가 펼쳐진다.

이 근방은 과거의 격전지였기 때문에 여기저기에 구 일본군의 참호가 폐허가 된 채로 남아 있다. 그리고 일본과 러시아 양국이 만든 위령비가 곳곳에 세워져 있다. 일찍이 이곳은 양국이 진을 치고 서로 적대시하며 북방 원주 민족들을 둘로 나누어서 격렬한 스파이전을 펼치고 직접적으로도 전투까지 하던 장소였다. 그야말로 죽은 사람의 영혼을 위로하기 적합한 곳이라고 할 수 있다.

겐타로가 나무에 올라가 소비에트 측을 쌍안경으로 훔쳐보고, 오가와 폰드노가 곰을 쫓아서 요령 좋게 강을 건넜던 곳이 바로 여기였다. 오는 도중에 보니 2급수 정도의 강 몇 개가 흐르고 있었다. 하지만 이제 더 이상 숲 속을 자유자재로 돌아다니는 소수 민족의 모습은 찾아 볼 수 없다.

포로나이스크로 돌아오던 중에 오타스의 숲이 있었던 장소에 들렀다. 유리가 포로나이스크에서 3킬로미터 정도 북쪽에 있어서 돌아가는 길에 들를 수 있다고 알려 주었다.

하지만 비포장도로이기 때문에 길이 안 좋은데다가 눈이 녹는 시기라서 물웅덩이가 여기저기 생겨 있었다. 마치 강 속으로 들어가는 것 같은 곳도 있었는데, 라다 차는 꿀렁꿀렁 흔들리면서 그대로 지나갔다. 이렇게 달리다가 큰 철탑이 있는 곳에서 멈춰 섰다.

주위에는 잡초가 무성한 황야가 펼쳐져 있었다. 한쪽 구석에는 당장에라도 쓰러질 것 같은 낡은 집과 폐허로 변한 빌딩이 늘어서 있었다. 멀리서도 눈에 들어오는 것이라고는 거대한 폐허뿐이었다. 이곳 오타스뿐 아니라 사할린에는 폐허가 굉장히 많다.

유리가 설명을 해주었다.

"저 거대한 폐허는 원래 형무소가 있던 자리입니다. 형무소가 생기기 전에는 야쿠트족*인 비노크로호가 살았지요."

드미트리 비노크로호는 일찍이 '순록왕'이라고 불리던 야쿠트인이다. 당시에 소비에트에서 일본으로 망명해 와서 오타스에 살면서 순록 사육으로 재산을 모았다.

"비노크로호가 살던 곳 옆의 들에는 가라후타 아이누가 살았고, 우리가 서 있는 부근에 니부흐와 윌타가 각각 나뉘어 살고 있었습니다."

이곳은 호로나이 강의 모래톱에 해당하기 때문에 현재 오타스는 '세베르네', 즉 '북쪽 섬'이라고 불리고 있다.

지금은 거의 사용되지 않는 작은 항구에서는 포로나이스크와 모래섬으로 생긴 마을이 건너다 보였다. 이 모래섬에 생긴 사치라는 마을은 겐타로가 태어난 곳으로 현재는 유지누이 섬이라고 불리고 있다. 이곳에는 니부흐와 윌타, 나나이족 아이들이 다니는 민족학교가 있다. 몇 년 전에 개축되면서 멀리 사는 아이들을 위한 기숙사도 만들었다.

겐타로는 특무기관에 징집당하기까지 이 오타스와 시스카 마을을 잇는 나룻배의 사공이었다. 당시에는 열일곱 살밖에 안 된 소년이었기 때문에 분명히 앳되면서도 듬직한 사공이었을 것이다. 광대한 호로나이 강은 아직 얼어 있었는데 군

* 러시아 사하 공화국에 사는 투르크계 민족

데군데 보이는 수면은 상류에서 토사가 함께 흘러내려 오기 때문에 탁한 갈색이 되어 있었다. 나는 그렇게 넓고 아득한 풍경을 보면서 체홉의 『사할린섬』에 있는 한 구절을 떠올렸다.

> 이 바닷가에 서면 사상이 아니라 근심에 사로잡힌다. 어쩐지 두려워짐과 동시에 이곳에 서서 파도의 단조로운 움직임을 바라보면서 무시무시한 포효소리를 내내 듣고 싶은 생각도 든다.

문득 뒤돌아보니 운전수가 무료한 듯이 차에 기대어 이쪽을 바라보고 있었다. "슬슬 돌아갑시다." 하고 통역사가 말을 걸어왔다. 기타가와 유리도 고개를 살짝 끄덕이더니 차로 돌아갔다.

무언가 아쉬운 생각도 들었지만 이제 시간이 다 되었다. 손목시계를 들여다보니 정확히 오후 여섯 시였다. 운전사와의 계약 시간이 끝났다. 어느덧 해질녘이 되었지만 이 섬에는 아직 태양이 높이 떠 있었다. 곧 있으면 백야의 계절을 맞이하게 된다. 나도 유리의 뒤를 따라 돌아가려던 참이었다.

그때 문득 유리의 발밑을 보니 꽃봉우리가 얼굴을 내밀고 있었다.

의외였다. 눈이 익숙해지자 지면 곳곳에 꽃봉우리가 나와 있음을 알 수 있었다. 주위를 둘러보니 주변 일대에 꽃봉우리가 돋아나와 있었고, 작은 꽃들은 이미 피어 있었다. 지금은 5월, 눈이 녹는 시기다. 조금 더 따뜻해지면 여기에 들꽃이 어우러져 필 것이다. 짧은 여름 동안 이 일대는 아름다운 꽃밭이 될 것이다.

나는 홋카이도에서 만난 일본 최후의 윌타족 노인을 떠올렸다.

이곳 오타스에서 시베리아 강제수용소로 보내져서 통나무에 깔렸다가 구사일생으로 살아난 윌타 노인이 꿨던 꿈. 흐르는 강의 건너편에 꽃이 만발했다고 노인이 이야기하던 그 꿈이 떠올랐다.

나는 멍하니 생각했다. 어쩌면 그 강은 그와 겐타로의 고향, 오타스 앞을 흐르는 이 포로나이 강이 아니었을까.

전쟁이 끝난 후부터 지금까지의 세월이 그의 마음속에서 탁한 포로나이 강을 햇빛에 빛나는 투명하고 맑은 강으로 바꾸고, 사할린의 늦은 봄에 흐드러지게 핀 꽃들을 떠올림과 동시에 기억의 앙금으로 조용히 쌓이고 있었던 것이 아닐까. 오팔 원석은 동물의 화석 등이 긴 세월에 걸쳐 화학 변화를 일으켜 만들어지는 보석이라고 한다. 윌타 노인은 오팔처럼 되어버린 고향 꿈을 꾸었던 것이 아닐까.

운전사가 러시아어로 나를 불렀다. 통역사가 운전사에게 무언가 말하고 있었다. 시계는 이미 오후 여섯 시를 지나고 있었다. 노인이 이렇게 말했었던 것 같다.

"정말로 아름다웠지……. 그 꿈만은 지금도 분명히 기억한다네."

나는 그때 생각했다. 노인이 꿈에서 본 곳은 지금은 풀이 무성한 고향 오타스였을 거라고. 그렇게라도 생각하지 않으면 도저히 견디기 힘들 것 같았다.

이윽고 나도 유리와 함께 천천히 라다를 향해 걷기 시작했다. 더 이상 시계를 볼 필요가 없었다.

나오며

동화지구 출신인 내가 외국의 차별받는 사람들과 박해의 현장을 보고 기사로 쓰는 일 따위, 어차피 이방인에 의한 위압적인 자위행위에 지나지 않는 것이 아닐까 하고 몇 번이나 자문해본 적이 있다.

하지만 나는 그럼에도 불구하고 외국에 드나들었다. 그 당시에는 이 충동을 어떻게 설명해야 좋을지 몰랐지만 이제 와서 생각해보니, 동화지구처럼 일본 특유의 문제를 조감하고 비교하기 위해 외국 취재가 필요했던 것 같다.

그리고 외국의 하층사회를 취재함으로써 일본의 하층사회에 흐르고 있는 뭔가를 붙잡을 수 있으면 좋겠다고 생각했다. 전쟁에 대해서도 마찬가지인데 일본의 전쟁에 대해 쓰기 위해서는 외국이라도 상관없으니 실제 전투와 현장을 아는 편이 좋겠다고 생각했다.

물론 이것은 모두 나중에 끼워 맞춘 생각일 뿐이고 당시에는 그냥 위험에 처하더라도 현지에 가고 싶다는 충동만으로 행동했다. 나는 스스로를 계획적이고 이론적인 사람이라고 생각했는데 돌아보니 다분히 감각적이었던 것 같다. 그래서 굉장히 멀리 돌아왔는지도 모른다. 그리고 이 책의 짧은 이야기는 이렇게 멀리 돌아오면서 내가 본 것을 그대로 옮겨 놓은 글인 셈이다.

나는 항상 외국에 대한 동경을 가지고 있었다.

어린 시절부터 내가 있는 곳이 아닌 다른 곳으로 여행하는 것을 꿈꿨다. 일본도 좋았지만 중학생 무렵부터 외국으로 흥미가 옮겨 가기 시작했다. 외국 영화와 소설, 시를 읽을 기회가 늘었기 때문일 것이다.

지금도 기억하는데 고등학생 시절의 꿈은 외국을 방랑하는 음유시인이었다. 아직까지도 음유시인이 어떤 사람인지 잘 모르겠지만 열일곱 살의 눈에는 명확하게 보였을지도 모른다.

대학을 졸업하고 대부분의 시간을 외국에서 보냈다. 보고 기사를 쓰기 시작한 것도 그 무렵이었다. 내가 로스엔젤레스에 있는 일본계 신문 〈라후신포〉에 글쟁이로서 첫 기사를 쓴 것은 스물세 살 때였다. 이 무렵에는 이미 '언젠가 일본에 대해 깊이 있게 쓸 날이 올 테니까 외국을 미리 봐 두고 싶다.'라는 생각이 싹트고 있었다.

하지만 내가 외국에 체류하던 시절, 일본에서는 외국을 테마로 한 보고 기사 같은 것은 잡지에 싣기 어려운 상황이었다.

경기가 나빠진 탓도 있고 해서 일본 사람들은 외국에서 생긴 일 따위에는 점차 관심을 잃어 가고 있었다. 그것은 지금도 변함이 없다. 하지만 나는 그런 상황은 신경 쓰지 않았다. 나에게 있어서 외국은 일본을 객관적으로 인식하도록 할 수 있는 다른 세계이자, 전쟁터이자, 또 다른 하나의 나라였다. 그리고 나의 여행은 일본을 조감할 시야를 얻기 위한 것이었다.

동화지구에서 태어난 나는 일본에 있어도 왠지 이방인이라는 느낌이 들곤 했다. 그렇기에 20대의 나에게 외국은 오히려 마음이 편한 장소였다. 그다지 해외에 나가지 않게 된 지금도 이방인이라는 느낌은 항상 안고 사는 것 같다.

제1장_푸른 흙먼지

한 해 전에 어머니가 돌아가셔서 베트남 하노이로 여행을 떠나 그대로 반년 정도 무위의 시간을 보내던 중에 문득 팔레스타인 취재를 결심했다. 돈 걱정만 하고 있으면 세월만 흐를 뿐 떠날 수 없기 때문에 충분한 검토도 없이 해외로 나갔는데, 어디에 발표할 계획도 없이 무작정 가자 지구를 취재했다. 팔레스타인에 있을 때는 몰랐는데 나중에 이라크에 가보고서 깨닫게 된 것도 적지 않다.

제2장_바그다드 헬스장

이라크는 총 2개월, 2회에 걸쳐 취재했는데 자위대가 주둔하고 있던 사마와, 남부 바스라까지 갈 때도 있었다. 세 번째 취재 때에는 사진가이자 친구인 야기사와 고메이가 동행했는데 다카토오 씨 등 일본인 인질사건이 일어나 이라크로 들어갈 수 없었다. 암만에서 대기하면서 이렇게 된 마당에 무리를 해서라도 바그다드에 들어갈 수밖에 없다고 각오를 다진 다음날 다카토오 씨가 석방되어서 맥이 풀렸던 기억이 난다. 그 뒤에 야기사와와 이스탄불에서 헤어지고, 혼자서 로마를 취재하러 불가리아로 떠났다.

제3장 _ 고트족의 개

원래 스페인은 언젠가 가보고 싶은 나라 중 하나였다. 게다가 카고의 존재를 알았기에 돈도 없이 무작정 스페인으로 떠났다. 스페인에서 지내던 중에 밀리온 출판사의 나카조노 쓰토무 씨가 마침 새로운 잡지를 내는데 기사를 써 달라는 청탁을 해준 덕분에 통역비 등은 지불할 수 있게 되었다. 통역을 해주었던 라울은 현재 마드리드에 있는 대학에서 일본어와 일본사를 가르치고 있다. 이 내용을 게재했을 때에는 원고용지 여덟 장 정도의 분량이었다.

제4장 _ 마오쩌둥과 숙명

해외로 나가는 목적 중 하나는 분쟁지역을 취재하는 것이었다. 일본과 관련된 과거의 전쟁을 다루는 것도 중요한 일이지만, 그와 동시에 현재 일어나고 있는 전쟁 또한 빠뜨릴 수 없는 주제라고 생각했다. 이것이 첫 분쟁지역 취재가 되었고, 또 처음으로 본격적인 해외 보고 기사가 되었다.

제5장_마피아 영화의 허와 실

어떻게든 이탈리아에 가고 싶어서 앞뒤 재지 않고 출발한 것이 발단이었다. 이왕이면 마피아를 취재하자는 생각이 있었는데, 또 다시 밀리온 출판사의 나카조노 씨가 이 주제를 선택해 주어서 이탈리아 칼라브리아 반도와 시칠리아 섬을 취재한 다음 코르시카로 향했다. 게재 당시에는 원고용지로 각각 여섯 장 정도에 불과했는데, 나중에 시칠리아와 코르시카를 합해서 새롭게 고쳐 쓴 것을 《신조45》에 발표했다.

제6장_안타까운 윌타족

오오야상 수상이 결정되었을 때 《g2》의 후지타 야스오 씨가 이야기를 꺼내 주어서 모색 중이던 사할린 취재가 실현되었다. 이미 홋카이도는 예비 취재를 위해 몇 번 갔었기 때문에 갑작스러운 사할린 행도 문제없었다. 원래 아이누를 취재하고 싶었지만 약간의 우연이 겹치면서 북방 소수 민족을 취재하게 되었다.

이 책에 나오는 대부분의 보고 기사는 20대 무렵에 쓴 것으로, 각 장 별로 쓴 시기가 다 다르다. 숫자 등을 새롭게 반영한 장도 있지만 기본적인 시간 축은 취재 당시 그대로 두고 일부러 바꾸지는 않았다. 함께 애써 준 담당자 아사다 아키코 씨와 취재로 신세를 진 현지 분들께 감사의 말을 전하고 싶다.

※ 단행본《다른 모습의 사람들異貌の人びと》(가와데쇼보신샤, 2012년)을 문고판으로 개정하면서《이방인-세계의 변방을 여행하다異邦人―世界の辺境を旅する》로 제목을 바꾸었습니다.

문고판 후기

이 책을 집필할 무렵에 나는 정신적으로 불안정하고 몸 상태도 몹시 나빴다. 집필을 끝낸 뒤에 치료 차 오키나와에도 가고 해외에도 나갔는데 몸 상태는 점점 악화되기만 했다.

이 책의 초판이 나와서 담당 편집자가 집으로 가지고 왔을 때 나는 자살미수 사건을 저지르고 병원에 긴급 이송되어 입원해 있었던 터라 막 인쇄가 끝난 책을 손에 들 수 없었다. 게다가 데리러 와 줄 사람이 없어서 퇴원도 못하고, 도망치지 못하도록 침대에 묶여 있었다. 나는 간호사들에게 휴대전화를 쓸 수 있게 해달라고 청했고 마침내 담당 편집자에게 데리러 와 달라고 부탁할 수 있었다. 편집자가 갈아입을 속옷까지 준비해 준 덕분에 겨우 퇴원하게 되었다.

이런 상태였기 때문에 젊은 시절에 취재한 애착이 가는 보고 기사를 책으로 내는 것이었음에도 불구하고, 최선을 다했다고 하기에는 많이 부족하다. 그래서 몸 상태가 회복되고 나자 후회스럽기도 하고 만족스럽지도 못하다는 생각이 들었다. 그렇기에 몇 쇄씩 찍어내지 못한 것도 당연한 일이었던 것 같다.

그런데 이번에 문고판 이야기를 듣고는 솔직히 기뻤다. 그래서 제목과 구성에 대해서는 내 의견을 반영해 달라고 부탁했다. 겨우 제목과 목차를 바꾼 것뿐이지만 이 책 집필 당시는 앞서 말한 것과 같은 이유로 내 의지를 담당자에게 다 전달하지 못한 한이 있었다.

다시 한 번 이 책을 읽어 보니 취재는 오래 전에 했지만 나도 모르는 사이에 꽤 무리를 했던 것 같다. 체육대학 출신인 나는 체력 하나만은 자신이 있었기 때문인지, 정신적인 면에서 불안정했다는 사실에 대해서는 깨닫지 못했다. 그 여파가 이 책을 출판할 때 나타난 것 또한 어떤 업보였는지도 모른다.

문고판으로 만들 때는 제목을 《세계의 골목을 여행하다》라고 하자는 제안도 있었다. 확실히 이 책은 세계를 여행하면서 쓴 것이지만 이 제목에는 왠지 모를 저항감이 있었다. 원래부터 생각하던 제목이 있기는 했지만, 그보다 나의 대표작인 《일본의 골목을 여행하다》를 잇는 제목을 이 책에 붙이는 것이 마음에 걸렸다. 그렇다고 해서 이 책이 실패작이라는 뜻은 아니다. 막 시작하던 시절의 보고 기사에 이렇게 그럴싸해 보이는 제목은 걸맞지 않다고 생각한 것이다. 해외에서 천시당하고 죽임을 당했던 사람들을 보면서 자살미수 사건을 저지르고 만 내 책에 그런 제목을 붙이는 것은 어쩐지 주제 넘는

짓 같았다.

원래 나는 일본을 취재하기 위해 젊을 때 해외를 취재하고, 그 후에 일본인의 심연을 들여다보고 싶었다. 이 책은 어떻게 보면 실험적인 스케치에 해당한다. 그런 의미에서는 미완성작 같은 것이다. 하지만 스케치를 남겼다는 사실에는 의미가 있다고 생각해서 이 책을 출간하기로 했다. 스케치라고는 해도 어떻게 보면 나는 이 책의 무게에 짓눌렸다고 말할 수 있다.

앞으로《세계의 골목을 여행하다》라는 제목을 붙인 책을 쓸 기회가 올지 안 올지는 나도 모르겠다. 하지만 영문 모를 열정에 이끌려 해외에서 취재를 한 뒤 일본에 돌아와서 내 나름의 경험을 쌓았기 때문에 언젠가 완성된 것을 쓸 생각이다. 이 책의 제목은 30대까지 나를 사로잡고 있던 주제인《이방인》인데 그와 동시에 '미완성'이라는 제목도 내포하고 있다. 완성시킬 수 있을지 없을지는 앞으로의 내 행동 여부에 달려 있을 것이다.

이처럼 미완성이기는 하지만 나에게 있어서 생의 전반부를 모두 걸었다고 할 수 있는 이 책을 길가에서 주워 준 시모야마 스스무 씨와 야마모토 코우키 씨에게 감사의 말을 전하고 싶다.

참고 · 인용문헌

『汝の父を敬え』上 · 下ゲイ · タリーズ, 常盤新平訳 (新潮文庫)
『マフィア戦争』竹山博英 (集英社)
『イタリア · マフィア』 シルヴィオ · ピエルサンティ， 朝田今日子訳 (ちくま新書)
『マフィアの噺』常盤新平 (文春文庫)
『サハリン島』 チェーホフ, 原卓也訳 (中央公論新社)
『ゲンダーヌ ある北方少数民族のドラマ』田中了/D · ゲンダーヌ共著 現代史出版会
『オタスの杜から網走へ オロッコ人北川源太郎さんの歩み』網走歴史の会 (一九七五) ニヴフ語研究者 · 丹菊逸治ウェブサイト

우에하라 씨는 언제나 여행을 하는 사람이다. 일본의 골목을. 세계의 골목을. 꾸미는 일도 없이 있는 그대로의 마음을.

왜 여행을 하는지에 대해서 1장에 이렇게 쓰고 있다.

이 세상에서 부모님의 싸움만큼 추악한 것은 없다. 아직 어렸던 나에게 그 광경은 지옥 그 자체였다.

친아버지가 만든 지옥은 어린아이였던 내게 '작은 전쟁'이었다. 나는 아무것도 못하고 방황하는 무지하고 무력한 민중과도 같았다.

나에게 새겨진 아수라장의 흔적을 세계의 아수라장을 통해 지울 수 있을까. 어린 나에게 압도적인 파괴력을 과시한 아버지. 그런 아버지조차 체험한 적 없는 전쟁을 통해 무언가를 뛰어넘을 수 있지 않을까.

그렇게 생각하니 도저히 가만히 있을 수 없었다.

무언가를 뛰어넘으려면 마음에 새겨진 지옥의 흔적을 바람에 띄워 보내야 할 것이다. 창고 안에 집어넣어 둘 수도 있겠지만, 그렇게 하지 않고 '도저히 가만히 있을 수 없어져서' 바람을 쐬러 간다. 바람을 쐬면 아물지 않은 상처는 어딘가에 부딪혀 또 다시 피를 흘리게 될지도 모른다. 그때는 그것을 그대로 느낀다. 이 책을 읽는 내 눈에 비친 우에하라 씨는 그런 사람이다. 방어태세를 갖추고 있지 않다. 그가 양팔을 자연스레 늘어뜨리고 변방 마을에 서 있는 모습을 상상하게 된다.

> 동화지구 출신인 내가 외국의 차별받는 사람들과 박해의 현장을 보고기사로 쓰는 일 따위, 어차피 이방인에 의한 위압적인 자위행위에 지나지 않는 것이 아닐까 하고 몇 번이나 자문한 적이 있다.
>
> 하지만 나는 그럼에도 불구하고 외국에 드나들었다. 그 당시에는 이 충동을 어떻게 설명해야 좋을지 몰랐지만 이제 와서 생각해보니, 동화지구처럼 일본 특유의 문제를 조감하고 비교하기 위해 외국 취재가 필요했던 것 같다.

빛이 강하면 그림자 또한 짙어진다. 그림자의 가장자리가 더욱 선명해진다. 형태가 보인다. 더 강한 대비를 참을 수 없을 만큼 원하게 되는 느낌이라고나 할까. 독자의 한 사람인 나는 우에하라 씨의 뒤를 좇듯이 페이지를 넘겼다. 우에하라 씨가 다양한 만남 가운데 자신이 어떤 사람인지를 느끼고 생각하는 모습을 좇으면서 내 가슴에 떠오른 것……. 그것을 다른 독자들과도 나누고 싶다.

나는 도쿄 교외에 있는 뉴타운에서 자랐다. 두세 명의 아이들을 키우는 젊은 부부들이 비슷한 주택에 비슷한 시기에 이사함으로서 마을이 만들어졌다. 비슷한 크기의 집에 살고 있는 세대의 수입 또한 비슷했을 것이다. 아이들은 다 같이 비슷한 것을 배우기 시작하고, 엄마들은 비슷한 취미를 가지고, 아빠들은 어렵게 장만한 집인데도 바빠서 한가로운 생활을 하지 못한 채 집을 비우기 일쑤였다. 언뜻 보기에는 매우 비슷했다. 하지만 실제로는 각각의 출신은 잘 알지 못했다. 정말로 비슷한지 아닌지도 몰랐다. 나는 그런 마을의 아이였다.

우리 아버지는 나가사키 사람이었던 것 같다. 그랬던 것 같다고 하는 이유는 아버지가 고향에 데려간 적이 한 번도 없기 때문이다. '나가사키현 사세보시'라고 호적등본에 나와 있기는 하지만 그곳은 나에게 가상의 도시였다. 그 무렵 이미 아버지의 고향에는 부모님, 즉 나의 조부모님은 안 계시고 먼 친척 밖에 없었던 탓도 있었을 테지만, 아무리 그렇다고 하더라도 아버지는 아무런 이야기도 들려주지 않았다. 고향의 풍경,

세월을 함께 한 사람들 이야기, 그 무엇도 말이다. 그래서 나는 다른 사람도 모르지만 나 자신도 모른다.

아버지와 이혼한 엄마는 이혼 당시의 갈등으로 친정과도 소원해져서 혈혈단신으로 아이 셋을 키웠다. 먼 친척보다 가까운 이웃이 낫다는 말을 하면서 친척과도 거의 연락을 하지 않고 지냈다. 나는 아직 어렸었는데 이혼 이후 엄마는 외가 친척들과 결혼, 출산, 제사 등의 제반사를 서로 알리지도 않고 전해 듣지도 못하고, 초대하지도 않고 초대받지도 않았다. 얼마나 큰 각오를 하고 그렇게까지 했는지는 모르지만 엄마는 인연이라는 이름의 '속박'을 철저하게 거부했다.

그러던 어느 날 엄마가 말했다. "무덤이 필요해. 이대로 지내다가는 들어갈 무덤이 없겠어." '무덤도 어떤 의미로는 속박이고, 지연과 혈연의 상징인데 그래도 역시 그것만은 포기할 수 없는 건가.' 하고 속으로 엄마의 약한 모습에 미소 지으면서 형제들끼리 돈을 모아 교외에 새로 생긴 공원묘지의 한 필지를 샀다. 다들 일제히 사고 일제히 같은 모양의 비석을 세우는 공원묘지였다. 엄마는 비석에 '○○가의 묘'라고 새기지 않고 한 단어 '인연'이라고 새겼다. 그리고는 '성이 같지 않아도 괜찮다. 피가 이어져 있지 않아도 괜찮다. 연이 있고 관계가 생기고 인생을 공유했다고 느끼는 사람이라면, 그리고 같은 묘지에 들어가고 싶은 생각이 드는 사람이라면 다들 이곳에 들어오면 된다. 친구라도 누구라도 좋다. 너에게 또 남자친구라도 생기면 그 사람도 들어와도 좋다.'라고 말했다. 들어오고 싶어 하는 사람이 없어지면 묘의 역할도 거기서 끝이라는 것이다. 상당히 멋지다. 토속적인 것이나 지연과 혈연을 유지하고 이어가기 위한 일에 힘을 들이지 않는 것이다. 사람이 어디에서 와서 어디로 가든지 구애받지 않아도 되는 것 아닌가.

언제부터인가 그런 엄마에게 배워서 나도 어딘가에 뿌리를 내리지 않고 자유롭게 살고 있다. 이제 와서 '나'라는 인간이 어디에서 와서 어디로 가는지 얽매이고 싶지 않다. 스스로 그렇게 정했다.

하지만 때때로 나는 '안식처가 어디에든 있는 것 같기도 하고 어디에도 없는 것 같은' 묘한 기분을 느낄 때가 있다. 이 책을 읽으면서 그런 기분이 북받쳐 올랐다. 외롭다는 감정과도 조금 다르다. 그냥 살랑살랑 움직이는 듯한 느낌. '나'는 어떤 사람일까…….

이 책을 읽으면서 그런 생각에 사로잡혔다.

> 나는 일본에 있어도 왠지 이방인이라는 느낌이 들곤 했다. 그렇기에 20대의 나에게 외국은 오히려 마음이 편한 장소였다. 그다지 해외에 나가지 않게 된 지금도 이방인이라는 느낌은 항상 안고 사는 것 같다.

짊어지고 있는 것이 너무도 다른 우에하라 씨의 여행이 왜 나의 마음을 움직이는 것일까.

혹시 우에하라 씨가 '커다란 이야기'가 아니라 '작은 이야기'에서부터 시작하기 때문이 아닐까. 국가라든지 역사라든지 이데올로기, 사회구조 같은 '커다란 이야기'에 휩쓸리기 시작하면 미묘하게 다른 하나하나의 인생은 어딘가로 사라져버리는 경우가 있다. 우에하라 씨는 어디에 가서 누구와 만나든지, 한가로운 마을이든 분쟁지역이든 자기라는 필터를 예민하게 발동시켜서 먼저 느낀다. 자신이 어떤 사람인지를 거기에서 느끼려고 한다. 그렇기 때문에 우에하라 씨와 전혀 다른 인생을 살아온 나도 공감하며 그의 발자국을 따라갈 수 있을 것 같다는 생각이 든다. 이 책의 독자들 또한 자기도 모르는 사이에 분명히 그렇게 하고 있을 것이다. 커다란 이야기는 한 사람 한 사람이 느낀 뒤에 자연스럽게 보이기 시작하는 것이다.

나에게 있어서 '나 자신'만큼 알 수 없는 수수께끼는 없다. 그만큼 궁금한 수수께끼도 없다. 그렇기 때문에 아마도 우에하라 씨의 여행은 앞으로도 이어질 것이다. 그것이 또 다른 책이 된다면 독자의 한 사람인 나도 나 자신의 흔들림을 확인하기 위해서 우에하라 씨의 책을 또 다시 손에 들 것 같다. 가능한 한 빛을 부드럽게 해서 그림자의 윤곽을 모호하게 만드는 나의 삶의 방식을 확인하려고 말이다.

굉장히 기대가 된다.

아사기 구니코(탤런트)*

---

* 아사기 구니코는 1962년 생으로 배우이자 사회자, 에세이스트, 해설자 등으로 활약하고 있다. 가쿠슈인대학교学習院大学라는 일본 명문대에서 장학금을 받을 만큼 명석했지만, 아르바이트로 생활비를 벌다가 대학을 중퇴했고 그 후 연예 활동을 시작했다. 현재도 드라마와 각종 버라이어티쇼에서 활약하고 있다.

이방인

세계의 차별을 여행하다

초판 1쇄 발행 2016년 8월 29일

지은이 우에하라 요시히로
옮긴이 김지윤
펴낸이 박정희

기획편집 이주연, 양송희, 이성목 **마케팅** 김범수, 이광택
관리 유승호, 양소연 **디자인** 하주연, 이지선 **웹서비스** 백윤경, 김설희

펴낸곳 도서출판 나눔의집
등록번호 제25100-1998-000031호
등록일자 1998년 7월 30일

주소 서울시 금천구 디지털로9길 68, 1105호(가산동, 대륭포스트타워 5차)
대표전화 1688-4604 **팩스** 02-2624-4240
홈페이지 www.ncbook.co.kr / www.issuensight.com
ISBN 978-89-5810-341-7(03330)

이 도서의 국립중앙도서관 출판예정도서목록(CIP)은 서지정보유통지원시스템 홈페이지(http://seoji.nl.go.kr)와 국가자료공동목록시스템(http://www.nl.go.kr/kolisnet)에서 이용하실 수 있습니다. (CIP제어번호: CIP2016018360)

• 책값은 뒤표지에 있습니다.
• 잘못된 도서는 구입하신 서점에서 교환해 드립니다.